U0947024

丛书顾问

丛书编委会

教育薪火书系

中国近现代

中国早教的拓荒者

——冯德全教育理论与实践

李骥◎著

山西出版传媒集团
山西人民出版社

图书在版编目（CIP）数据

中国早教的拓荒者：冯德全教育理论与实践／李骥著．—太原：山西人民出版社，2017.9（2017.11重印）
（教育薪火书系／张斌贤主编）
ISBN 978-7-203-10104-8

Ⅰ．①中…　Ⅱ．①李…　Ⅲ．①冯德全—早期教育—教育思想—研究　Ⅳ．①G61

中国版本图书馆CIP数据核字（2017）第217864号

中国早教的拓荒者：冯德全教育理论与实践

著　　者：李　骥
总 策 划：王建新
责任编辑：孙宇欣
复　　审：贾　娟
终　　审：员荣亮
装帧设计：张国仁

出 版 者：山西出版传媒集团·山西人民出版社
地　　址：太原市建设南路21号
邮　　编：030012
发行营销：0351-4922220　4955996　4956039　4922127（传真）
天猫官网：http：//sxrmcbs.tmall.com　电话：0351-4922159
E-mail：sxskcb@163.com　发行部
　　　　sxskcb@126.com　总编室
网　　址：www.sxskcb.com

经 销 者：山西出版传媒集团·山西人民出版社
承 印 厂：山西出版传媒集团·山西人民印刷有限责任公司

开　　本：787mm×1092mm　1/16
印　　张：16.5
字　　数：280千字
印　　数：3001—5000册
版　　次：2017年9月　第1版
印　　次：2017年11月　第2次印刷
书　　号：ISBN 978-7-203-10104-8
定　　价：46.00元

教育薪火　传承不息(总序)

钟秉林

在人类的历史长河中，教育一直伴随人类的文明进程在不断发展进步，那些弥足珍贵的教育著作、教育思想、教育人物和事迹，无时无刻不在拨动着教育工作者的心弦。我们永远无法忘记那些给我们留下宝贵思想财富的教育家，他们的思想、言论和实践，依然是激励我们教育工作者前进的动力。时至今日，教育的发展与变革更成为世界各国应对日趋激烈的国际竞争的重要战略。在科教兴国战略的指导下，党和国家对教育工作给予了高度的重视，深刻认识到教育家对教育事业的重要性。《国家中长期教育改革和发展规划纲要(2010—2020年)》就明确提出:“创造有利条件，鼓励教师和校长在实践中大胆探索，创新教育模式和教育方法，形成教学特色和办学风格，造就一批教育家，倡导教育家办学。”

要想成长为教育家或者在教育实践中能够起到扛鼎作用并非易事，需要我们教育工作者吸收过往教育家留下来的丰富教育营养，清晰地认识什么是真正的教育家，教育家应该具备什么样的素质和条件，做到融会贯通，大胆实践，自成一家。与此同时，在教育改革的大背景下，普通教师同样迫切需要能够在教书育人过程中得到启迪和突破的催化剂，教育家的思想和实践是经过检验的真理，是教学启迪催化剂的最佳选择。

然而，在浩瀚的书海中，以教育家为主线、囊括中外、跨越古今、自成体系的书系并没有面世。地处五千年文明之地山西的《新课程》杂志社，在基础教育的广袤园地上深耕多年，熟知一线教师的需求，希望为普通教师策划一套教育理论普及读物，以使广大中小学教师能够“近距离”地接触中外历代教育家的教育思想、实践经验和办学理念，促进教育理论水平的提高，从而更好地开展教育教学实践。《新课程》杂志社的策划与张斌贤教授为理事长的中国教育学会教育史分会的夙愿不谋而合，合作编写一套大规模的、以教育家为主线的书系的想法随之形成。

策划团队把书系命名为“教育薪火”，是希望教育家的教育思想能够薪火相传，不断推动人类文明的发展。“教育薪火”书系拟分为三辑出版，按照中国古代、中国近现代、外国古代和外国近现代分类。第一辑共选择了130位中外教育家，一位教育家一本书，规模宏大，应该说能够在中国教育出版史上留下浓墨重彩的一笔。所选教育家都是经过书系编委会认真研究、充分论证而定的，他们在教育史上有较大的影响，能够启迪或者感染教育工作者，推进教育和教学的发展。当然，其中有的教育家更为名声在外的不是在教育上，但是他们在教育上的贡献毫不逊色于其他方面的贡献，比如我们熟知的一些革命家；另外，还包括了一些具有地方特色的教育家以及还没有被人们真正认识的教育家。

必须提及的是，中国教育学会教育史分会非常荣幸地邀请到我国著名的教育学者顾明远教授、叶澜教授、史宁中教授、宋乃庆教授、田正平教授、裴娣娜教授和朱小蔓教授等担任书系的顾问，成立了由40位教育学界具有重要影响的学者组成的编委会，为书系的质量保驾护航。

还需提及的是，《新课程》杂志社为物色学有专长的作者付出了巨大的辛劳。书系的作者地域和院校分布广泛，既有北京师范大学、华东师范大学、东北师范大学、华中师范大学、陕西师范大学、南京师范大学、首都师范大学等师范院校的学者，也包括武汉大学、四川大学、南京大学、南开大学、天津大学、河北大学、河南大学等综合大学的教师。作者以教育史专业的中青年教师为主力军，他们朝气蓬勃、时代感强，研究范围涉猎较广，能大胆地探索和怀疑，一些新的教育研究成果不断涌现，为书系注入了难得的新鲜气息；他们与一线中青年教师同处一个频道，其思维模式很容易被接受。

客观而言，现在每年出版的教育类图书很多很多。一类为实践性强和操作性强的教学类图书，教师拿来就可以在课堂上使用；另一类为理论性强和学术性强的图书，印数少，流通范围小，普通教师往往望而却步。然而，教育理论只有指导教育实践才有存在的价值。在我看来，书系最具特色的价值就是秉承了教育理论通俗化这一理念，在教育理论研究者和普通教师之间架起了一道桥梁。书系以教育家为主线，坚持学术性与普及性并重，用通俗化的语言，或阐述教育家的教育思想精华，或叙写教育家的精彩教育事迹和教育实践，力图“润物细无声”，让教师喜欢读，在读中提高素养，深刻理解教育家，形成自己的理论，推进“教育家办学”。

当然，书系在真实性上也颇下功夫。以史料为依据，实事求是叙述，客观全面评价，不有意拔高教育家的贡献，注重教育家闪光点的挖掘和传播，是教育家历史画卷现代版的呈现。书系成规模、系统化，学术性和可读性强，具有较强的收藏价值，非常适合各中小学图书室和大学图书馆选择配置。

中国教育学会教育史分会为教育事业做了一件好事，张斌贤理事长请我作序，我觉得理应支持，欣然应允。

希望广大教育工作者能够认真阅读这套图书，为自己的教育职业生涯发展打下坚实基础，为成长为新时期的教育家而不懈努力。

丁酉年正月于北京

（作者系中国教育学会会长、北京师范大学原校长）

一首动听的“摇篮曲”(代序)

刘道玉

在1983年12月,湖北人民出版社联合广东、湖南、广西和河南五家出版社联袂推出系列的青年学习与修养丛书,其中一本是《在人才成长的摇篮里》,我为该书写了一篇序言,表达了我对摇篮一词的青睐。摇篮、摇篮曲、摇篮颂、摇篮诗歌这些美妙的词汇,它们大都与婴儿或青少年的成长有着密切的关系。在这些词汇中,摇篮曲是最为著名的,它是奥地利彼得·舒伯特的经典名曲。舒伯特是早期浪漫主义音乐代表人物,也是最后一位古典音乐巨匠,他年仅十九岁时创作的成名之作《摇篮曲》现在已是家喻户晓的经典歌曲。这是大多数母亲有过的亲身经历,她们守护在婴儿的摇篮旁边,轻轻地唱着这首甜美的歌曲,为了使婴儿快快地入睡,期盼他们快快健康成长。

每一个人都经历过摇篮时期的生活,这是他们生命的摇篮,是成长的摇篮。有时候,人们也把幼儿园、小学、中学、大学,或是其他成长的环境比喻为摇篮。我以摇篮曲这首名曲为题,借以来形容冯德全教授开创的“0岁方案”。所不同的是,舒伯特的《摇篮曲》是为了使婴儿快快地进入梦乡;而冯德全教授的“0岁方案”则是唤醒,唤醒每一个生理发育正常婴儿所具有的潜在智慧,唤醒每一个儿童的心灵,以及他们童年的梦想,而梦想是成就一个人伟大事业最主要的动因。

教育是什么?古往今来有许多教育家都试图回答这个教育哲学问题。最早回答这个问题的是德国哲学家卡尔·雅斯贝尔斯,他在《什么是教育》一书中写道:“对于绝对价值和终极真理的虔诚,就是一切教育的本质。”也有人认为,教育是精神的成长,是心灵的对话,是人性的呼唤等。然而,我认为教育是心智的启蒙,以此来概括教育的本质更为恰贴。教育的作用本来就是启蒙，从愚昧到开化、从不知到知、从知其然到知其所以然进而到知其超然、从守旧到革新、从模仿到创造等，都需要启蒙。启蒙是未完成式，启蒙伴随着教育贯穿在人的一生之中。

什么是启蒙？德国哲学家伊曼努尔·康德是第一个回答这个问题的人，他写道："启蒙就是人类对自己招致不成熟状态的摆脱。"这个回答当然是正确的，但我认为他只说出了一半，而另一半是什么呢？我认为应当是人类要挣脱外力强加于他们的不自由状态。唯有摆脱了不成熟和不自由这两种状态，才是全面意义上的启蒙，而教育的作用也就在于此。

冯德全教授是一位从基层成长起来的著名教育家，他是我国幼儿早期教育"0岁方案"的创始人。所谓"0岁方案"是指0~6岁优教工程及实施方案，是在长期研究与实践的基础上逐渐形成的。一切创新都是源于灵感，而德全教授创立"0岁方案"的灵感，是受到《早期教育与天才》一书的启迪；同时也是来自于儿时在农村所受的"鬼教育"对他的心灵刺伤很深。于是，他发誓不能再让这种愚昧重演，要开启婴幼的优质教育，把孩子从保姆的手心里解放出来，从斗室中解放出来，从孤独中解放出来。总之，教育就是解放，解放他们的个性，解放他们的双手，解放他们的大脑！他的这些观点与联合国教科文组织早在三十多年以前就提出的"教育即解放"是不谋而合的，此乃天下英雄见解略同耳。

德全研究幼儿早期教育始于20世纪70年代末期，是思想解放运动给他带来了研究的活力。在阅读和研究大量西方早教著作的基础上，他于20世纪80年代中期正式提出了"0岁方案"的教育理念，并撰写出《0岁方案》一书。大约在20世纪90年代中期，他的幼儿早期教育达到了黄金时期。为了传播早教的理念，他创办了函授学校、父母学堂，创办《人才摇篮》杂志，出版《0岁方案》和《早教革命》等著作和光盘，接受早教函授的家长多达百万之众，真可谓盛况空前！

但是，他研究"0岁方案"的道路并不是一帆风顺的，像任何新理论和新事物一样，"0岁方案"也存在争议，甚至受到贬斥。他在原单位长期被边缘化，曾经多次受到非议。虽然推行"0岁方案"困难重重，但冯德全探索婴幼早期教育的初心不改，在这条道路上踽踽独行了三四十年，这种精神令我感动和敬佩，我之所以以一首动听的“摇篮曲”为题写这篇序言，目的就是表达我对他的探索精神的敬意，为他创立的“0岁方案”而呼吁！

李骥是冯德全教授的学生，他们是两代人，他既受到老师学术思想的熏陶，又对耄耋之年的老师多有帮助。出于对师长以及他的学术思想的崇敬，李骥特撰写了《冯德全教育理论与实践》一书。全书共12章，比较全面地介绍了冯德全教授幼儿时期农村的生活，从小学教师到大学教授的成长经历，特别详尽地阐述了冯德全“0岁方案”创立的经过和五大创新理论要点。本书结构严密，文字叙述生动，材料翔实。书中的资料大部分是作者采访冯德全教授而获得的，同时作者也亲历了后期的研究活动。因此，本书内容是真实可靠的，不失为了解冯德全教授的学术思想和传播“0岁方案”的一部佳作。我浏览了他的打印书稿，先睹为快，特写了以上赘言，谨向广大读者推荐。兹忝为序。

丁酉年三月于武汉珞珈山寒宬斋

（作者系武汉大学原校长）

目录

第一章

生于乱世涂炭中　体弱多劫砺英雄

冯德全近照

说起中国的早期教育，我们是绕不过冯德全这个名字的。中国的早教理论家、实践家；“0 岁方案”创始人；民间也称他为“中国当代早教之父”。无论怎么称呼，都说明了广大人民群众对他的认可和敬仰。冯德全是怎样从一个伴随着贫穷和疾病的孩子成长成“中国当代早教之父”的呢？这就要从他的成长经历说起了。

八十二年前的岁首，冬云依然不散，寒风仍肆虐着江南的大地。在浙江绍兴诸暨县湖西村，冯家又诞生了一个男婴，这可谓弄璋之喜。可这个男婴的临世给这个家庭带来的仅仅是暂时的欢乐，而留给这个家庭更多的却是沉重的压力。

1935 年 1 月 24 日，冯德全出生在浙江绍兴诸暨县（1989 年后为诸暨市）湖西村的“冯家大房”这个破落的书香门第。这个家族清代时曾是地方望族，出过进士，到冯德全祖父一代已经败落，冯德全的父亲尚能分到几亩薄田、两间楼房，但要养活九口之家，自然越来越贫困了。

冯德全的父亲冯祖尧小时读过几年私塾，年轻时到杭州给商家当过店员，结婚后开了一个小店铺，后来生意亏本就搬回老家种田，但他一心想让儿子读书，将来好光耀门第。冯祖尧夫妇共生了九个儿女，夭折两个，还剩兄弟姐妹七个，冯德全排行第六。在那个动荡的年代里，一个靠种田为生的贫苦农民家庭要抚养好七个孩子是多么的困难啊。

由于母亲生育小阿全时已四十多岁，没有奶水，幼小的冯德全靠米汤养大，所以从小体弱多病。而这时家里又有了弄瓦之喜，新诞生的小妹又给家里增添了一个包袱，冯德全常常是无医无药地在母亲的呵护下与病魔抗争。

又一个严冬来临了，地处江南的绍兴诸暨地区，冷雨夹着寒雪向缺衣少食的人们袭来。这天晌午，冯家主妇满脸愁云地望着昏暗的天空，叹气道：“哎！这该死的鬼天气，什么时候能转暖啊！”“姆妈！阿全烧得不行了！”冯德全大姐的喊声将冯家人都聚集到了小阿全的身边，大家焦急地望着又黄又瘦的小阿全。三岁半的阿全被母亲抱在怀里，已经烧了两天了，可没有钱看病啊！父亲在一旁也束手无策。

这时母亲忽然想起在娘家时看到过揪痧可以治病，于是赶紧让大姐打来一碗清水，接着母亲脱去了小阿全的衣服，将中指和食指弯曲如钩状，蘸水夹揪阿全颈部和背部的皮肤，痛得小阿全大哭大叫、直蹦乱跳。母亲赶快叫两个姐姐把阿全的手脚死死按住，更急速地夹揪着，直到小阿全的颈部和背部揪出从上到下一条条紫红色的斑纹。阿全开始是痛苦地挣扎、号叫，后来慢慢麻木了，不哭了。半个小时过去了，阿全颈部和背部被夹揪出一道紫一道黑的斑纹，就像只小斑马。在无医无药的情况下，母亲这样做也只是阿全的一根救命稻草，可没想到经过母亲这么一阵折腾，小阿全睡了一大觉醒来病情居然很快好转，烧也退了，这时全家人才长舒了一口气。

据说揪痧既能促进局部的血液循环，又能调动人体产生应激反应，使神经、循环、激素、免疫、排泄等系统活跃起来，增强人体的抗病能力。但在揪痧治疗的过程中，病人要承受常人难以忍受的痛苦，而阿全的这种“治病”几乎一两个月一次，让小阿全尝到难以忍受的痛。起初在揪痧前他尽量逃跑躲避，但总被哥哥姐姐在母亲的指挥下抓回来“绳之以法”。日子长了，阿全自觉身体不舒服了，还主动缠着要求母亲揪痧：“姆妈，给我揪痧吧，我不哭！”这种生活体验练就了小阿全忍受痛苦的坚强性格。

阿全的母亲金杏苑是离湖西村十里地远的金家站人，她也出生在一个没落的书香门第家庭，因此识文断字，知书达理，温柔善良。来到冯家后便遵循妇道，相夫教子，操持家务。幼小的冯德全虽然饱受贫困和疾病的折磨，但在虔心向佛的母亲的庇护下，每天与哥哥姐姐们嬉戏玩乐，他的心灵是透亮的，健康状况也在慢慢好转，这为他以后从事一项伟大的事业奠定了基础。

幼年的阿全最不爽的是冬天的到来，冬天，简直是阿全的梦魇。七八十年前浙江的冬季真是冷啊，年年冬天都会下大雪、结冰，房屋内外都是湿漉漉、阴冷阴冷的。阿全体弱，缺乏运动能力，加之家里贫穷导致奇缺营养，又没有御寒的衣服。这么冷的天，他只里面穿一件单衣，外面罩一套哥哥姐姐们穿过的旧棉袄棉裤。说是棉袄棉裤，可里面的棉絮都已经硬邦邦的了，凉风直往袖子和领子里灌，哪里还能保暖呢？所以一到冬天，小阿全的手和脚全都冻伤了，手指头冻得像生姜，脚后跟冻得像鹅蛋，稍不注意就破皮流水，与鞋袜粘在一块，又疼又冷不能走路，不得已整个冬天就窝在床上过日子，直到清明节前后才能下床和哥哥姐姐们一起玩。所以在阿全的记忆中，他没有过好一个冬天，也从来没过好一个春节。

冯德全的幼年生活给他留下了很多难忘的体验，其中最多的还是母亲的爱和赞赏。那是清明节后的一天，早上妈妈给小阿全穿衣服，当妈妈给阿全穿三哥穿旧了的夹袄时，外面的衣服袖子穿上去了，可里面单衣的袖子缩成一团还在里面，阿全急得叫了起来："姆妈，袖子'加落嘎'（掉队了），袖子'加落嘎'！"妈妈听了笑得前仰后合，后来见人就说这件事："我们家阿全真聪明，还会说'袖子掉队了'。"那时阿全虽然只有两岁多，但听到妈妈的赞赏，心里很是美滋滋的，以至这段记忆一直到八十岁还是记忆犹新。

一到春暖花开的日子，大姐和二姐就会带着阿全到邻村去玩。这一天，两岁多的阿全一个人蹲在墙边玩鸡屎，还不时将鸡屎往嘴里塞，弄得小手和小嘴巴脏脏的。二姐看到了生气地将阿全抱了起来训："阿全，鸡屎怎么能吃呢？你看看你的小手和小嘴巴多脏啊！我们去洗洗吧！"阿全哭着喊着不去洗手，还要去玩鸡屎。大姐看了就说："阿全真乖！鸡屎脏，不能吃的，阿全洗了手一定很漂亮的，洗完手姐姐带你去很远很远的地方玩好吗？" 阿全听大姐说要去很远很远的地方玩，高兴得不得了，立刻随二姐去洗手了。洗完手大姐又夸阿全的手干净漂亮，阿全也反复地欣赏自己漂亮的小手。"姐姐，你不是带我去很远很远的地方玩吗？"阿全急切地问姐姐。"是啊，我们这就去！"大姐说着，便和二姐一起牵着阿全向村外走去。

他们要去的地方叫祝家坞，是离湖西村二里远的一个小村子。对于成人来说这不算什么，可在阿全看来是那样的遥远。这是阿全第一次到湖西村以外的地方去，所以他快乐得像只小鸟一样，两个姐姐牵着阿全穿田埂过小桥，他一会扑蝴蝶，一会采野花，这看看那问问，完全不知道累。冯德全后来回忆说："一个孩子是不能没有玩伴的，好的玩伴也是一个好的老师，同时，大自然是最好的老师和课堂。我幼儿时的生活体验给我后来的早教研究提供了很多的亲身感受。可以说，我的童年就是我的老师。"

在阿全的记忆里，大姐经常和二姐、三哥一起带着他玩游戏。在他三岁的时候，全面抗日战争已经爆发了，但日军还没有打到浙江。一天，大姐、二姐和三哥领着阿全在自家门口转圈圈"游行"，唱着"大刀向鬼子们的头上砍去……"的抗日歌曲，这是阿全学会的第一首歌。那一次他玩得非常开心，同时他也期待着更多的开心。

这天大姐又想着法子跟小弟弟玩。大姐将母亲洗衣服用的肥皂切一小块，化成肥皂水，然后又找了一根废了的毛笔杆蘸了肥皂水吹肥皂泡。肥皂泡吹大后，那般美丽让阿全喜欢得直蹦直跳，抢着要吹肥皂泡。阿全一开始使劲吹，可每次肥皂水还没成泡就破了，在姐姐的指导下，他学着耐心地吹，出气均匀地吹，终于吹出一个个大小各异的泡泡来。在阳光下，肥皂泡分解出太阳光的七彩缤纷，阿全看呆了，觉得太奇妙了，兴奋得直蹦高……可惜无论多大多漂亮的泡泡，不一会就破灭了，真令人叹息。阿全想，怎么才能做出不会破的肥皂泡呢？说不定还能拿在手上拍着玩呢！阿全不断地想，油是滑滑的，如果在肥皂水里放点母亲炒菜的油可能就不会破了。他到厨房里"偷"了点菜油放在肥皂水里搅拌，可是这下肥皂水一个泡也吹不出来了。于是他又想到了母亲做鞋糊鞋衬用的糨糊。对！糨糊可以使肥皂泡牢固不破呀！于是他又将母亲糊鞋衬用的糨糊添加到肥皂水里……最后"不破的肥皂泡"还是没影儿，而这个未实现的愿望却一直让他难以释怀，至今懊丧不已，记忆犹新。前几年他在某报刊上看到美国已吹出能玩十多分钟的肥皂泡来，仍唏嘘感叹不已！

好的环境和好的玩伴能够培养孩子好的习惯和性格，负面的环境则会给孩子良好性格中留下缺陷或阴影。在冯德全五岁的时候，曾有一件事给他的性格养成留下了永久性的不良印记。

冯德全觉得儿时夏天的傍晚最好玩，他和三哥与邻居小伙伴一起到小河里洗澡、游水、摸鱼、打水仗。当夜幕降临，天气凉爽下来，小伙伴们就在晒谷场捉迷藏、捉萤火虫……稍晚一点，大人们带着凳子也来到晒谷场乘凉，阿全和哥哥姐姐自然也融入了乘凉的人群之中。这时大人们三五成群地围坐在一起聊天、讲故事，可是大人们经常讲的是聊斋里的鬼故事，或是一些四邻八村的鬼新闻：某某村上吊的吊死鬼来报仇了；某某村去年的淹死鬼显灵了，每天半夜还叫唤；生孩子死去的女鬼如何凄惨和恐怖……这时月光下树影婆娑，故事里的情节越讲越恐怖，阿全越爱听也越害怕，于是紧紧地搂着母亲，以免被“鬼”抓去。夜越来越深了，天更凉了下来，人们带着听故事的余兴纷纷散去，母亲也半抱半拖地将阿全带回家。有一次在回家的路上，阿全被草丛中忽然窜出来的野猫吓得惊恐大哭，从那以后的七八十年，“鬼”就在阿全的心中长驻了下来，以致早已信仰唯物主义的冯德全遇到漆黑夜里孤独的环境时，心中凄楚的“鬼”常会在脑海里显现，难以完全摆脱。冯德全说：“幼时某些强刺激记忆会植入人的潜意识，影响人的一生，恐怖比苦难的负面影响更重。苦难尚令人坚强，而凄惨和恐怖毫无积极意义。希望年轻的父母能给孩子一个快乐、阳光、适当挫折的生活环境，不要有意或无意给予孩子恐吓，因为正教育和负教育都在生活之中。”

冯德全的童年有父母、兄姐、邻居小伙伴给予的许多温馨和快乐，但温馨中却有许多磨难和不幸。他的不幸主要来自于童年时就承受了当亡国奴的屈辱和生离死别的痛楚。

1937 年夏天，在冯德全两岁多的时候，中国全面的抗日战争爆发了。当日本侵略者的铁蹄踏上诸暨这片土地时，很多诸暨人都参加了当时的金萧（金华到萧山一带）游击支队，对日本侵略者的残暴“扫荡”予以顽强抵抗。因此在抗日战争时期，诸暨人的个性是很有名的，当时有一种说法叫作“杭州人怕飞机，日本佬怕诸暨”，说的是抗战时期，日军的飞机常常到杭州去轰炸，所以杭州人怕飞机；而日军到诸暨时，屡屡遭到诸暨人民的顽强抵抗，损失惨重，因此日军怕诸暨。由此也可以看出诸暨人的个性是不屈不挠、永不服输的，这一点在冯德全身上也有着很深的烙印。真可谓一方水土养一方人啊！

从 1938 年到 1945 年，日本侵略者进攻诸暨，烧杀掠抢惨绝人寰，经过抗日军民的顽强抵抗，诸暨虽几遭沦陷，但又几次收复。侵略与反侵略的战争让诸暨人民付出了惨重的代价。

1939年的春天，冯德全第一次近距离看到了日军，那种恐惧给幼小的冯德全留下了不可磨灭的印象。

这一年的春天，江南大地依然春寒料峭，冰河不肯解冻，嫩柳迟迟不敢发芽，在日本侵略者铁蹄下的百姓更是心寒意冷。这一天，冯德全正在和小伙伴们一起在村头玩耍，忽然听到枪声大作、鸡飞狗跳，一队日本兵荷枪实弹冲进了湖西村。百姓们如惊弓之鸟一般纷纷逃向后山，没来得及跑的孩子就跑到家里关上门躲起来，四五岁的冯德全就被三哥拉着跑回了家。这时，好奇的冯德全想看看日军是什么样子，他贴着门从门缝里向外看去，只见日军在村子里到处抓鸡抓鸭，赶猪牵牛。有的日军将几只鸡鸭捆绑好挑在枪上；有的日军用刺刀将猪捅死，血流满地；还有的日军光天化日脱光衣服，用水桶将水塘的水提起来，就在水塘边冲澡。由于当时正处在中日两军的拉锯战时期，所以日军也不敢在此地多作停留，抢完就跑了。

到了1939年底，诸暨再一次沦陷了，这次日军在山头筑起炮楼，隔三岔五地到村子里来骚扰，虽然人数不多，但他们带来的却是血腥和恐怖。一天，孩子们和往常一样在家门口不远处玩耍，玩着玩着孩子们就显出了他们天真的本性，一会欢天喜地地嬉戏；一会吹胡子瞪眼吵闹。这时有两个孩子发生了矛盾，一个说“你再欺负我，你爸爸要被日军抓去”，另一个就在墙上写“阿成的爸爸要被日军杀死”。正闹腾着，恰逢两个日本兵巡逻来了，他们看见墙上写的“标语”，便抓住孩子们咆哮起来：“这是谁写的？谁要杀死我大日本皇军？八嘎！”说着就抓住一个孩子狠狠地摔到地上，抽出军刀在空中挥来晃去号叫，吓得孩子们脸都变色了。不到五岁的冯德全也吓得闭上了眼睛不敢看，紧要关头冯德全的父亲跑了出来向日军解释：“这是孩子们在吵架，是说皇军杀他们的爹，不是要杀皇军……”日军听了半天也没听明白，抓住冯爸的领口大吼道：“你的，刁民！死啦死啦地！”说着用军刀向冯爸头顶劈去，军刀擦着冯爸的头发而过，孩子们都吓呆了，小点的孩子还哭出声来。这时，村里维持会会长赶来了，他急忙用不太熟练的日语跟日军解释：“太君，太君，请息怒！这墙上的字是小孩们吵架写的，它是说皇军杀他们,不是他们杀皇军……"说着就把日军接到自己家去了。这时,惊魂未定的冯爸才抱着哭出声来的阿全向家走去。

一年前,当日本侵略者的铁蹄踏入浙江时,阿全的大哥冯德润正在杭州上中学,而日军的到来击碎了莘莘学子的读书梦。由于在学校受到抗日进步思想的影响,大哥在校读书时就经常参加抗日宣传活动,家乡沦陷时,阿全的大哥抱着求学救国的理想,毅然离开家乡随着学校师生一起辗转去了大后方。大哥走时仅仅给家里捎了一封信,之后就再也没见其人了。

由于家庭的窘困,二哥冯德渠没钱读书,从小就在农田里与庄稼打交道,这也是冯家的一大心病。当日军侵入诸暨后,为了给日本军队输送修工事的劳力以及给日本本土企业输送劳工,甚至给日军细菌部队选送人体试验标本,日军在苏、浙一带拉中国青少年为己所用。为了躲避日军的拉夫,阿全的二哥冯德渠躲进了大山给一户有钱的人家当了雇工,没想到这一去就是十几年,二哥从此再也没有回到过湖西村。阿全的心里一直在惦记着大哥和二哥。

日军入侵后,整个中国经济的凋敝,社会的黑暗,民族的压迫,让一个本来就穷困潦倒的家庭更是雪上加霜。1940 年的清明至秋分,诸暨地区持续干旱,全县灾民无数。为了让家人都能活下去,阿全的母亲忍痛将刚满十六岁的大姐嫁到了他乡,一来可以给女儿寻条活路找个归宿;二来可以给这个家庭减轻些生活负担。大姐走的那天,阿全哭得比谁都厉害,因为平时都是大姐带着他玩,大姐虽然没上过学,但她喜爱唱越剧和唱歌,这对阿全影响很大,同时也给阿全带来了快乐。两年来他已经有两个哥哥离开了这个家,现在跟母亲一样呵护自己的大姐又要离开家、离开自己,这是阿全在感情上最难以接受的。而对阿全来说,苦难才刚刚开头,在以后的岁月里,阿全还将经历更多的痛苦和磨难。

这一天的早晨,天阴沉沉的,乌云从远处向湖西村的上空聚集,眼看就要有一场暴风雨来临。这时湖西村的人们正忙着自家的农事,忽然,一阵密集的枪声划破长空,人们明白,日军又来"扫荡"了。他们本能地丢下手中的活,慌忙随手拿上能拿的东西就向后山跑去。这时,正在村外玩耍的阿全听到枪声,也慌忙跟着人群跑上后山。由于日军来得太突然,乡亲们谁也来不及回家,阿全的父母一早去远处田地干活,当日军进村时他们已进不了村,就随着逃难的人群上了山。一路上,他们和其他人一样,惶恐不安地在人群中寻找着自己的家人,当阿全的母亲找到阿全时,才猛然想起阿全两岁的小妹冯心茹还在家里睡觉,没有抱出来。顿时,母亲疯了般号叫着向村里狂奔,而族人们慌忙拉住她劝说:"大嫂,你现在回去不行,日军已经进村了,你这不是往日军的枪口上撞吗!"但阿全的母亲不由分说执意要回村。这时又有更多的人围上来劝,大房的叔公说:"阿全他妈,事到如今你就是回去了也没有用啊!你只能给大家增添更多的担心。好在日军每次'扫荡'都是早来晚去,这次若你的心儿命大,一定能逢凶化吉的。"听了叔公的话,母亲的情绪稍稳定了些,随着人群上了山。在山上,阿全依偎在母亲怀里和大家一起焦急地等着太阳落山,因为日落就意味着日军将要离去。可是到了日落的时候,下山打探情况的人回来说日军在村里住下了。这消息犹如霹雳在阿全母亲的头顶炸响,她不顾一切地冲下山,一个人乘着夜色悄悄地向村里摸去。她蹑手蹑脚地来到自己家,但听到楼上传来鬼子的皮靴声和说话声,而女儿就在楼上,怎么将女儿救出来呢?当她准备悄悄上楼时却被一个日军发现了。"八嘎!什么的干活?"日军说着便拔出刀向楼下冲来。阿全的母亲见日军拔刀相向,吓得拔腿就跑。母亲在月色下向后山跑去,一群日军听到了动静也提着枪在后面追赶,日军越追越近了,但在月光下很难看清目标。这时,阿全的母亲实在跑不动了,灵机一动躲到了一棵大树下,日军追上来听不见动静,就停下来辨别目标的去向。当实在听不见任何声音的时候,一个日军失望地把枪架在了阿全母亲藏身的这棵树的树杈上,毫无目的地放了一枪,然后带着其他日军回去了。日军开枪时,阿全的母亲就在枪杆之下,一树之隔,头顶上的枪声把她的耳朵都快震聋了。好在日军走了,但母亲还惊魂未定,她带着对小女儿心茹的牵挂跌跌撞撞地回到了山上。

熬到第二天,日军还没有走的迹象,于是冯德全一家又转移到一个叫上庵的尼姑庵去避难。在这里,每隔几个时辰就会有人回村里去打探情况,可阿全的母亲等来的却都是失望。

在尼姑庵等待的两天里,冯德全没事就和三哥一起在庵堂前后的树林里玩，在这里他见到了许多以前没见过的东西，感到非常新鲜。这里有火红的鸡冠花，黄色的美人蕉，红色的蜻蜓，黑色的大蝴蝶，还有毛竹林里刚出土的鲜嫩的笋……但年幼的阿全与三哥玩得并不开心，他们时常想着小妹仍在危难之中，故而情绪低落。

一家人等到了第三天，打探消息的人急着跑来告诉阿全的母亲说日军走了，阿全的母亲听了赶紧支起虚弱的身子向村里赶去。回村路上遇到的同村的人都顾不得回家看一眼，先来到阿全家看个究竟，母亲预料情况不好，制止了阿德和阿全上楼看小妹。当大人们来到冯家楼上，看到幼小的心茹已被活活饿死在床上的惨状时，所有的人都哭了……小妹是一边喊着妈妈，一边在日军抢劫的极端的恐惧中被饿死的呀！在场所有人的胸中都激起了无比的愤怒，这愤怒也点燃了阿全心中朦胧的民族意识。

这一年，为了维护“地方治安”，日军和汉奸伪政府假惺惺地出了个“安民告示”，但由于日军遭到诸暨抗日军民的顽强抗击，其后勤补给已经严重不足。为了解决补给问题，日军还是经常派出人马到各村抢粮食。

一天，阿全的父母不在家，阿全和三哥正在家里玩，突然一队日军闯进屋来，哥俩来不及逃跑了，只能赶紧跑到二楼躲在大米缸后面。这时，日军闯进家门，在楼下翻腾了半天后又上了楼。听到大皮靴的声音，阿全在米缸后面吓得发抖，三哥毕竟比阿全大三岁，抱住阿全不让他出声，二人缩成一团。日军上来了，搜着搜着就发现了阿全兄弟，于是一把抓住两人的耳朵将他们从米缸后面提了出来：“小孩，你们家的东西都放在什么地方了？说！”三哥一手护着弟弟，一手指着墙边的破柜子说：“家里的东西都在柜子里，你们找吧！”几个日军听了就立马冲向柜子翻腾起来了。阿全与三哥趁着日军搜东西顾不了他们的时候悄悄溜下了楼，溜出后门从台阶上滚下去拔腿就跑。跑啊！跑啊！阿全的心都要跳出来了，跑了一阵总算跑到了冯家祠堂。

冯家祠堂是供奉大半个村约二百家的冯氏祖宗牌位以及族人开会的地方，祠堂中间还有一个戏台，每逢过年这里都会唱大戏，冯德全从小就是被哥哥姐姐抱着牵着来看热闹的，在那个时刻吸引孩子们的不是舞台上的唱、念、做、打，而是那五彩缤纷的服饰及铿锵的锣鼓声和神奇的变脸术……每当台上锣鼓响起的时候,孩子们就会在台下高兴地嬉戏着,其间或还能吃一段父母买的甘蔗。可自从日军来了后,这里就再也没演过戏了。今天小阿全在三哥的带领下跑到这里,使出最大的劲儿推开了漆黑的大门,低徊的开门声让阿全心惊肉跳。进了门后他们又赶紧拼命把大门关上,兄弟俩转过身来东看看,西瞅瞅,躲在什么地方好呢?最后三哥带着小阿全躲到了右侧的看楼上,这时阿全的心还在噗通噗通剧烈地跳着……三哥搂着小阿全靠着看楼的板壁歇息,当他们的紧张情绪刚要平静下来的时候,突然,楼下的祠堂大门那低徊的开门声又一次响起。这一次的响声还伴随着日军的吼声、狂笑声和鸡鸣猪叫声,这立刻让两个孩子汗毛直竖。三哥偷偷地从看楼壁缝隙向楼下望去,进来的不是别人,正是他们要躲避的恶魔——一大群日军!

日军拽着猪挑着鸡乱哄哄地闯了进来,他们不知道这里躲着人,也没想到要再去搜点什么,只见两个日军抬来了一口大锅,原来他们要在祠堂里做吃的。他们乱哄哄地在天井里架起了锅,一边杀鸡宰猪,一边点火烧水,鸡叫声、猪嚎声和日军的狂笑声乱成一片。三哥看到这些反而不慌了,悄悄告诉阿全不要出声,同时拉起小阿全,两人脱下脚上的破布鞋轻轻地下了楼,然后从祠堂的侧门溜了出去。出了祠堂他们又一次不顾一切地奔跑,光着的四只脚丫,追着自己的影子向没有鬼子的南宗山头奔去。可五岁的小阿全怎么跑得动啊!还是三哥拉着阿全一步一步拼命地向前挪动着……就这样头也不回地不知跑了多久,日军的叫声听不见了,他们终于跑进了南宗山头的灌木丛林里,这是他俩曾经砍过柴的地方。这时阿全已经趴在地上一动不动了,三哥也一屁股坐在地上动弹不得,他们的耳朵里什么也听不见,能听到的只有自己怦怦的心跳声。心跳声、喘气声持续了好长时间,才发现这里还有小鸟的啼鸣,又过了好一会,阿全才感觉饿了,于是小声跟三哥说:“三哥,我好饿好渴!”这时三哥也是饥渴难忍,他搂着阿全小声地说:“阿全,等日军走了,我们就回家吃妈妈做的螺蛳肉。”阿全听说回去可以吃到母亲做的螺蛳肉,一股涎水顿时顺着喉咙咽进了肚子。“日军啥时走啊?”阿全不断地问着三哥。“快了!快了!”三哥也不断地这样回答着阿全。看着阿全饥渴难忍的样子,三哥又有什么法子呢?这时他想到平时和小伙伴一起采桑果吃的情景,于是悄悄地在附近茂密的草丛里拔了些肥肥的毛草根,搓掉泥巴给阿全吃。哪知阿全嚼了草根肚子更觉得饿了，两人又去附近红薯地里扒找收挖剩下的小红薯，擦去泥巴就狂吃起来，吃完后他们又依偎在一起等着魔鬼离去，等着等着阿全竟睡着了。

太阳偏西，如血的残阳让人感到的是血腥，接着恐怖的夜色又向兄弟俩袭来，阿全和三哥不知道日军走没走，还静静地躲在树丛里不敢出声。这时从远处传来鸣虫的叫声，随后又隐约听到大人的叫声："阿德！阿全！日军走了，快回家来！"原来是乡亲们在找他们。听到亲人们的呼唤声，两个饿得奄奄一息的孩子一下子从树丛里冲出来，扑到阿叔阿婶的怀里委屈地哭起来了。

浙中的抗日拉锯战到了1942年5月，日军发动浙赣战役，诸暨、义乌、东阳、浦江、金华、兰溪、汤溪、武义、永康、建德全面沦陷，百姓深受其害。1942年5月25日，诸暨县城第三次沦陷后的第八天，在中国共产党的领导下，诸暨的四村八乡纷纷成立了抗日武装。是年8月，根据浙东区党委决定，成立了以何克希为司令员、谭启龙为政委的第三战区三北游击司令部(后改称国民革命军陆军新编第四军浙东游击纵队)。1942年冬，日军遭遇了新四军浙东游击纵队和国民革命军其他抗日友军的沉重打击，为了报复，日军对诸暨的村镇又进行了多次疯狂的"扫荡"。

"扫荡"与反"扫荡"在诸暨拉锯般进行着。1942年春，国军的一个野战医院来到了湖西村，驻扎在冯家祠堂里，同野战医院一起来的还有一支抗日的国军队伍，领头的叫江臻，是这个连的连长，他们是与日军作战后到此休整待命的。乡亲们得知抗日的队伍要在村里休整待命，男女老少都出来欢迎，大家纷纷将抗日的勇士们接到自家住下，到冯德全家住的正是那位连长江臻和他的两个随从。江连长二十出头，中等个子，一身军装使他显得格外威武。

野战医院和江连长的队伍在村里住下了，老百姓也觉得踏实多了。队伍的纪律虽然不那么严，但也没有影响老百姓的生活。野战医院的军医们对老百姓都非常客气，有时还到老乡家去串门给乡亲们看病。阿全也喜欢到祠堂去找军医和护士们玩，由于环境的影响，阿全也会学着大人们拉着军医到自己家里做客。当兵的看到乡亲们对自己这么友善，有的还帮自己洗衣服，于是他们也主动帮助百姓们挑水扫地做些杂事。住在冯家的江连长更是受到了热情接待，江连长他们也忙进忙出地帮冯家打理着家务，还时常带着小阿全玩，这可真称得上是“军民鱼水情”啊！

说“军民鱼水情”确实不假，但还有一个原因是“冯家有女初长成”。这时，冯德全的二姐已长成了一个十六岁的大姑娘了，她身材匀称，皮肤白净，眉清目秀，楚楚可人。自从江连长的抗日队伍进了湖西村后，冯家二姐便更显示出了江南女子的本色——清秀。因为之前日军经常来村里骚扰，村里的女人为了躲避日军的残害，平时都不敢梳洗打扮，在逃离日军时还会刻意在脸上抹锅底灰作为“护身符”，而现在冯家二姐的模样与之前相比简直判若两人。江连长住进冯家的第一天还没太注意到冯家二姐，只知道帮助冯家挑水扫地，以此来表达对乡亲们的谢意。

这一天，江连长带着队伍执行任务回来，看见冯家二姐正在给自己洗衣服，心里忽然有了一种异样的感觉，于是赶紧上前说道：“真不好意思，怎么让你给我洗衣服呢！”冯家二姐抬起头来望着江连长说：“我姆妈今天身体不舒服，所以我就洗了，放心，我洗得干净的！”她这抬头一望，倒把江连长望得不好意思了。于是，江连长低下头说：“来，我来帮你拧。”就这样，江连长在冯家与阿全的二姐朝夕相处，不知不觉地喜欢上了这位二姐。

队伍在村里一住就是好几个月，这一天，江连长非常局促地来到冯德全的父母面前，恭敬地对两位长辈说：“大叔，大妈，我们在这里住了这么长日子，今天我们接到上面的命令，队伍要开往江西。”冯大妈吃惊地问：“怎么说走就走了！我还真舍不得你们走呢，你们这一走，我们可又要遭殃了！”江连长说：“大叔，大妈，我也不想走啊！可我们是要执行命令的。我们马上就要出发了，临走我想向大叔大妈提个请求。”冯大妈说：“什么请求？你说！”这时江连长却又支支吾吾地开不了口。“有什么请求你说呀！”平时话不多的冯大叔也急得在一旁催促着。“我……我想娶你们家二姑娘！”江连长话还没说完脸就红了。听到江连长的话，冯大叔和冯大妈都一愣，两人互相看了一眼什么也没说。江连长急了，胆子也大了，“大叔大妈，我真的喜欢二姑娘，我会对她好的！”冯大妈叹了口气说：“不是我们不同意，你看这兵荒马乱的，你又要去打日军，这怎么能成呢！”江连长感觉冯大妈说得有道理，于是就退一步说："大妈说得是，这样吧，等我们赶走了日军，我再来娶二姑娘行吗？"冯大叔和冯大妈又互相看了看，笑了。江连长也懂了这笑的含义，"谢谢大叔大妈！队伍走了，日军会常来'扫荡'的，你们要把粮食和值钱的东西都藏好，你们要多保重啊！"说着，又从兜里掏出了几块银圆递到冯大妈的手上，"大妈，这几块银圆留给你们应急吧，我走了！"说完又到院子里跟二姑娘、阿全他们道别。阿全也非常喜欢这个江大哥，当队伍走了好久，阿全还在念着江大哥。

江臻带着他的队伍和野战医院一起走了，小阿全和大人们一样，又陷入了无尽的惶恐之中。他们不知道哪一天日军会突然杀回来，也不知道哪一天他们会丧命，他们唯一能做的就是把粮食和他们认为值钱的东西藏起来。

接下来，阿全家和乡亲们的日子开始难熬了。日军三天两头就会来村里祸害乡亲们，有时抢东西，有时糟蹋妇女，有时杀人放火，简直是无恶不作。面对这种险恶的环境，阿全的母亲最担心的是二姐，她唉声叹气地念叨着："他爹啊，当初我们要是答应江臻就好了，哎！我最担心的就是二姑娘。你说怎么办吧？"阿全父亲此时也想不出个好办法，他唯一能做的就是沉默。

好在天无绝人之路，没过几天，阿全家来了个送信人，给他们带来了江臻的亲笔信。信的大意是江臻转战去了江西后驻扎下来了，他升任了营长，那里暂无战事，希望大叔大妈带着家人去江西避难，同时还随信带了几块银圆作为去江西的盘缠。收到了江臻的信，全家都很高兴，于是阿全的父亲和母亲决定，就靠这紧巴巴的一点盘缠，带着三个孩子踏上艰辛的迁徙逃难之路。

"国破山河在，城春草木深。"经历了生死离别和惶恐不安的痛苦之后，为了躲避日军的频繁"扫荡"，冯家开始了往江西逃难的艰难历程。这段经历给幼小的冯德全留下了不可磨灭的记忆，也为他积累了丰富的生活经验，并转换成了丰厚的精神财富。后来冯德全在回忆这段经历时，无不感慨地说："生活本身就是教材，酸甜苦辣的经历、见识、思考和希望是最丰富、最深刻的教育。这次逃难迁徙教会了我吃苦耐劳、坚韧不拔，同时也让我扩大了视野，见了很多很多世面，让我对这个大千世界有了更多的感性认识。”

是啊，在逃难迁徙的路上，六七岁的阿全看到了比湖西村大得多的世界，也见到了他以前从来没有见过的新鲜事物。

逃难起程这天早上，阿全起得比谁都早。吃完早饭后，父亲推着独轮车，车上放着包裹和干粮，一家人就这样上路了。出了门阿全就拉着三哥高高兴兴地往前跑，二姐和父母在后面却是一步三回头，不知道今后是否还能回到这个家，他们心情复杂，依依不舍地离开了“冯家大房”，离开了湖西村，觉得前途渺茫。

六月的江南，河水清清，绿草茵茵。阿全一家五口人顶着炎炎夏日往前走着，不一会就把故乡远远地抛在了后面。走着走着阿全就走不动了，二姐让阿全坐上独轮车，可阿全执意要自己走让母亲坐。到了中午，一家人疲惫地坐在树下吃着母亲头一天做好的干粮。吃过午饭后一家人又上路了，没走一会儿阿全实在走不动了，只能坐上了父亲推的独轮车。阿全坐在独轮车上看见三哥、二姐还有母亲都在走，唯有他坐车，心里感觉不好意思，于是就闭上眼睛不看大家了。闭了眼听着独轮车“咯吱咯吱”的响声，阿全慢慢地进入了梦乡。

次日全家又开始步行，在绕过一个山坡后眼前豁然开朗，放眼望去，阿全感到非常震撼：江！浦阳江！故乡村边的小河与之相比真是天壤之别啊！波光粼粼，江水奔流，这是阿全有生以来第一次看到这么大的“河”，第一次看到大帆船和打赤膊的纤夫汗流浃背地拉纤。夕阳下，那古铜色的皮肤在汗水中折射出刺眼的光……阿全收回目光，但脑子里还回闪着刚才纤夫们的影子。

“阿全！我们坐船去！”三哥的叫声让阿全从刚才的情景中回过神来。“坐船啰！坐船啰！”阿全掩饰不住第一次坐大船的新奇和兴奋，他跳起来欢呼着。二姐牵着阿全上了船，阿全第一次体验到大船平稳的感觉，不像外婆家小船那样晃荡。他看了许多新奇的山水风景，还看到农民赶牛耕田，后来就躺在妈妈怀里睡着了。当他醒了的时候已经是傍晚了，全家来到了一座阿全不知名的县城，经过了日本宪兵一番搜查盘问后，他们终于进得城来。

进了城，阿全兴奋得无以言表，虽然街道上不时走来一队队日军的巡逻兵，有时也会从远方传来刺耳的警笛声，但这并没有影响阿全对这个“大千世界”的兴趣。因为，这是阿全第一次来县城，也是他第一次看到“繁华”的世界。县城里那一块块石条铺成的街道让他感到新鲜，店铺一个连着一个，店铺门前挂着的布幌子在夏日的暖风中飘着，每家铺面里都摆放着各色的商品，这一切都让阿全感到新奇。这时阿全忘记了刚才的饥肠辘辘，一边走一边到处张望着各种新鲜事物，还一边向父亲母亲问这问那。走了不多远，他们来到了一家旅社门前，阿全的父亲带着大家准备进门，这时只见一个店小二横在他们面前，“你们住店？”店小二瞥了一眼这一家五口人，不屑地问道。父亲赶紧上前恭敬地回答：“是的，掌柜的，我们要住店，您这里有便宜点的房间吗？”“便宜的？走开，走开，别坏了我们的生意！”说着急忙奔向门外恭迎一位阔少去了。这时，阿全和父亲都随着店小二的身影回过头去看，只见店小二在阔少面前点头哈腰地献媚，阿全见了这情景便拉着父亲的手要父亲去寻找别的旅店了。夕阳西下，面黄肌瘦的一家人饿着肚子，拖着长长的影子，在父亲的带领下，在这陌生的县城里寻找着能栖身的地方。

走了很久，父亲终于领着大家进了一家小旅馆，只见掌柜的从柜台里迎了出来。“请问住店吗？”掌柜的热情地问着。父亲还是上前恭敬地答道：“是的，老板，有没有便宜点的客房？”“便宜的还有一间，但条件差点……”掌柜的一边说着，一边张罗着店小二给他们倒水喝。“来来来，不管你们住不住店，走累了，先喝点水休息一会吧！”听了掌柜的话，阿全心里感到无比温暖，他对父亲说：“我们就在这住下吧！”听了小阿全的话，一家人没有语言交流都自然地坐了下来。这家旅馆虽然比较破旧，但价格便宜，而且掌柜也很好，于是父亲在掌柜的带领下去后院看了那间便宜的客房，看完房掌柜的说：“这房很少有人住，我让他们给收拾收拾就行了！”“不要太麻烦了，我们住一夜就走的。”“你们这是要往哪去啊？到处都是日本人，哪儿不一样啊！”掌柜的关切地询问着。“江西的朋友来信说那里还没开战，我们到江西南城去避一避再看。”掌柜的说：“那好！那好！你们先收拾行李吧！看你们吃点什么，我让厨房给你们做好送来。”父亲回到大堂，让大家一起把行李搬到后院的客房里。这时，天也渐渐地黑了，大家急着坐在桌前准备吃晚餐。不一会晚饭就上来了，所谓的晚饭就是一大碗豆腐白菜汤和一小碟咸菜，这时的小阿全已顾不得看碗里是什么菜了，端起碗就狼吞虎咽地吃起来。三个孩子大口地吃着，父母在一旁看着，即使是这样的饭菜，父母也是要尽量省着给孩子们吃的。等孩子们吃得差不多了，父母才开始吃，吃到最后他们再倒点开水把菜碗涮干净喝下，晚饭到此就算结束了。

饭吃完了，天也彻底黑下来。阿全闹着要点灯，他到处找着“洋油灯”，可没找着。忽然，屋子里亮如白昼，阿全惊呆了：怎么屋子里亮起了一个火球，就一根绳子吊着，没有“洋油”怎么会亮呢？简直是太神奇了！阿全问父亲这是怎么回事，父亲告诉他这是电灯，同时还告诉他电灯是通电发光的。阿全听了高兴得跳了半天。

第一次坐独轮车的忐忑不安，第一次看到大江大河的激动，第一次看到纤夫拉纤的心酸，第一次看到繁华街道的新奇，第一次在县城里见到电灯时的雀跃……这些都是冯德全教授所说的“心理生命”的营养素，给他的“第二生命”以良好的养育。冯德全说：“生活是最好的课堂。”生活处处都有教育资源，生活中的教育资源激发了阿全更多的求知欲望。特别是在逃难途中，当他遭到了为富不仁之徒的冷眼时，他会表现出宁死不吃嗟来之食的骨气；当他得到善良之人的恩惠时，他便会流露出滴水之恩涌泉相报的感激；当他看到父亲彬彬有礼与人打交道时，他也学会了礼貌待人。逃难的路上，当父亲母亲哥哥姐姐忍饥挨饿将仅有的一点干粮省给他吃的时候，他感受到了亲情无比的温暖，也学会了关爱他人。

国破家亡、生死离别、饥寒病痛、颠沛流离，这些都给儿时的冯德全留下了刻骨铭心的痛。但在父母的善良、爱心的浇灌下，幼年的冯德全心里却又播下了快乐自信的种子。随着年龄的增长，他心里的种子也生根催芽，滋生出朦胧的理想和立志成才的潜意识。这正是：

生于乱世涂炭中，体弱多劫砺英雄。

经历磨难视珍宝，来日感悟益无穷。

第二章

慈母操劳施大爱　玩学成才乐融融

玉山铁路中学“土改”工作队的合影（第二排左一为冯德全）

经过千辛万苦，阿全一家人终于来到了江西的南城，江臻营长的部队就驻扎在这里。江营长见到阿全一家到来非常高兴，还特意为他们摆酒接风洗尘，然后又在驻军附近的小镇里为他们租了一处住房把阿全一家安顿了下来。

在江西的日子里阿全一家过得比较平静，既没有日军的“扫荡”，也没有日军飞机的轰炸，能吃饱粗茶淡饭，能看到广阔田野，偶尔也能看到远处公路上卡车驶过。

安居下来一段时间后，阿全和三哥就跟隔壁左右的邻居熟悉了，邻居们也非常喜欢这兄弟俩。三哥冯德模很善于动脑筋，也勤于动手实践，阿全常在他的引导下一起做出一些“合理”的荒诞事。

初秋的一天，兄弟俩在隔壁邻居家的院子里看到树上结着一个个像柚子的果实，他们感到很新奇。邻居的伯伯告诉他们说这是一种不能吃的香团，实心的，闻起来很香，说着就摘了几个香团给了兄弟俩。兄弟俩抱着香团高兴地回了家，闻闻真的好香，送给父母二姐各一个，还剩两个。

三哥说：“阿全，我们来做汽车吧！做会开的汽车。”“做汽车？这怎么做汽车啊？”阿全不解地问三哥。三哥说：“我们把香团横着切成厚片当汽车的轮子，小轮放在前面，大轮放在后面，小轮与小轮、大轮与大轮用棍子连起来，上面再放一个抽屉。前面轮子矮，后面轮子高，它自己不就可以滚动了吗？”阿全觉得三哥说得很有道理，于是就协助三哥“造汽车”了。三哥将香团切成一个个圆片，给一样大的两个圆片安上轴，又让阿全将屋里的抽屉拿来。按照三哥的“设计”，他们将抽屉放在高低不同的“轮子”轴上，“汽车”便会滚动了。可现实是轮子怎么也不转动，后来他们才发现原来地是平的，轮子的大小高低与轮子滚动无关……

三哥是阿全最好的玩伴，也经常会给他一些“启示”。有一次三哥从当兵的大哥哥那儿借了一个凸透镜，对阿全说：“阿全，你去拿点废纸来，我就教你不用

‘洋火’取火的方法。”阿全听了很兴奋，赶快找来了些废纸给三哥。只见三哥将凸透镜一面对着太阳，一面对着废纸，废纸上的光点部位不一会就冒了烟，接着燃烧起来了。阿全觉得好奇怪啊！想呀想呀，他明白了是凸透镜把太阳光的热集中到了一点，把废纸点燃了。阿全更加佩服三哥了，三哥说什么他都会言听计从。

有一天，三哥对阿全说：“阿全，孙悟空的火眼金睛是看三昧真火练出来的，如果我们天天看太阳，也会练出火眼金睛的，夜里看东西像白天一样！”于是兄弟俩就对着太阳看，结果火眼金睛没练出来，反而因为长时间盯着太阳看，差一点把眼睛也毁了。这些实践活动虽然成败参半，但兄弟俩却从中学到了不少常识。每当冯德全回忆这些往事时都会开怀大笑：“这就是孩子的好奇心和探究精神啊！如果那时有早教师带着玩该有多好啊！”

在江西的这段日子阿全过得比较快乐。他们与当地邻居家的小朋友一起去挖蚯蚓，自己做钓竿到小塘钓鱼；晚上和小朋友们一起捉萤火虫，然后把捉到的萤火虫关进大葱管里，做成一亮一亮的绿灯笼；他们还商量着做风筝，秋天里就到田野的小路上去放风筝……二姐没事也来参加他们的游戏。

可这样平静快乐的生活不到一年就结束了，因为江营长接到命令，部队又要向西南开拔了。

这天晚上，江营长突然来到阿全家，神情凝重地对阿全的父母说：“大叔、大妈，我们接到上面的命令，队伍又要向西南撤，江西也不太平了。你们看还能住在这里吗？”“是啊！队伍走了，日军来了，我们住在这里也没有生活保障，我们还是回诸暨老家吧！”阿全的父亲看着大家以商量的口气说着。“大叔、大妈，这次就让二姑娘留下来跟我成亲吧！”江营长向阿全的父母恳求道。“江臻，我看你也是个好小伙子，二姑娘就留下来跟你成亲吧，这样我们也放心了。”阿全的母亲跟江营长说着，同时又拉过来阿全的二姐说道：“你江大哥是个好人，就跟着他吧！这样妈也放心了！”二姐点头表示赞同母亲的话，事情就这么决定下来了。

经过两天的收拾准备，阿全一家（除了二姐）又要回诸暨老家去了。早上，江营长早早地过来为家人送行，拿出十几块大洋交到阿全母亲的手上说："妈！二姑娘在我这里您就放心吧！我会好好待她的。你们要回老家了，我这里还有点积蓄，留给你们路上好用。"阿全母亲推辞着说："这怎么行呢！你们成家了，用钱的地方多得很，还是你们自己留着用吧！"这时，阿全的二姐握着母亲的手说："姆妈！您就留着路上用吧！我们会有办法的。"经过一番推辞，钱还是给母亲留下了。

天阴沉沉的，阿全一家又踏上了回诸暨老家的路程。出发前阿全的母亲和二姐抱在一起哭了好久，阿全也依依不舍地哭个不停。最后阿全告别了二姐，告别了江臻大哥，跟着父亲母亲和三哥起程了。

一家四口一语不发地推着独轮车往前走着，这也是个夏天，可一路上的景色再也没有来时的好了，一点也提不起阿全的兴致。不知走了多少路，他们来到了江西与浙江交界的玉山县。这时阿全的父亲和母亲商量后决定先在玉山停留一段时间，因为阿全有一个远房的叔叔就在玉山的铁路上工作，看能否通过这位远房亲戚在玉山找个工作。于是，他们就暂时在县城找了个小旅店住下了。这时天黑了，大家跟以前一样吃过简单的晚饭后，父亲就去找那位亲戚了，阿全和三哥在旅店陪着母亲。

兄弟俩正期盼着父亲早点带好消息回来时，只看到母亲慌慌张张地搜口袋，打开破箱乱翻衣物，忽然脸色发白地哭叫了起来："阿德啊！这怎么办啊！我没法活了……"三哥看到母亲惊慌地哭叫，赶紧问是怎么回事，阿全也惊呆了。母亲说从江西出发时江臻给的十几个银圆不见了，这可怎么办啊！这是一家人的活命钱啊！说着就要去寻短见。这时三哥一下跪在母亲面前："姆妈！您要这样，我和阿全怎么活啊！"母亲看着两个儿子，不禁抱住两个儿子哭得更厉害了。这时，三哥好像从梦中惊醒似的问母亲刚才去过哪些地方，问清后急忙起来沿着母亲经过的所有路线去找丢失的钱，而阿全就乖巧地陪在母亲身边。

半个多小时过去了，焦急的母亲忽然见三哥飞快地跑回来喊着："姆妈！姆妈！钱找到了！钱找到了！”正在伤心的母亲听到三哥喜鹊般的叫声，一下子振作起来：“是吗？真找到了？我的儿子真能干！”三哥按照母亲说的路线仔细寻找，最后终于在茅房里找到了，原来是母亲上厕所解裤带时，钱包溜到坑边了。母亲终于破涕为笑，虚惊一场后母子三人相拥进了房间。

不一会父亲回来了，母亲急忙问：“找到了吗？找到祖恩了吗？”“找到了！祖恩说铁路上现在不需要人手，明天帮忙去税务局看看有没有合适的事做。”于是，阿全一家在对第二天的美好期待中进入了梦乡。

祖恩是阿全的堂叔，早年来玉山谋生，如今在玉山铁路上当了科长，所以阿全的父亲就来找他帮忙谋个差事养家糊口。第二天，父亲一大早就出去了，经过一番周折，工作的事情终于办成了。堂叔为父亲在税务局谋了一份收小商贩税的差事，也就是沿街到每个小商铺去收税。这天下午，父亲带着大家一起来到堂叔家，一是为了感谢堂叔；二是准备在堂叔家附近找个住处。到了堂叔家，父亲要请堂叔吃饭，堂叔说：“你们的生活如此的拮据，吃什么饭啊！赶紧张罗一下，明天就去上班吧！”后来又在堂叔的帮助下，在堂叔家旁边租了一处房子住下，次日父亲就去上班了。

住在堂叔家旁边，两家来往也多了，有一天阿全跟着母亲上街买菜，看见好多孩子的父母带着他们买“蓬蓬鱼”，孩子们拿着“蓬蓬鱼”一边吃着一边高高兴兴地玩着。阿全想：这里怎么把玉米棒叫“蓬蓬鱼”了呢？阿全觉得好奇怪，此后他慢慢悟出了什么叫方言，原来同样的东西在不同的地方名字就不一样。但“蓬蓬鱼”与玉米棒是不是一样好吃呢？这勾起了他想吃“蓬蓬鱼”的欲望，在老家他也曾经吃过，但这个叫作“蓬蓬鱼”的玉米棒是不是跟家乡的一样好吃呢？于是他要父亲给他买一个尝尝，可是父亲就不买，母亲也因为家里生活困难没表态。阿全为这事不停地哭，最后哭累了，饭也不吃，整整哭了一天，直到嗓子哭哑了，不知不觉哭得睡着了。母亲心里难受，第二天在她与弟媳秀花聊天时说起了这事，秀花听了便埋怨了阿全的父母，说一根玉米棒能花几毛线！连忙给阿全买来了一个刚蒸熟的"蓬蓬鱼",可是阿全一点也高兴不起来,吃得也一点味都没有。

这件小事已经过去了七十多年了,冯德全至今仍记得清清楚楚,就像是昨天发生的事一样。而他至今还非常感激秀花婶婶,是她更懂得孩子生活的基本愿望。针对这件事冯德全说:"其实母亲是非常爱我们兄弟姐妹的,特别是对我的爱,现在看起来,她给我更多的是一种'大爱',也就是'教育爱',其次才是'血缘爱',母亲对我从来没有过溺爱。"

父亲开始在税务所上班了,他兢兢业业、勤勤恳恳地工作,可一个月下来,父亲却业绩平平。因为父亲的收税对象都是些小商小贩,而父亲又是一个心地善良、性格温良的人,小商贩们一诉苦,他的心就软了。于是,他干到第二个月就做不下去了,无奈之下,一家人又继续踏上了回老家诸暨的路。

阿全一家回到老家诸暨已是 1943 年 7 月底了,这时阿全八岁多,也到了该上学的年龄了。虽然家里的生活非常拮据,好在冯氏家族里有公田,学校的费用和学生的学费都是由族里的公田盈利来承担,所以本族的孩子上学都是免费的。

在诸暨,父母普遍认为孩子上学是一件大事,因为诸暨人向来是很重视名声的。他们轻商贾重功名,"宁要名誉地位,不要金钱实惠",这一点在诸暨人身上表现得尤为突出。因而,再普通的诸暨人家都很重视教育,以耕读传家为荣,盼子读书做官,荣宗耀祖。冯德全的父母都出身于书香门第,所以就更重视子女的教育。冯家有四个儿子,除了老二冯德渠因出生时母亲生病无奶水,不得已抱出给上湖西小村的一个农民当养子,后来回家不久又外出帮人家磨豆腐、做雇工没上学外,老大冯德润和老三冯德模都在苦难中受到过高等教育,包括冯家大姐也读过一年私塾。现在,父母决定送阿全到湖西村的小学去读书。这一天早晨,秋高气爽,阿全在母亲的陪同下去上学了。这是族里也是村里办的小学,叫湖西小学。学校就设在冯家祠堂里,祠堂背后的整面墙上写着湖西小学四个正楷的毛笔大字,在半里地外的小河边都能看得清清楚楚。湖西小学是大村有名的完小，除湖西村的孩子外，四邻八湾小村的孩子也有许多带着午饭来湖西小学读书的。

阿全的老师姓陈，诸暨店口镇人，大家都称他陈先生。阿全的母亲领着阿全来到冯家祠堂，见了先生行了礼，母亲嘱咐了阿全几句后就回去了。阿全和村里同龄的几个孩子一起在这里读书，他们的开蒙课学的是《三字经》，然后再学《弟子规》《千字文》《论语》等儒家经典，学习方式是老师读一句学生们跟读一句，直至会背为止。

阿全一开始就上新学，学语文、算术、游唱、美术、体育等，陈先生教语文和算术两门主科，对学生要求很严，语文、算术如不及格是要打板子的，当时 60 分为及格，差一分打一板，有一次先生还冤枉打了阿全几板子。

阿全的学习成绩一直是班上领先的，加上他见过“大世面”，常常在小朋友中讲一年前全家到江西“旅游”的见闻，自然就成为全班的中心人物，被选为班长。可是他在读二年级时，也逃脱不了老师的板子，有一次真被陈先生打了五十大板。

那是一个炎热夏日的中午，阿全和小伙伴们一起去祠堂边的小山头玩，有的采野果子，有的爬树，有的捉蟋蟀……总之，他们忘了上课的时间。不知过了多久，陈先生在祠堂门口叫着阿全的名字，伙伴们听到先生的叫声，顿时燕子般地飞回了教室。先生板着脸坐在自己的桌前，小同学们一个个乖乖地溜到自己的位子上安静地坐好。这时先生开始发前天的期中考试试卷，并宣读成绩。点一个名，报一个试卷上的分数，分数高的夸几句，分数不够 60 分的，差几分，就得老老实实走上台去，伸出手掌让先生打几板子。课堂气氛顿时凝重起来，有几个成绩向来不好的调皮鬼神情紧张，双手在不知不觉磨手心，准备挨打，因为他们平时说过，手掌磨热了打起来不疼。

在发了十多张试卷的过程中，已经打过两个孩子了，这时还没发试卷的小朋友有的心里还在紧张着。阿全向来成绩优秀毫不紧张，往往还能得到先生的表扬，但是等到先生念到第二十张试卷时：“冯德全，10 分。”阿全听了脑子“轰”的一声,如晴天霹雳,霎时懵了,脸唰地红到了脖子根。先生也反复看了看试卷姓名和答题,试卷的大部分内容没做,就只10分。于是严厉地说:"上来!"小阿全糊里糊涂走到讲台边,伸出右手掌,"啪、啪、啪、啪……"先生一边打一边数,整整被打了五十板子,凑够了60分。这时阿全右手的手心被打麻了,但他不敢哭,眼泪无声地从两边眼角流下来,用左手拿了试卷默默地回到座位上。阿全哭的不是挨先生的打,而是为这10分的成绩而羞愧。教室里的学生们全被震惊了,有的小朋友还回头偷偷地看阿全。而阿全仍木然地糊涂着……

接着,陈先生继续发试卷、念名字、报分数。当发到三十多份试卷时,先生又念道:"冯德全,98分……"这时全教室顿时惊呆了,陈先生也莫名其妙起来。这时的阿全才想起看看左手拿着的那份让他被打了五十大板的试卷,回忆着前天考试时的情形……

这时陈先生镇定下来了,他问冯德全:"阿全,你怎么会有两份试卷的?"阿全站起来回答道:"前天考试时,我先做了几题,后来嫌自己写得不整齐,看到先生手上还有空卷子,于是我就让先生换了一张卷子,重新做了一张卷子交了。"这时,先生也清楚地记起了前日考试的情形,有点不好意思地说:"呵呵,打错了,打错了……那,那你以后考得不好,或犯别的错时,该打的板子就不打了,就从这五十板中扣除……"听了先生的话同学们也都笑了起来。七十几年过去了,至今陈先生还欠着冯德全五十大板呢!

那天放学回家,阿全与往常不同,他闷闷不乐,也无心去玩耍,还把被打肿的右手藏在背后怕被母亲发现。到吃晚饭时阿全拿筷子的手不利索,筷子掉到地上时被母亲发现了。母亲拉过阿全的小手看了看,发现小手又红又肿便问起了原委。这时阿全"哇"地放声大哭起来,直哭得全身发抖,断断续续地告诉母亲事情的经过。

等阿全情绪平静下来后,母亲把阿全抱在怀里安慰说:"孩子,生活中什么事情都会发生的,不顺心的事十有八九。没事的,要受得起委屈。再说这事也不能全怪先生,是你自己没把不要的考卷拿回来,你也有错啊……"然后又嘱咐阿全说:"今后你要认真对待每一件事情,你长大了就会知道,不怕受点委屈的孩子才是好孩子，跟你大哥一样的好孩子。”母亲的话说得阿全心里暖暖的，因为大哥是自己心中的偶像和榜样，听到母亲说自己跟大哥一样，阿全心里舒坦多了，静静地吃起了饭。

冯德全教授晚年回忆起这件事时，依然像放电影一样历历在目。他说：“陈先生是一个很认真的人，教育思想是另一回事，但是他待人公平，不因为我是他心目中的好学生和班长就不打我的板子。而母亲说的确实是一种大爱，那是塑造人生态度的大爱。至于人类的教育，特别是幼小儿童的教育，这一领域的社会文明中国尚处在启蒙阶段……”

时间到了1945年夏天，日军投降的消息如毒日下吹来的风，很快就吹遍了祖国各地，也吹到了湖西这个偏僻的小村庄。村民们奔走相告，到处锣鼓喧天，有好多人家还噼噼啪啪放起了鞭炮，全村都喜气洋洋、一片欢腾，这也让孩子们体验到了前所未有的欢乐。

抗战胜利了，没过多久村里又传来消息，说湖西小学的先生要全换了，将调来一批年轻的先生办学，还说以后不再叫先生而改叫老师了……对这一消息所有人都觉得非常新鲜，大家都期待着要看看这批新先生是什么样。

为什么要换先生呢？原来阿全的大哥冯德润有一个叫冯马兴的同学，也是湖西村人，在萧山湘湖师范学校任教。湘湖师范学校是陶行知先生创办的南京晓庄师范学校的分校，或叫姊妹校，是完全按陶行知的乡村教育思想办的。大哥通过这位同学给湖西村小学派了八九名师范刚毕业的学生到农村办乡学。

这天，一批新老师背着行李翻山越岭，步行来到湖西村。得到消息的村民都拥到路边看热闹，看过热闹后大家都议论纷纷起来。老人们大多怀疑这些小青年是否能教好书，大娘们看到年轻姑娘穿裙子、旗袍更是摇起了头。

但青年教师们的到来却立刻给湖西小学带来了新面貌：首先是由族人出资把学校粉饰一新，原来的老戏台改造成了办公室，校门口也竖起了高高的旗杆；其次是整修了教室里的课桌椅，学校添加了风琴，还建立了合唱队。特别是秋季开学以后，操场上安装了滑梯，挖了沙坑，还竖起了高高的秋千架，另外还摆放了几张乒乓球台；除此之外新老师还买来了许多滚铁环，专门请木工做了许多高低不同的高跷和跷跷板。看到学校的面貌焕然一新，同学们都无比兴奋，学习的劲头也高了。每天朝读时书声琅琅，早操时队伍整齐，上课时悄然无声，课后的操场热火朝天。很多同学还参加了唱歌小组、画画小组，到了第二年学校就举办了小学生的文艺演出和画展。

体育老师上体育课特别严格，一至三年级的同学都学会了听口令标准列队，连“向左转走”与“向右转走”等都走得很标准。此外新老师们组织全校远足，组织歌舞晚会和演讲比赛；鼓励同学们回家参加生产劳动，多帮爸爸妈妈做事；有弟弟妹妹的还要求帮弟弟妹妹学习，做陶行知先生说的“小先生”。新湖西村小学的校长是一位姓宋的男老师，阿全的班主任兼语文老师叫童素梅，音乐老师叫纪敏之，他们都是陶行知教育思想的践行者。

在新老师的影响下，同学们变得格外爱上学了，放学时同学们自己组织排队离开学校，与值班老师再见后唱着歌回家。队伍到了谁家谁就有礼貌地跟大家说再见离队。可是许多同学回家放下书包后又跑出来聚在一起玩游戏，或上山采果子，或去小河里游泳，因为老师从来不给学生留家庭作业，一切学习任务都在课堂上完成，所以同学们都玩得很开心。

阿全家离湖西小学不远，他放学回家后常又返回到学校荡秋千玩，他常常把秋千荡得与地面平行，这时风在耳边呼呼地叫着，阿全的心也与秋千一起在空中飘荡着……那时阿全的三哥冯德模也在湖西小学读高年级，三哥经常带着阿全去附近的小河游泳，夏天几乎每天都要去玩水。对于这些体育活动和玩耍，妈妈不但没有批评反而鼓励。妈妈说，做人就要“活络”，“活络”了就胆大，身体也会好起来，长大了才有出息。后来阿全上了高小，还爱上了跳绳、踩高跷、游泳、远足、跳高、登山等体育活动。就这样，阿全瘦弱的身体一天天有所改善，到了1953年就读师范学校时，他的体质虽然仍不算强壮，但由于小学的体育爱好和锻炼，让他在游泳和单双杠等项目上都能高人一筹，而且还能玩“虎伏”这样高难度的体育项目，最后他的身体也逐步地健壮起来了。

冯德全教授说他一生受益于体育锻炼，锻炼可以培养人坚韧不拔的性格；锻炼可以增强人的身体素质；锻炼还可以开发人的大脑。锻炼的益处一直到他耄耋之年仍得到体现。在冯德全八十高龄时，有一次他去深圳讲课，可网上购票只买到了一张上铺，他攀上铺时双臂竟然像撑双杠似的，“噌”一下上去了，这让下铺不愿换铺位的年轻人也汗颜无比。后来冯德全教授说：“人的潜能开发就要从婴幼儿开始，其中就包括体能的增强，病秧子也会改变命运，它能让人受益一辈子。”

冯德全幼年时在母亲的支持下生活体验特别丰富多彩，到山上采蘑菇，下池塘摸螺蛳，在小河里钓鱼，这些都是阿全和小伙伴的最爱。

清明刚过，雨后的山野格外翠绿。每到这时，阿全和伙伴们放学后就一起上山去采春笋和蘑菇，每次都会满载而归。雨后的小河也常常能看到阿全和伙伴们的身影，一般情况下，他们放学后就去石板下或臭泥土里挖蚯蚓，听说鲫鱼爱吃红蚯蚓，而这些地方的蚯蚓都是细红的。小伙伴们挖了蚯蚓，扛着渔竿到了河边一字排开。钓鱼修的是耐心，这时大家都不说话，眼睛盯着浮标，浮标动了还不能起竿，一般鲫鱼上钩要等浮标浮起来才能提竿。“这是因为鱼儿把穿上蚯蚓的渔钩吃进嘴里，抬头时浮标才会上浮，恰到这时提竿才能把鱼儿钓上，既不可急也不能慢。”这是阿全钓鱼时观察后琢磨的，也是他实践经验的总结，这就是孩子在实践中体验和感悟的收获。

他们去钓鱼大都不会空手而归，于是家里的饭桌上都会呈现他们劳动的成果。吃自己钓的鱼最鲜、最香，就这样，孩子们在大自然中不仅有物质上的收获，同时也收获了知识，收获了快乐，更收获了成就感和自信。

孩子们的“工作”也并非一帆风顺，有时也会遇到挫折与失败。比如有一次抓螃蟹就让阿全遇到了非常懊丧的事。

初秋，凉爽的清风吹去夏日的炎热，吃螃蟹的好时节快到了。这一天，阿全和三哥一起去较远的外江滩踩螃蟹，兄弟俩共拿一个鱼篓，鱼篓上还塞了一块毛巾。来到外江滩时许多陌生的孩子已经在齐胸的水里踩螃蟹了，据说这里的螃蟹很多，多到能被人踩着。兄弟俩急不可耐地下水了，两人默默地用双脚在江底的软沙上踩着，可好久也没踩到一只螃蟹，只听前后左右的踩蟹娃们不时东一个、西一个爆发出成功的欢呼声，每一次欢呼都令兄弟俩更加心急如焚。这时，阿全心想自己不能急，一定要慢慢地踩，忽然阿全的脚下真的踩到了一只蟹，感觉是一只大螃蟹。他不声不响，一个"猛子"钻进水里，先用左手把螃蟹平按住，再用右手拇指、食指及中指夹住螃蟹壳的左右两边，这样螃蟹的大钳就伤不到自己的手了。阿全捉着螃蟹用脚猛地一蹬钻出了水面，左手抹掉满脸的水花高声喊道："我抓到大螃蟹了，三哥，我抓到大螃蟹了！"这胜利的呼声不知有多少激励作用，它鼓舞着三哥和所有的摸蟹娃，大家不声不响更加努力地去踩着大片宽阔的江底。阿全捉到的确实是一只大螃蟹，估计有半斤重，它还张牙舞爪地挣扎着，想用大钳来钳阿全的手，可阿全知道捉蟹的方法，螃蟹的大钳子再怎么四处乱抓也够不着阿全，所以阿全一点也不怕，只顾喜滋滋地走上岸，然后将青黑色的大螃蟹关进了鱼篓，再将那块带来的毛巾卷成一团，紧紧地塞住竹篓口，就又赶紧跑下水融入踩蟹娃的队伍里去了。

三哥听到阿全胜利的呼喊，心里为阿全的成功感到高兴，却没有离开自己的"工作岗位"，仍在水里不停地踩着，兄弟俩互相望了望，都希望来一个更大的惊喜，那样就够一家人美餐一顿了。可是除了远处偶尔还有欢呼声外，直到夕阳西坠，兄弟俩也没有再抓到一只螃蟹了。这时三哥告诉阿全时间不早了，还要赶路回家，兄弟俩只好上了岸。虽然后来没有踩到螃蟹，但当他们想到篓里的那只大螃蟹时，心里便涌起了几分的激动。当阿全和三哥走到岸滩的沙丘边时，只见鱼篓斜倒着，阿全急忙拿起鱼篓一看，鱼篓空空的，大螃蟹没有了！阿全大吃一惊，忙对三哥说："三哥！大螃蟹不见了，被谁偷了？我明明用毛巾把篓口塞得紧紧的呀！"三哥走近一看也不见大螃蟹踪迹，再看看周围踩蟹娃们都离得不近，没人来过，那条毛巾却松散在鱼篓口旁边，一头还紧挨着篓口。三哥说："没人偷大螃蟹，是它自己跑掉的。阿全你看，毛巾是大螃蟹用大钳子一点一点拉松的，拉出一个口它就慢慢爬进江滩逃走了……"这时沮丧和失落一股脑地向阿全袭来，顿时他抱着鱼篓大哭了起来，三哥心里也很失落，但他还不得不安慰阿全，就这样哥俩很无奈地回了家。

回到家天已经黑了，母亲见两个孩子回来了，便关切地问哥俩踩蟹的事，这时阿全沮丧地低头不语，于是三哥对母亲说了这次踩蟹的遗憾事。没想到母亲不但没可惜哥俩空手而归，也没责怪阿全，反而笑着摸住阿全的头夸奖他能干，那么大的螃蟹还敢钻到江底去捉，真是有胆量。阿全听到自己的成功得到母亲的认可，心里的懊恼和沮丧也慢慢地云消雾散了，浑身充满了母爱的温暖。冯德全后来总结说："父母的鼓励、信任、赞美是世上最大的爱，也是最好的教育。"

1947 年，大哥冯德润终于从中山大学土木工程系毕业回家了，并在上海铁路局主管的京沪铁路线找到了一份不错的工作。全家人欣喜若狂，十多年的苦苦盼望终于熬出头了，那时冯德全发现母亲从来没有那样年轻漂亮过，她居然穿起了年轻时穿过的旗袍……谁知命运多舛，好景太短暂了，两年后大哥突然得重病医治无效去世。面对这一霹雳般的打击，父母的精神彻底崩溃了，不久父母双双一病不起，阿全也常常跟着母亲泪流满面。

在阿全上小学的时候，母亲就常给阿全讲大哥冯德润在邻村上高小时是如何如何聪明、如何如何能干，做作业是如何如何认真，在学校总是得第一名，现在一个人在外面闯世界。母亲还说大哥做过抗日宣传，后来又怎么自谋生计、勤工俭学完成学业，再后来又在铁路上当了工程师等等。父母经常说这些，只是用来表露对大哥的怀念而已，但这些喋喋不休的话，句句都伴随着一家人苦撑着艰辛度日，也句句伴随着冯德全的童年成长。大哥在冯德全的心目中树立起了一个无比高大的形象，并且不知不觉中成了他的骄傲和偶像。冯德全上小学后甚至偷偷翻看大哥上小学时用过的课本和作业簿，描摹大哥小时候写的字和画的画……母亲就是这样无意识地用身边的榜样来激励阿全学习上进的。

因为对大哥的崇拜，所以就不知不觉以大哥为榜样。有一天放学回家，阿全好奇地打开了大哥曾经用过的书柜，这里有当年大哥上高小时的作业本。看到那一摞摞整洁的作业本，阿全无比赞叹，心想：我的作业要是能写得这么好该有多好啊！妈妈也一定会赞赏的。

当阿全看到大哥的图画本时，不禁被这本图画作业吸引住了，图画本上画的是一个洋瓷杯和一只瓷碗，这是他第一次看到素描。物体看起来是立体的，同真的一样，但用手去摸，纸还是平的，什么也没有，这使他产生了极大的好奇心，从那以后，阿全也爱上绘画了。上小学高年级后，冯德全在新老师的指导下学习写生，老师教他怎么勾轮廓，然后再画细节，最后画出物体的明暗。于是他知道在亮的地方留白，在暗的地方就用画笔涂深一点。这真可谓无师自通啊！

绘画的兴趣上来了，而且是一发而不可收。有一次上数学课，阿全听懂了老师讲的内容后就不想听了，他拿出铅笔和图画本开始绘画。他的教室是冯氏祠堂的右大厅楼下，而舞台改造的老师办公室在冯德全座位的左前方。精致的舞台有很强的视觉冲击力，阿全坐在自己的位置上可以清晰地看见舞台，于是他拿起笔开始画舞台了。他聚精会神地画着舞台上面的飞檐翘角，先勾好轮廓，再涂明暗，画得立体感很强，几乎快赶上美术专业的学生了。数天后，老师批改的图画本发下来了，阿全的图画作业本上居然批着一行字："长此以往，不难成为一名画家。"看到老师的批语，阿全感受到了莫大的鼓舞，心里不知有多甜！从那以后，阿全的美术作品总是在校墙报上刊出。冯德全后来说："这就是爱因斯坦的名言'兴趣是最好的老师'的最好诠释，我还认为对孩子来说'兴趣也是唯一的老师'，因为孩子拒绝兴趣以外的一切事物，尤其是婴幼儿。"

母亲为了锻炼阿全的胆量和自立意识，还常常让阿全独自一人去十里路外的金家站给外婆送东西。这是一个星期天的早上，母亲一大早就将阿全叫起床了："阿全，妈妈给外婆做了一双布鞋，你敢不敢一个人去金家站送给外婆啊？"阿全本不想去，他怕"老虎外婆"（因为外婆太严肃，所以哥哥姐姐背后都这么说外婆），但阿全又一想，去外婆家可以路过小姨妈家啊，于是便高兴地答应了："姆妈，我去外婆家路过朱家站，还可以看到小姨妈了，说不定小姨妈会陪我去看外婆的。"因为阿全最喜欢小姨妈了。

阿全吃过早餐的泡饭后，便提着包鞋子的包裹上路了。他回忆着那条路：翻过南宗山，沿山边走过四家凉亭就到白塔湖，再沿湖边走石板路到小桥头，过了小桥再走过长长的朱家站村。他飞快地跑到小姨妈家，可是大失所望，姨妈家门上锁着一把铜锁，小姨妈一定是去庄稼地干活或划着小船捕鱼去了。他太失望了，无可奈何地再往前走，前面还有三里路就到金家站外婆家，这时阿全鼓起勇气去见外婆了。

外婆家曾经也是大户人家，家教很严，所以外婆对孩子们的管教也是很严的，只把爱放在心里。阿全来到外婆家很拘谨，做什么事都规规矩矩，晚上睡觉都要把衣裤叠得整整齐齐放好。外婆看在眼里喜在心里，后来母亲带阿全走娘家看外婆，外婆还悄悄在母亲面前夸阿全，说阿全老实，做事真细心，连睡觉也把脱下的衣服叠整齐，这孩子长大一定会有出息的。阿全偷听到这些话后非常得意，以后做事也更认真、更有条理了。因此现在冯德全常说："对孩子要积极暗示，而且大人间说话的侧面暗示比当面表扬的正面暗示往往更有力量。"

在外婆家虽然拘谨，但人多时还是很快乐的。有时舅母在家，还有一个比阿全大五岁的表哥叫俊发哥哥(二姨妈的儿子，因为二姨妈死得早，他在外婆家长大)，在阿全的眼里俊发哥哥虽然有点瘸腿，可他是个最有能耐的人，他会到白塔湖里摸鱼，会划小船到很远的对岸去摘罗汉豆(蚕豆)，又会采莲蓬、摘菱角。最让阿全高兴的是到了杨梅成熟的季节，表哥一定会带着阿全和三哥上杨梅山摘杨梅。杨梅山上什么鸟都有，阿全还看到过长尾巴雉鸡鸟、小松鼠和野兔等可爱的动物，这都给阿全和三哥带来了无穷的乐趣，也给他们留下了美好的回忆。

抗日战争胜利后好几年的初夏，凡是杨梅成熟的季节，母亲总要在星期天带阿德和阿全早早去外婆家吃杨梅。记得第一次去杨梅山父亲也参加了，一家四口人早早出发，俊发哥哥早就在那等着他们的到来。见到阿全兄弟俊发就高兴地说："走，我们摘杨梅去！"于是，一根扁担挑起两个空背篓拉着阿德和阿全就走。走了好几里地再爬到杨梅山上，阿全已经满身大汗累得一屁股坐在了地上，他仰望着又高又大的杨梅树问表哥怎么办，表哥说："你站在这，看我的！"这时只见他像猫一般敏捷地爬到了树上："阿德、阿全！你们不要爬树，这树太高了，危险！你们捡我丢下来的枝叶，把枝丫上长的果子摘下来装在篓子里。你们一边装一边吃……"表哥在树上喊着，阿全大声答应着，这时他一点也不觉得累了。哥俩每捡一根杨梅枝丫，看到上面一簇簇挤在一起红得发紫的杨梅果时，口水都禁不住直往下流。于是两人一边装篓，一边吃了起来。新鲜的杨梅果一咬破，那奇特的美味直冲到鼻梁上，简直形容不出有多好吃。等两篓带着少许枝叶的杨梅装满了时，兄弟俩大叫着让俊发哥哥下来，这时俊发哥哥便会三下两下地从树上跳到地上，然后掸掸身上的枝叶，坐下也大吃起了杨梅。之后俊发和阿德轮流挑担回到外婆家，这时已是太阳西斜，外婆家也洋溢着一片吃杨梅的欢乐。

小阿全幼年因身体虚弱又缺乏运动并且生性胆小，到了六七岁还常受邻居大点孩子的欺负。在母亲的呵护和引导下，再加上受到湖西小学一批新老师的教育和熏陶以及异常丰富的生活锻炼让阿全不知不觉地坚强了起来。

1947 年阿全十二岁了，从不打架的阿全却打了一架。那天下午放学了，阿全正背着书包回家，想放下书包后跟约好的同学去捉蟋蟀。阿全正要去跟同学会合时，那个以前老欺负阿全的远房堂兄阿铨又追着以打阿全为乐。阿铨要比阿全大一岁，他冷不防伸出一条腿，让欢跑着回家的阿全重重地摔在了地上。阿全气愤地爬起身来，阿铨却转身像没事般走了。如果是多年前的小阿全只会哭着回家，妈妈安慰一番就了事。可这回阿全怒从心起，他握紧拳头急速跑过去朝阿铨的背部狠狠砸去，打得阿铨也朝前扑地，来了个嘴啃泥。他没有防着阿全竟然会反抗，于是爬起来，凶狠地向阿全扑过来，这时两人四拳对擂了起来，一直打到双方拳头都流血了，最后阿全提着书包带，把里面装有砚盘和图书的书包重重地砸向了阿铨的头，砸得阿铨流了鼻血，而阿全也早在阿铨挑衅摔倒时鼻子流血了，只是他愤怒得没有觉察。这一架算是打了个平手，最后两只“小公鸡”被路过的大人拉开了完事。打完架后阿全清好书包，到池塘里洗掉血迹才装着没事地回家了，他不想让母亲看出他打了架，怕挨骂又怕母亲担心。奇怪的是那位阿铨家里也没动静，不然那阿铨的母亲准要大闹一场的。后来母亲还是知道阿全在外面打架了，当母亲了解到打架的原委后，不但没责怪他，还夸他有出息了，像个男子汉了。虽然这次打架阿全也受了伤，但他感到出了一口气，同时也增强了自信心。七十多年后冯德全说：“这一架让我终生难忘，它打出了我的反抗精神，打出了我男子汉的气概。从那以后，我就敢于向强势力说‘不’了。这一人生体验也让我认识到孩子的教育不能培养绵羊，这样‘强国梦’是实现不了的。”自那的几个月后，那位阿铨和小阿全居然也在跟其他小朋友一起“弹珠子”“掷铜钱”时玩到一起了。

在冯德全的成长过程中除了母亲的鼓励，也少不了许多亲人对他的积极暗示，这也是他成长中不可或缺的心理营养。

冯德全的小姨妈比他的母亲小七八岁，她特别亲近大姐(阿全的母亲杏苑)。姨妈住在外婆家金家站与湖西村之间的朱家站，由于只有六七里路，散步就到了。小姨妈没文化但身体好，经常来阿全家串门看阿姐。有时买点芝麻糖果，有时送点自家制的干鱼，每次来都不会忘记给孩子们带点吃的，再加上她性格开朗，特别爱说爱笑，所以孩子们也都喜欢姨妈的到来。

这是阿全上小学二年级的一天，下午放学了，姨妈和往常一样带着一些吃的东西来了，人还没进门声音已经进来了："阿德、阿全，看我给你们带什么来了！"这时阿全正在右厢房全神贯注地读一本跟同学借来的小人书《西游记》，姨妈的声音他早听见了，但《西游记》里孙悟空勇敢降妖的精彩故事深深地吸引着阿全，所以不管姨妈今天怎么叫他都没有兴趣，还是一个人坐在窗前看着他的孙悟空三打白骨精。

姨妈快步进了堂屋见右厢房的阿全在认真看书，就立刻放轻了脚步，蹑手蹑脚地来到厨房。"阿姐，不得了了，你们阿全有出息了……"姨妈神秘地跟阿全的母亲说着，阿全的母亲不知所以然，"阿全怎么有出息了？""阿姐，你看，你来看！"姨妈拉着阿全的母亲看着右厢房的阿全，"你看，我进来说话这么半天了，他还在看那本书，今后一定会有出息的，阿全肯定能出山的！""那还用说，我们阿全那是没话说的。"姨妈和母亲的对话阿全从头到尾都听到了，母亲和姨妈对自己的评价使阿全心里充满了对未来的期待。出山，这是多么高的评价啊！能出山是湖西村这个偏僻村庄里的年轻人梦寐以求的，但这么多年来村里又有几个人出山了呢？大哥和冯马兴大哥的出山就是绝无仅有的了。姨妈和母亲虽然没有直接表扬阿全，但她们无意中的侧面暗示却给了小阿全极大鞭策，同时也产生了无穷的学习动力。到现在冯德全想起这些幼年的趣事，不无感慨地说："亲人的爱和希望真是最大的动力，这种偶然的积极暗示足以撑起一个童年美好的梦想，并因此产生永久的上进的动力。这一类偶然的积极暗示，我把它称作'弄假成真'，后来我也真的出山了。"

在总结自己的童年生活时冯德全说："童年的生活是人生的第一位老师，我也毫不例外。十三岁以后的我深深地烙下了我童年的印记。它渗入了我的潜意识深层终身不褪！"他还说："我的童年有三个特点：苦难而又温馨；贫穷而又丰富；孤陋寡闻而又不失梦想。"后来冯德全在研究人的早期教育时，对早期教育的方式做出了经典的总结：丰富生活即教育，环境就是"教育场"；伙伴玩学就快乐，早教质量靠榜样；亲子关系必有度，不要"圈养"要"放养"；从小鼓励好行为，随机教育、积极暗示不可忘！这些后来都成了冯德全早期教育理论的组成部分。这正是：

苦难温馨相叠重，不失童年美好梦。

慈母操劳施大爱，玩学成才乐融融。

第三章

止步书山遇大善　重游学海获殊荣

冯德全与玉山铁路中学的同学在一起(中间为冯德全)

浙江省多山，一般乡村里只要四面一望，都有被山包围着的感觉，所以到外面读书做“大事”人们都叫“出山了”，这是所有乡下人梦寐以求的愿望。1949 年秋，冯德全以优异的成绩考取了诸暨县中学，这给病魔缠身的父母带来了莫大的喜悦和安慰。

江南的初秋依然是烈日炎炎，金风掠过，少许树叶开始飘落，剩下的树叶与树枝在阳光下向大地投下一片片斑驳的影子。落叶在秋风中翩翩起舞，冯德全带着父母的祈愿向着新的目标和里程进发了。这时冯德全的父亲在玉山铁路段做扳道工，因常年的劳累，他患了肺结核病，却一直没有得到好的治疗，为了这个家，他依然苦撑着工作，而这时的三哥冯德模也到一个村办小学教书去了。这次阿全“出山”，父亲专程回家亲自送他去县城。阿全告别亲爱的母亲，有点心酸，但想到去县城上中学又兴奋起来了。

父亲帮助阿全背着行李，阿全提了网袋装的脸盆、衣物等日用品，他不敢多看母亲的泪眼，抱了抱母亲回过头就跟随父亲默默出门了……一路上父亲一直叮咛着儿子，要好好学习好好做人。走了不到一顿饭的工夫，冯德全不禁回头看去，那熟悉的远山近树、鱼塘农舍，让这个十四岁的少年心中荡起了对家难舍的涟漪，进而激起了他对母亲依恋的波澜。秋天的色彩丰富斑斓，青绿中混合了金黄浓郁，忧郁中混合了愉悦和茫然……

父亲送阿全从湄池小站乘火车到诸暨站，来到诸暨县立中学后本以为就要开始紧张的上课读书了，但中学生活一开始就给他上了全新的热烈的一课。

在诸暨县立中学学习，冯德全有了很多社会实践的机会，因为这一年的秋天，诸暨人民也迎来了自己的解放，穷苦农民都分到了属于自己的土地。这时诸暨县城里一片沸腾，满大街都能看到穿军服的解放军士兵，“解放区的天是明朗的天，解放区的人民好喜欢……”欢庆的歌舞锣鼓随处可见。学校里也住进了许多南下的干部，他们白天都在开会，吃饭时人人左手端着一大碗汤，右手拿着大馒头和大葱，蹲在校门口江岸边的地上狼吞虎咽地吃。他们个个都快乐地边吃边说笑着，阿全却一句也没听懂。而阿全奇怪的是怎么有那么大的馒头呢？这是他这个南方孩子从来没见过的，看他们吃得那么香一定很好吃。没想到没过几天阿全也融入了他们的队伍吃到了大馒头。因为入学后的冯德全也和学长们一起参加了庆解放的活动，他们和南下干部们一起到大街上发传单、贴标语、扭秧歌，到农村去参加土地改革，大家就这样吃住在一起了。冯德全是下乡“土改”工作队里年龄最小的，同时也是最积极的一个。他每天跟着老师和学长们走家串户、写写算算，在诸暨县立中学的第一个学期的一半就这样度过了。这期间，冯德全通过参加土地改革懂得了很多的革命道理，也进一步激发了他为自己和国家的未来而努力学习的热情。

学校就要正式开始上课了。新书刚发了几天，一个新的欢庆高潮来得更加猛烈——中华人民共和国成立了！全诸暨县城又是一片沸腾，锣鼓声、鞭炮声、口号声此起彼伏；几所中学集中在一起开庆祝大会，看文艺演出……学生白天挥舞着彩旗游行，晚上开灯笼大会，接着又举行灯笼夜游行。灯笼队如长龙一般游过大街，游过郊区的田间小路，蜿蜒数里看不到头也看不到尾。阿全从未见过如此壮观的场面，他天天与新同学一起游行喊口号，玩得心花怒放。

还有最使阿全难忘的快乐是每天的游泳，为什么呢？因为师生们天天都忙碌着、运动着，人人流一身的汗，可是学校还没有洗澡设备，于是每到傍晚，学校就号召同学们分别在男女老师带领下在校门前的浦阳江洗澡。阿全一跳入江里时，那感觉真是美极了，原来宽阔的江面下面都是软绵绵的细沙，水质清澈，水温适中，而且水最深的地方也只有一人多深，人踩在稍有坡度起伏的细沙上软软的、绵绵的……同学中凡是乡下考入县中学的学生都不怕水，个个都如鱼得水地玩了个痛快，而县城长大的孩子就不行了，后来冯德全也从这段生活体验中感受到，环境对人的影响是多么的重要啊！

学校的生活是快乐的，狂热的欢庆和参加“土改”让阿全受到了革命的洗礼。在与南下干部的接触中，他知道了原来解放军是为穷苦百姓打天下的，解放军就是共产党的队伍，这为他一年以后参加革命工作做了思想铺垫。

进入诸暨县立中学后的前半个学期，基本上就是这样在轰轰烈烈的欢庆声中度过的，到了期中，学校给师生们补了两天休假。由于阿全心里始终惦记着母亲的病，所以他决定独自一人步行六十里路回家看母亲。出发前，他将父亲给他的一直舍不得花的一元零花钱花了二角钱买了四个包子就上路了。他起先沿着铁路走，估计走了数十里，听到前后有火车声就躲到路边的田埂上。后来怕走过头，见大人就问湖西村白塔湖的方向，于是离开铁路走走、跑跑，饿了就坐下来吃个包子再走，大约下午太阳偏西阿全才终于到了家。还没进门阿全就高喊“姆妈、姆妈……”母亲在里屋听见阿全的叫声，连忙出屋来，在门口一把抱住阿全，口里不断念叨：“我的阿全回来了，我的阿全回来了，来，让妈看看，让妈看看……”一边说着一边泪珠直往下落。冯德全回忆说：“我永远记得母亲那一刻拥抱我的无比温暖和幸福！”

儿子回来了，母亲搜肠刮肚地找来些干鱼虾及蔬菜给阿全做晚餐吃。而阿全也将路上忍着饿留下的两个包子给母亲吃。当他将肉馅包子给母亲让母亲蒸热了吃时，母亲脸上更是乐开了花。吃晚饭时，阿全给父母和三哥讲着诸暨县城庆解放的热闹场面，还讲了学校每天有青菜、豆腐、馒头、米饭吃，还吃过两次肉……母亲则告诉了阿全许许多多的好消息：“阿全，前不久你大姐从大城市武汉回来看我了，她穿着解放军的衣服，又漂亮又神气！”说着，母亲的脸上洋溢着久违的笑容。原来阿全的二姐夫江臻在抗日战争期间曾任国民党军队营长，解放战争时期他投诚了解放军。由于江臻是湖北沔阳(今仙桃)人，部队南下时，江臻选择留在武汉，并任武汉市民政局武昌福利院院长。大姐和大姐夫知道二姐和二姐夫都在武汉，于是他们也来武汉谋生。大姐参加革命工作被分配在武昌区第一任区长(四野首长)彭炎家做服务员(带孩子)，享受着供给制，连穿的衣服也是部队的制服。母亲又说：“大姐讲了，让阿全长大了也参加革命……”说得阿全满是欢喜，心花怒放。但这一天阿全实在太累，听着听着带着甜蜜的微笑睡着了。

此次回家看母亲，阿全真是非常高兴，但看到母亲那消瘦憔悴的面容不觉又心酸起来。第二天上午，阿全要返校了，他依依不舍地离开了家，虽然路已走熟了，但直到天黑才回到学校。

后半学期学校就按课表上课了，阿全也静下心来学习，可是学期快结束时家里发生了变故。这一天，阿全的父亲一大早就带着病重的身体来到诸暨县中学找阿全。父亲见到阿全好像想说什么，可欲言又止。阿全看出父亲有话要说，就主动问父亲："爹爹，您有什么话就说吧！"父亲这才艰难地说出了刚才要说的话："你的书可能读不成了！"阿全听了父亲的话如五雷轰顶，急忙问道："为什么啊？"父亲咳嗽了一阵又愁眉苦脸地说："你姆妈病情加重了，我也痨病在身，现在病又加重了，单位怕我的病传染，头半年让我休了半年，现在已经通知我在家吃劳保了。吃劳保的工资是有限的，我们现在连吃药的钱都没有了，所以你下学期上学的生活费也就没有着落了。"听了自己不能上学的原因，冯德全就像自己的彩色风筝断了线一样，是那样的沮丧和无奈，可懂事的冯德全没有流露出自己的情绪，而是安慰父亲，并收拾行李陪同父亲一起回家了。

冯德全回到了湖西村，当他看到母亲那消瘦憔悴的面容，心里无比的心酸说不出来，此时除了泪水还是泪水。母亲看到儿子如此伤心，便让儿子坐到自己身边说道："阿全啊！你又长高了，不要哭，好好学本事，今后可以做大事！"冯德全擦干了眼泪说："姆妈，您放心，我会好好学本事的，今后一定做大事！"母子俩正说着，这时父亲在门外叫了起来："阿全啊！你来一下！""哎！爹爹有事吗？"父亲哀叹一声，小声地说道："阿全啊！你放假了，就在家好好照顾你姆妈吧！我明天就回单位看看。""爹爹放心吧，我会照顾好姆妈的。"就这样，阿全还是一如既往地帮父母做着家务事，看自己的书。过了半个多月，父亲突然从单位回来告诉阿全："阿全，告诉你一个好消息，我跟领导请求把你转到玉山铁路中学去，那里的铁路职工子弟上学不收学费，困难职工还有补助。领导同意了我的请求，但转学是要考试的，你赶快准备随我到杭州铁路局教育科补考去……”父亲说着又是一阵咳嗽，而且痰里还带血。阿全这是第一次看到父亲的痰里带血，心里不禁一阵刺痛。这一消息无疑又燃起了冯德全继续上学的希望，他每天唱着“解放区的天是明朗的天……”忙进忙出，母亲得知阿全又能上学也是喜形于色，那精神状态简直就像没病似的。

接着父亲迅速找到诸暨中学校长说明情况，校长看到实情也很快同意了阿全转学。于是，父子又用铁路职工的免票乘车到了杭州让阿全补考，阿全终于顺利地通过了考试。

1950年的初春，春寒料峭，阿全准备到江西玉山县读浙赣线铁路子弟中学了。玉山是他幼年时到过的地方，现在经过七年的历练，已没有出远门的忐忑了，有的只是对未来新生活的美好憧憬。

玉山县位于江西省东北部，属上饶市，历史上是赣浙闽三省的交通要冲，素有“两江锁钥，八省通衢”之称。玉山火车站建于1933年，就位于江西省上饶市玉山县的冰溪镇。三年前，冯德全的父亲在堂叔冯祖恩的介绍下去了玉山火车站工作，由于为人老实工作积极，就被车站长期留用了。1949年新中国成立后，他随之转为人民铁路扳道工，后因病调到诸暨机务段做勤杂工，并享受到了良好的待遇，因此，冯德全才又有了上学的机会。

浙赣线铁路子弟中学据说是野战军铁道兵团随军胜利南下时建的学校，之所以设在玉山是因为玉山地理位置是浙赣线中部，以便照顾从杭州到南昌的全线职工子弟上学。八月底，冯德全和父亲一起告别了母亲，满怀着对未来的美好憧憬上路了。来到玉山铁路学校，冯德全看到比诸暨县一中更漂亮的校园，高兴得一夜都没睡好觉，他在规划自己未来的道路，他在规划自己的人生。没过几天他就适应了这里的学习生活，由于玉山铁路学校的伙食好，加上每天坚持体育锻炼，一个学期下来，冯德全的个子长高了很多，身体也壮了起来。刚到玉山铁路学校也是参加附近农村的土地改革运动，当时刚满十五岁的少年冯德全又积极投入了土地改革中去了。一个多月的土地改革运动结束了，学校也恢复了正常的教学活动。冯德全学习非常努力认真，而且对任何不解的事都要问个究竟。有一天上生物课时，老师让学生提问题，冯德全就问老师："公鸡为什么早上叫？"老师和蔼地回答说："公鸡为什么每天早上打鸣呢？这与'生物钟'有关。因为，在公鸡的大脑与小脑之间，有一个内分泌器官叫松果腺，'生物钟'就生长在这里。由于松果腺一到晚上就能分泌一种黑色紧张素，使雄鸡能够记忆明和暗的规律，进行周期性的鸣叫活动。"冯德全听了老师的回答感到了一种满足，同时他也非常佩服那位老师，并对教师的职业产生了一种从未有过的崇敬之心。也就是那个时候，冯德全朦朦胧胧地立下了要当一名教师的志愿。从那以后，冯德全学习也更加刻苦用功了，在课外，他爱好运动，喜欢唱歌，还担任了合唱队的指挥。愉悦的学习生活持续了大半个学期，可好景不长，到了期末，父亲的肺结核病加重了，仅靠一点劳保工资和救济补助看病吃药，维持生活。这时，母亲的身体也非常不好了，常吐血。辍学的厄运又一次向充满志向的冯德全袭来。放假后，冯德全回到了诸暨湖西村，一到家母亲就满脸愁云地跟阿全说："阿全啊！现在你爹爹也病得不行了，家里现在只能靠爹爹的劳保工资和你三哥在学校教书的一点收入维持生计……"冯德全一听也明白了：今后书是读不成了，但我得学会养活我自己，不能让三哥一人支撑着家里啊！冯德全的三哥叫冯德模，比冯德全大三岁，初中毕业后，就在湖西村小学当了一名老师，并用他那点微薄的工资和父亲的一点点补助维持着这个家庭。听了母亲的话，冯德全也暗自决定要去武汉投奔大姐谋自己的生路。

1950年的夏天是冯德全在诸暨湖西村过的最后一个暑假，为了减轻家里的负担，暑假过后冯德全就要去武汉投奔大姐和二姐去谋自己的生路了，虽然嘴上没说什么，但大家心情都很沉重。大家都不约而同地将好吃的东西让给阿全吃，都不约而同地给阿全说一些热心窝的话。这一天，父亲挺着虚弱的身子坚毅地对冯德全说："阿全啊！八月底你就要走了，你妈已病成这样了，这段时间你多陪陪你姆妈，多看几眼你的娘，说不定以后就看不见了！"听了父亲的话，冯德全心里无比酸楚。在之后的日子里，冯德全一直都陪护在母亲身边，这也是他后来回忆往事中的最幸福的一段时光。

八月的江南炎热无比，十五岁的冯德全就要离开家，离开生他养他的母亲了，他临走前挨着母亲坐了好久，最后依依不舍地在父亲的陪同下，一脸茫然地来到了诸暨火车站。父亲把阿全送进车站，陪他上车，并找好了一个靠窗的座位，然后又去跟列车员嘱咐了半天，最后把一张铁路职工家属乘车免票证和一点盘缠亲手放到阿全的内衣口袋里，并一再嘱咐阿全不要把钱和票丢了。

车要开了，父亲再一次嘱咐列车员后便下车来到阿全的车窗前，嘱咐阿全到了武汉来个信报平安。车开了，冯德全看着父亲瘦弱的身体，心中不禁一震，他平时看见父亲并没有这种感受，今天不知为什么却如此忧心忡忡，这种忧心还包括对母亲身体健康的担忧。冯德全现在开始懂得了牵挂，牵挂是一份爱心，牵挂是一份责任。今天的冯德全长大了，从小父母播种的爱的种子已经生根发芽了。

车慢慢地开了，父亲跟着车走了一段，直到火车开快了才停下来。冯德全也一直望着父亲，心越揪越紧。父亲的影子越来越小了，冯德全的心也越来越茫然了，他不知道在这趟车的终点等待他的是什么，但他还是依然往前走着。

车轮有节奏地响着，冯德全的心也被这有节奏的车轮声带到了远方。他在想他要去的那个城市是什么样的，他也在想自己的未来是什么样的，想着想着他睡着了。也不知火车走了多长时间，少年冯德全在睡梦中被人叫醒了，原来当冯德全还在梦乡的时候，火车已经到了本次列车的终点站南昌。当时从诸暨到武汉是没有直达车的，而是要从南昌转车才能到达。这时一位老人把冯德全叫醒，问他去什么地方。冯德全猛地醒来看车上的人已下光了，再看看自己的行李还在，便望着拉他醒来的老人问："大爷，这是到哪儿了？"大爷和蔼地说："这是南昌，孩子，你上哪去啊？"冯德全一听到南昌了，便又急着问大爷去武汉怎么坐车。大爷二话没说拉起冯德全和行李就跑，等跑下车赶到另一辆去武汉的列车后，冯德全还没来得及感谢这位好心的大爷，火车就开了。

在开往武汉的列车上，冯德全吃了些母亲给他做的干粮，顿时感到浑身有劲儿了，这也使他更加思念、牵挂母亲了。冯德全又把这种思念和牵挂转移到了窗外，看看车窗外的景致哪些像家乡的情形。就这样，他通过寻找与故乡相似的景物来慰藉自己思家的情绪。看着看着他渐渐地进入了梦乡，在梦中他又见到了母亲和父亲，还有他的三哥冯德模。当他从梦中醒来时，列车已经快到武汉的武昌车站了，这时天也渐渐黑了，雨也下了起来，而且越下越大。经过两天的辗转，冯德全终于到达了武汉的武昌火车站。冯德全下了车出了站便不知道东南西北了，又加上天下大雨，他一时不知该怎么才好。这时有一位黄包车夫上前询问这个不知所措的少年，冯德全赶紧从兜里掏出了一张纸条，对黄包车夫说："我要去粮道街白土塘……"说着便把那张纸条递给了车夫。车夫接过纸条看了后说："没问题，我一定把你送到，你坐好了！"说完就戴上雨帽，飞跑在大雨中了。近一个小时，冯德全被车夫送到了目的地大姐家。到大姐家已经是十点多了，大姐见阿全来了，高兴得不得了，她一边做宵夜，一边与阿全聊老家的事，吃完宵夜后，就安排阿全睡了。第二天，二姐也来看了弟弟，并给阿全带来了一些好吃的。冯德全在大姐家休息了两天后，大姐夫说："阿全啊！我们税务局差一个为首长送信的通讯员，我看你去非常好！"冯德全不知道大姐夫说的是啥意思便问："通讯员是做什么的？"大姐夫告诉他说："通讯员就是给领导送公文到各个机关和各个单位。""哦！"明白了大姐夫说的通讯员的意思，冯德全高兴地同意了去税务局工作。于是大姐夫就把他介绍到武昌区税务局给首长当了一名通讯员。

冯德全来到武昌区税务局，开始了他第一天的工作。十五岁的少年，一米七几的个子，再穿上军装，虽然没带领章和帽徽，但看上去是那么英武帅气。当他第一次出现在首长面前时，就让首长露出了满意的微笑。由于冯德全是高小毕业，识文断字，能写会算，再加上他勤快灵巧，所以深得首长的喜欢。所谓高小毕业，就是小学毕业，这个"学位"在新中国刚成立的时候还是属于高学历的。

冯德全第一天的工作是在一位军人的指导下把首长的办公室打扫得干干净净，然后帮首长烧水、送信等。就这样，他每天与首长吃住在一起，过着供给制的生活。

说是首长的通讯员,但在平日的生活中还少不了首长的照顾。所谓首长就是当时中国人民解放军第四野战军南下接管武汉的军队干部。武昌区税务局的局长也是由四野派来的,此人叫徐龙,后来还当了武汉市的副市长。他三十几岁,个子不算很高,但有一身的正气。

冯德全毕竟是个少年,晚上睡觉常常把被子给踢了,甚至有时连人都滚到地上去了。首长经常晚上起来给他盖被子,当看到冯德全睡在地上时,还把他抱到床上,让他继续睡。

冯德全从小就体弱多病,而且营养不良,所以到了十五岁有时还会尿床。这一年的深秋,武汉的天气格外寒冷,而且又没有暖气。这是一个星期六的晚上,冯德全又尿床了,他盖着湿漉漉的被子冷得发抖。首长见状赶紧让这个小通讯员换了裤子睡到自己的被子里来,自己又将炉火打开帮冯德全烤被子。

第二天星期天休息,冯德全来到二姐家告诉二姐,说自己又尿床了。二姐夫听了说:“你怎么不会憋尿呢?”“我是憋着呢,可我在梦里看到茅房了,这我才放心痛快地尿了,结果醒来还是尿床了!”冯德全的话说得二姐和二姐夫都笑了。二姐夫说:“不要紧,我去买一只王八给你煮汤喝,喝了你就会好的。”二姐夫说完果真就去买了一只王八回来,二姐赶紧去熬汤给阿全喝,就这样坚持喝了几次王八汤,冯德全真的就不尿床了。

在首长身边工作冯德全非常的开心,可这一天他却遇到了十五年来最大的打击。这天,冯德全替首长往区政府送一份资料,回来的路上被大姐给叫住了:“阿全,终于找到你了,刚才收到德模的来信,信上说姆妈和爹爹都死了!”冯德全听了大姐的话如五雷轰顶,在大街上就不顾一切地号啕大哭起来。这哭声是那样的痛苦和绝望,仿佛能够惊天地泣鬼神。哭了一阵子,大姐把他带到二姐家一起商量双亲祭奠的事。大姐说:“德模在信中说得很清楚,是母亲先去世的,没过几天父亲也去了,由于路途遥远,就没有通知我们回去。他已和族人一起将父母的丧事处理完了,叫我们不要回去了,我们就不回去吧!”就这样,冯德全十五岁时就失去了双亲。当他回到宿舍时,首长正在桌前看文件,桌上的饭菜还没动。原来大姐下午来找阿全时，已将父母相继去世的事告诉了首长，首长为了安慰冯德全，就备了几个好菜等他吃饭呢！

还没等首长问什么，冯德全就又哭了起来，首长对他劝慰了一番，就端起碗让冯德全吃饭。吃完饭后，首长把冯德全叫到身边，语重心长地说："小同志啊！你今后就不要在我这工作了……"首长的话还没说完，冯德全就急了："首长，为什么不让我在这工作了？是我……"首长赶紧摇摇手说："不是你表现不好，冯德全同志啊，你还小，又上过初中，你应该继续去读书，今后可以更好地为新中国服务啊！"听了首长的话，冯德全高兴地表示同意："好啊！好啊！我做梦都想着读书，谢谢首长！"首长说："区政府来通知了，每年春季招生，现在离招生考试还有几个月，明天你就回去抓紧时间准备功课吧！"第二天，冯德全与徐龙首长依依不舍地告别，然后去了二姐家，当阿全把这消息告诉二姐时，一家人都高兴得不得了。晚上大姐和大姐夫也来到二姐家，一起商量阿全上学的事。晚饭好了，大家都高兴地吃着说着，唯有阿全看上去有些闷闷不乐。因为，离开了税务局，离开了朝夕相处的首长，心里还真不是滋味。等吃完饭，经大家商量决定，让阿全报考省实验高中和省师范学校，并住在二姐家复习功课，二姐夫也说明天去帮阿全买《考试指南》。第二天《考试指南》买来了，冯德全也认认真真地复习了起来。考试的日子到了，冯德全分别去了省实验高中和省师范学校考试，没想到，一个小学毕业，初中只读过一年，而且这一年都在扭秧歌、搞"土改"的少年竟然被这两个学校同时录取了。面对这样的际遇如何选择呢？二姐说读高中发展的前途更广些，大姐说师范学校是免费的。最后问阿全的意见，他毫不犹豫地选择了师范学校，因为在玉山铁路中学时他就萌发了当老师的心愿，再加上师范学校是免费的，可以给两个姐姐减轻负担，所以最终他选择了省师范学校。

1951 年初春，冯德全带着行李告别了两个姐姐来到了位于武汉市武昌区三道街的湖北教育学院附属师范学校报到。到校没几天，学校又因为武汉教育学院要扩大办学，校舍不够，就将师范学校由武汉迁到了汉川，由湖北教育学院附属师范学校改成湖北省实验师范学校。这个创办于 1951 年的湖北省教育厅直属的湖北省实验师范学校，数年后又搬回了武汉，也就是现在的武汉城市职业学院。

汉江又叫襄河，是长江最大的支流。它自西向东穿汉川市境而过，一路东奔，忽北忽南，忽西忽东，弯弯曲曲。俯视汉江流过汉川的足迹，就像是草书大家张旭手书的“龙”字，湖北省实验师范学校就在这条“龙”的旁边。实验师范学校搬到汉川后，冯德全离两个姐姐也更远了。他全力以赴地把精力全部投入了学校的学习中。由于冯德全学习刻苦、表现出众，进学校不久就被选为学校学生会的学习部长，但毕竟是一年级的新同学，又没有工作经验，所以压力很大，一个学期过后，冯德全提出辞去学习部长的职务。当时学生会的主席是一个高年级的大哥叫王庆生（此人后来担任了华中师范大学的党委书记），他非常关心和理解冯德全，于是同意了他的要求，并让冯德全回到班里当了班长。在实验师范学校学习的第一个学期，这个仅上过小学的高小毕业生，其成绩竟然排在了那些初中毕业的大哥哥大姐姐们的前面。

放假了，冯德全回到大姐家里住下，二姐也来看了他，并告诉了他二哥冯德渠的消息。二哥从小给了别人家，后来又出去当长工，新中国成立后就当兵去了，前不久通过三哥冯德模转了二哥的信说他参加了“抗美援朝”，保家卫国上前线去了。冯德全听到这个消息感到无比的欣慰，因为二哥也有了好的去处，而且是保家卫国，这也让他感到光荣，无形中也激励他更好地学习。开学后，冯德全按时回到了学校，他的学习劲头比以前更足了，无论是哪一门功课或是哪一项活动他都要争第一。事实也是如此，这一学期他不仅学习成绩名列前茅，而且在学校组织的演讲比赛中也获得了第一名的好成绩。

在实验师范学校的学习生活中冯德全感到非常的快乐，这里生活安定，伙食也很好，这是在税务局工作期间所不及的。在税务局给首长当通讯员，经常会因外出送文件赶不回来而饥一顿饱一顿，而且吃的是馒头，这对一个南方人来说是难以忍受的，即使首长尽量关照他，冯德全还是有了胃病。在师范学习期间，由于生活有规律，饮食也习惯，所以胃病也好了。

在师范学校不仅伙食好、生活规律，而且学校运动锻炼的良好校风也影响了冯德全，这让他受益匪浅。如游泳、跑步、打篮球和玩双杠等，其中游泳和双杠是他的强项。实验师范学校前面有一个大湖，冯德全经常与同学们一起在这个湖里游泳，每次游泳冯德全都是游在前面，往往别的同学游累了，冯德全还在游。因此，冯德全的身体也慢慢地强壮了起来。

由于冯德全的年龄比同班同学要小一些，再加上他刻苦学习，为人和善，所以受到了老师和同学的特别关注和关爱。冯德全幼年营养不良、体弱多病，以致他上了师范还经常无故流鼻血。同班同学、团支部书记吴美珠知道了非常关心，放完暑假开学返校时，她从家里带来了一个土方子给冯德全，冯德全用过方子后，流鼻血的毛病彻底好了。每当冯德全说起这事都很感激这位老同学，他还记得这位老同学后来考取了北京外国语学院，毕业后在外交部工作。

在师范学校的日子里，冯德全不仅锻炼了身体，还锻炼了自己的组织能力和坚韧不拔的精神。那是在师范学校的第二年，为了实践所学的知识，冯德全作为班长，带领着同学们利用课余时间排练了一台节目，有三句半、对口词、舞蹈、独唱、大合唱等，既丰富了校园生活，同时也提高了大家的综合素质，接下来准备到汉川附近的工厂去演出。放暑假前，冯德全和班委们一起去附近的工厂联系，并为这次下工厂演出做了充分的准备工作。这次下厂与工人联欢演出是同学们独立进行的，既没有学校领导带队，也没有老师指导，一切问题都由班干部自行解决，这对冯德全来说是一次很好的锻炼。

这是 1952 年 7 月初，放暑假了，同学们这时候应该是归心似箭地各自回家，但今年大家都没有急着回家，而是在学校的礼堂里进行最后的彩排。冯德全除了和班干部一起台前台后地张罗，自己也要登台表演。一切准备就绪后，同学们在班干部的带领下，自己扛着演出的行头出发了。

七月的汉川是很闷热的，这时的汉江也到了汛期，江水满满当当。同学们分乘几条小舟过江了，经过几个小时的行程，终于到达了事先联系好的汉川棉纺厂。那个年代文化生活是很贫乏的，师范学校的学生能来厂里演出，这对成天埋头劳动的工人无疑是一种莫大的安慰。

同学们在汉川棉纺厂给工人们演出了一周后准备返校，可这时洪水也来了，大家被困在了厂里。这一困就是四五天,同学们带的伙食费早用完了,得派人回学校去取伙食费啊!可这时汉江的洪水猛兽般地由上游向下游扑来,而且一浪高过一浪。团支部和班委开会,研究怎么回学校拿伙食费,由谁回学校取伙食费。说到这里大家都沉默了,这时冯德全主动请缨,要独自渡江回学校取伙食费。大家听了都吃惊地望着冯德全,意思是说:你行吗?冯德全看出了大家的顾虑,立刻站起身来说:"我的水性好着呢!六七岁我就在家乡的河里游泳,大风大浪我都见过。"是啊!冯德全什么样的大风大浪没见过,就在去年上师范学校之前,他还经历过一次惊涛骇浪的考验呢!

那是冯德全刚到税务局工作不久,首长让他送一份文件到汉口。当时正是长江的汛期,从武昌去汉口时江面上还风平浪静,可等冯德全送完文件回来时,浪头就托着小舟一会送到浪峰,一会跌到浪谷,老艄公问他怕不怕?冯德全兴奋地说不怕!冯德全确实是不怕,因为小时候三哥冯德模就经常带着他到故乡的大河小河里去游泳,见惯了大风大浪。冯德全给大家讲了自己的这些经历,再加上师范学校前面有一个大湖,冯德全也常到湖里游泳,一游就是一个来回,这是同学们有目共睹的。所以,班委这才勉强决定派冯德全和另外一名同学在水势缓一点的情况下渡江回学校取生活费。到了第二天,水势真的缓和了许多,冯德全带着大家的嘱托和另一名同学一起渡江回到了学校,领取了大家的伙食费后再找来油布纸一层层包好,然后揣在怀里上路了。当他们再次来到汉江边时却见不到一叶舟,看见的只有惊涛骇浪。随行的同学问冯德全怎么过江,冯德全坚定地说:"游过去!"

滔滔汉水宽不过百余米,可这江涛足以让人心寒胆战。冯德全顾不了这些,他带着同伴找了个合适的地方跳进了汉水,在波涛汹涌的汉水中搏击着。他除了自己与波涛搏击,还要照顾同伴,经过半个多小时的奋力搏击,终于与同伴一起到达了对岸。

这次经历虽然过去了半个多世纪,但对冯德全来说是很宝贵的财富,一直珍藏在他心中,并支撑着他六十多年来所付出的责任心和抗打击的坚强意志。

经过三年的刻苦学习和艰苦的锻炼，冯德全以优异的成绩结束了在湖北实验师范学校的快乐学习生活。师范毕业后，冯德全被分配到湖北省实验小学当老师，这对冯德全来说简直是莫大的殊荣。因为冯德全从小就羡慕教师的职业，而他的三哥冯德模也是老家湖西小学的一名教师，这对他也是有影响的。从此，冯德全踏上了六十余年教育的里程。这正是：

离家怀乡失双亲，随遇而安度寒冬。

止步书山遇大善，重游学海获殊荣。

第四章

初为人师立宏愿　广育桃李报圣宗

师范毕业分配到湖北省实验小学工作时的冯德全

1953年的冬天，武汉的雪还在不停地下着，天气和往年一样的寒冷。可在汉川湖北实验师范学校的校园里却呈现出一派热烈的动人景象，冯德全这一届师范生毕业了，他们将踏上学校的讲台。师生之间、同学之间有倾诉不完的话，最后都化作滴滴滚烫的泪水印在了每个人的心间。这泪水里有对彼此的不舍之情，有每个人对未来的憧憬。他们都期盼着早日奔赴教学一线，为新中国培养出更多的建设人才。

时间到了1954年的春天，冯德全的心情同这春天的花一样怒放了。因为他被分配到了湖北省最好的小学——湖北省教育厅直属的省实验小学任教。

春节过后是正月十五，冯德全完全没有心思去感受节日的快乐，一心想去他心目中那神圣的地方，那属于他的三尺讲台。终于熬到了开学，冯德全来到湖北省实验小学报到，由于他去得太早，门房不认识他，所以也不让他进，经过说明后冯德全才进了校园。这时的校园里静悄悄的，他这里走走那里看看，要好好地看看这所省府最好的小学，好好看看自己将要工作的地方。过了不久，学校里的人多了起来，老师们都按部就班地来到自己的办公室，冯德全信心满满地来到了校长办公室报到。校长看过冯德全的档案并问了些问题后就让后勤部门把他安排到体、音、美办公室。一段时间后，学校领导看冯德全活泼能干，素质很好，就安排他担任学校的少先队总辅导员，并实习音乐、体育、语文和数学课的教学。

刚走上教育工作岗位的冯德全踌躇满志，一心想把自己学到的知识和教育理论运用于教育教学的实践中去，可在实际的教学中他却发现理论与实践的距离是那样的大。学生生活在不同的环境里，所以性格和学习态度也截然不同，因此在教育教学中也不是一帆风顺的。在语文课的教学实习中，看到有的学生贪玩，冯德全就在想这是为什么呢？经过观察和与学生谈心，他知道了兴趣的重要性，他也懂得了：不是知识枯燥无味，而是教育者的教育方法把知识变得没趣味了。于是他就从学生感兴趣的地方入手，玩学结合，调动学生的学习兴趣；变多讲为精讲，变多练为精练，这样就减轻了学生的负担，学生也能有更多的时间做自己喜欢的事。长此以往学生就更加喜欢这个年轻的老师了，这样的教学方法也受到了广大老师和家长的好评。

1954年的夏天，由于长江中下游梅雨期延长且雨量大，所以武汉遭遇了近百年间最大的洪水，造成了严重的洪涝灾害。在这次防汛中，长江中下游五省参与防汛的指战员近千万人，仅湖北省参加人员就有385万，其中武汉市30万。他们分别组成了工人抗洪抢险队、机关抗洪抢险队、学校抗洪抢险队等。这时的冯德全也和年轻的同事们一起被学校抽出来加入了防汛抗洪的大军，他还担任了小学抗洪抢险突击队的队长。汛期的天气非常恶劣，一会烈日炎炎，一会大雨瓢泼。无论什么样的天气，冯德全在筑堤抢险中始终是冲在前面的，他虽然身体很弱，但也跟大家一样，挑着百余斤的土来回地奔命，有时候累得倒在地上就睡着了。由于在防汛抢险救灾中表现突出，他被授予了“抗洪抢险青年突击手”的光荣称号，抗洪抢险结束了，他带着荣誉，带着抗洪抢险精神回到了学校。经过抗洪抢险的洗礼，冯德全变得更加坚毅、更加努力了。

中国少年先锋队建立于1949年10月13日，而湖北省少年先锋队的总机构是于1954年建立的。这一年的秋天，冯德全作为省实验小学的总辅导员，应邀参加了在湖北省教育厅召开的湖北省少先队总部成立大会。这是各县市和地区少先队总辅导员参加的会议，而省实验小学是教育厅的直属单位，又是全省的重点小学，所以，作为省实验小学少先队总辅导员的冯德全就成了武汉地区的代表。

金秋十月，天高气爽。10月13日的早上，冯德全早早地来到了教育厅，可是“莫道君行早，更有早行人”，这时湖北各地区县市的少先队总辅导员也都早早地到齐了。首先，由团中央和团省委领导作重要讲话，然后各县、市和地区的少先队总辅导员又被邀请到台上授红领巾。省少先队总机构成立后，紧接着又在武昌阅马场举行了大规模的少先队检阅活动，冯德全也被邀请到检阅台上参加检阅。当他站在台上看着一队队少先队员整齐地走过时，感到无比的幸运和幸福，同时他也默默地告诫自己：一定要做一个有为的老师，一定要为祖国的教育事业做出贡献。

受到团中央领导的接见，参加少先队的检阅，这些都让冯德全很受鼓舞，此后在学校的各项教育教学工作中他也都积极地走在前面，而且取得了优异的成绩。冯德全在教育教学工作中善于动脑筋，他还经常将自己教学中的体会写成文章发表在省、市教育刊物上，这初步奠定了他在教育战线上明星的地位。冯德全还是一个喜欢思考问题、善于思考问题的人。有一天，他在报纸上看到了一幅丰子恺的漫画《某种教育》，图中的师傅正在乐此不疲地用模具制作出一个个完全相同的小泥人，千偶一面，毫无生气。画中含蓄而意味深长地指出：束缚个性的教育制度和教育方法只能培养出一群没有趣味、没有活力、没有特色、机械呆板的"泥人"式的学生。这是应试教育很形象的比喻，学生成了千篇一律的面孔，没有了个性，机械地为了考试而学习。冯德全认为，这种教育模式阻碍了个性发展，扼杀了孩子们的创造力。在应试教育模式中，教育目标狭隘，教育手段单一，学校成了按一个模子改造人的"教育机器"，人的个性发展未能受到应有的重视，而且传统的应试教育极易助长学校教育的急功近利倾向，对培养和丰富学生的个性十分不利。从那时起，冯德全就开始思考如何个性化地培养人才，让学生的个性得到充分全面的发展。于是他经常带领学生到大自然中去体验生活；带领学生开展各种校园文化活动和社会活动；冯德全还会拉手风琴，也常带领学生搞文艺活动。冯德全注重学生的个性发展，学生也都很喜欢他，他所带的班班风淳朴，学习快乐，成绩优异，并受到了广大家长和同事的好评。

1955 年，根据冯德全的申请和一贯表现以及他在教育教学工作中取得的优异成绩，学校党组织批准了冯德全的入党申请，他光荣地成为一名中国共产党预备党员。当他面对鲜红的党旗宣誓时，心里又一次默默地告诫自己，一定要为我们民族的教育事业做出一番成绩来。入党后的冯德全更是把自己与教育融为了一体，他进一步对教材进行了认真研究；对教法进行了深入探索；对学生进行了广泛了解，从而成了一个教育小"行家"。

1956 年，冯德全已经二十一岁了，正是青春似火年华，但他见到女孩子却总是害羞。这一天，冯德全和往常一样，中午和同事们一起来到学校食堂吃饭，在排队买饭时看见一个端庄文静的女孩子站在自己的前面买饭，他被这个女孩的气质吸引了。他心里想这个女孩以前没见过啊！看了一眼后就再也不敢看了。可第二天买饭时这女孩又站在了冯德全前面，女孩见到冯德全便善意地一笑，算是打招呼了，可这使得冯德全心中躁动起来，他开始注意这个女孩。经过一段时间的了解才知道，女孩叫白春秀，是幼师毕业刚分到学校幼儿园的新老师。白春秀虽然刚来幼儿园不久，但由于幼儿园和小学都在一个校园，而冯德全又是学校的少先队总辅导员，经常带领学生搞活动，所以白春秀对冯德全也有了很深的印象。再加上他们同在一个锅里吃饭，在食堂经常见面，所以冯德全与白春秀也慢慢地熟悉起来了。经过半年多的接触，他们彼此都产生了好感，接下来就出双入对地去看电影了，这也是当时最奢侈的娱乐活动。白春秀是武汉本地人，家住汉口，有时她会邀冯德全到她姐姐家去玩，这样家里人也知道他们的关系了。

白春秀也是一个积极上进的青年，在省实验幼儿园工作不到半年又考上了武汉市师范学院。1956 年的初秋，白春秀告别了同事们，也告别了自己的心上人，到师范学院继续学习。在白春秀上师范期间，冯德全与她保持着书信往来，每隔两个星期他们都会见面，他们谈人生、谈教育心得、谈理想，相互鼓励、相互支持。

由于冯德全业务好，又经常在省市教育刊物上发表文章，所以大家都称他“业务精”。这时正赶上学校进行五年制五分制改革实验，于是学校领导就让冯德全担任了实验班的教育教学工作，要让这一届四年级的学生五年级就毕业，也就是一年要学两年的东西，他既感到了压力，同时也感到无比的兴奋。这不仅是学校领导对他工作的认可，也给了他施展本领的机会，这对冯德全来说无疑是一次重大的挑战。

20 世纪 50 年代中后期，我国学习苏联的教育经验，逐步实施五年制和五分制计分法，取消学期考试，转化为平时课堂提问的计分，学校只保留学年考试。“五分制”规定：一分是基本单位，二分不及格，三分中等，四分良好，五分优秀。1958 年，湖北省实验小学也开始了这项教育改革，冯德全接受了这项任务后便激动地将这个消息告诉了白春秀，白春秀也为冯德全能有这样的际遇感到高兴，并鼓励和支持他的工作。

1958 年 7 月，白春秀从武汉师范学院毕业后就被分配到了湖北省荆州市岑河镇的岑河中学任语文教师。岑河镇地处荆江大堤北岸，江汉平原西部，离武汉市218 公里。当时为了支援这所新校，白春秀和同学们来到了这里。冯德全也积极地支持她的工作，当白春秀忙得星期天回不了武汉时，冯德全就乘长途汽车去学校看她。经过三年的恋爱，他们决定结婚了。

1958 年 8 月，冯德全与白春秀经过三年的恋爱终成眷属。那个年代的结婚用四个字就概括了——简单、温馨。1958 年 8 月 18 日晚上 8 点钟，湖北省实验小学一楼的一间教室里张灯结彩，门上和窗户上都贴着大红的双喜，这就是冯德全和白春秀的婚礼现场。这个俭朴而温馨的婚礼是由学校团支部主持张罗的。他们借用了一个教室（这是放假的日子，学校没有学生），支部的年轻人提前把教室的课桌拼成了长方形，教室的空中牵了几条彩纸带，然后又买了半斤喜糖，婚礼这就算是筹备齐了。晚上 8 点婚礼准时开始，首先是党支部书记主婚讲话，他先向一对新人表示了新婚的祝贺，然后提出了希望。接下来是新郎新娘谈恋爱史，然后是几位老师发言祝贺，最后是学校团支部组织的以青年老师为主体的歌唱舞会。音乐老师李北汀拉起手风琴给大家伴奏，大家高兴地唱起了《喀秋莎》《莫斯科郊外的晚上》等苏联歌曲，老师们唱着歌跳着舞，歌声和欢笑声响彻整个教室，弥漫了整个校园。最后大家唱起了当时的流行歌曲《革命人永远是年轻》，激昂的歌声把整个婚礼的气氛推向了高潮。“革命人永远是年轻，他好比大松树冬夏常青，他不怕风吹雨打，他不怕天寒地冻，他不摇也不动，永远挺立在山巅……”歌声里流淌着那个时代年轻人坚定不移献身革命事业的真情。婚礼结束了，一帮年轻人又簇拥着一对新人进洞房。所谓“洞房”是在距离学校两公里外的武昌解放路人民电影院隔壁的单人宿舍二楼的一间约七八平米的小房子，团支部凑钱买的新床单，贴了双喜字，同事们把冯德全和白春秀送入这个简朴而温馨的“洞房”后，又祝他们早生贵子，热闹了一阵子婚礼算是真正结束了，至此，冯德全完成了自己人生的一次重要里程。

1958 年 9 月，学校开学了，冯德全接手了实验班的工作，妻子也回到了她任教的荆州岑河中学。为了让学生的个性得到充分发展，顺利完成这轮实验任务，冯德全全身心地投入实验班的工作中去了。为了帮助学生增加阅读量，养成读书习惯，冯德全提出了早读要求。一开始同学们还不习惯，有的学生早早到校后放下书包就到操场打篮球去了。看到这些冯德全没有说什么，从此以后他每天早上总是第一个来到教室，然后就坐在讲台上认认真真地看书，以自己的行动为学生做出了榜样。就这样开学不到半个月，不用老师说什么，同学们到校后也自觉地坐在自己的位子上认真地看书了。

此时，冯德全和白春秀结婚不到一个月，可他顾不上与新婚妻子的聚合，常利用星期天的休息时间带领学生徒步几十公里去珞珈山野营，让学生在大自然中感悟人生。珞珈山位于武汉市武昌中部，东湖西南岸边，由十几座相连的小山组成，我国著名的高等学府武汉大学就坐落在此。珞珈山山顶海拔 118.5 米，为东湖南岸临湖最高峰，山顶可远眺东湖全景和武汉景色。

这是 1958 年 3 月，清风绿叶碧水蓝天，珞珈山又和往常一样，张开双臂迎来了冯德全和他的学生们。这次冯德全带学生来珞珈山不同以往，他不仅带孩子们在大自然中感悟自然，而且还特意把学生带到武汉大学校园观摩大学生的生活，以此来激发孩子们的学习热情。

武汉大学是一所综合研究型大学，其办学源头可溯源于清朝末期 1893 年湖广总督张之洞奏请清政府创办的自强学堂，已有一百多年历史，1913 年改名国立武昌高等师范学校，1926 年组建国立武昌中山大学，1928 年定名国立武汉大学，是民国四大名校之一。阳春三月，东湖之畔的珞珈山上，武汉大学的校园里，盛开着璀璨夺目的樱花。这些樱花树已在中国的土地上度过了二十个春秋，樱花树围着一幢幢古老的楼房矗立着，树上开满了雪里透红的樱花。走近细看时，每朵樱花犹如少女含羞的笑脸，是那样的娇媚柔情。当你在远处遥望时，它又像一条粉红的玉带飘在苍松翠柏之中，煞是壮观。同学们在冯德全的带领下来到校园老斋舍楼前，看到这淑女般的樱花分外高兴。叶崇新、钱平秋、黄文兰、杨淑文、陈玉珍、张巽根等同学一下子围了上去，张巽根还拿起笔开始写着什么。这时只见一群武大的学生手拿书本从老斋舍出来，同学们羡慕地看着他们，畅想着自己的未来。钱平秋说自己将来一定要当一名老师，黄文兰说一定要努力学习将来当一名科学家，杨淑文说理想是当一名医生，而张巽根的理想是当一名诗人。其他同学也纷纷憧憬了自己的美好未来。郊游让同学们在大自然中陶冶了情操，在武大校园里的参观点燃了同学们学习的激情，在老师的鼓励下坚定了努力的方向。就这样，在冯德全的引领下，全班同学主动学习、快乐学习已蔚然成风。

在教学工作中冯德全善于动脑筋改革，他知道兴趣的重要性，所以他上语文课时特别重视情感朗读，让学生欣赏美文、互相提问，再让学生学习有表情地朗读，学生感受到了文章的优美就爱阅读了，后来作文也写好了。他教体育时不是只让孩子们在操场里跑跑玩玩，而是让学生学解放军列队的各种标准动作，学习体操、球类、跳远、跳高、前滚翻、后滚翻等标准动作，由于他每节课每个动作都要亲自示范，所以同学们也学得非常认真。他在教音乐时也不只是带着孩子唱唱歌，而是要教学生听音练耳、识谱视唱。教美术课时则注重培养学生的观察力、审美力和想象力。

冯德全在教学工作中还特别重视鼓励和表扬，在教语文课时几乎每一二天就要表扬朗诵、作文和日记有进步的同学，让有进步的同学诵读自己的作品给同学们听，有时老师也有感情地代为诵读，这对学生的激励更甚。当孩子受到如此鼓舞，他们的学习兴趣和自信心将爆发出无穷的动力。这样，学生就更主动地学习，做自己喜欢的事了，所以学生更加喜欢这个年轻的老师了。

1959 年的春天，学校又开学了，这时冯德全的妻子已身怀六甲，可他仍然顾不上照顾自己的妻子，他把全部身心都扑在了学生身上。

五月底，妻子白春秀临产了，而实验班的学生七月初就要毕业考试，在这关键时刻冯德全别无选择，只有拜托白春秀的姐姐去荆州帮忙照顾，妻子分娩后才被接回武汉不到十平方米的家中。当冯德全看到自己初生的儿子激动得热泪盈眶，初为人父的喜悦难以掩饰。他每天白天在学校忙着实验班毕业备考的事，晚上回到家里又耐心地照顾着妻儿，虽然人很累，但精神是无比快乐的。六月底孩子满月了，妻子带着孩子又要回到荆州岑河中学上班了，冯德全依依不舍地送别了妻儿，又投入实验班的教学工作中去了。

白春秀带着孩子回到学校，白天将孩子放在哺乳室，自己正常上班。哺乳室里有一岁左右的孩子四五个，由学校聘请的阿姨统一管理，而孩子的母亲则上午、下午各来哺乳一次，到了下班时间就各自接回自己的孩子。20 世纪 50 年代末期，像白春秀这样又带孩子又忙于工作的人比比皆是，特别是冯德全不在她身边，她一个人往往忙得头一贴上枕头就睡着了。六月底的一天晚上，白春秀和往常一样，下班后已天黑了，她抱着孩子回到学校宿舍，吃完了饭，把孩子喂饱后就洗澡睡觉了。到了半夜孩子哭着要吃奶，她就躺着给孩子喂奶，不一会她又睡着了，由于睡得太沉，孩子的脸被她的胸压住了，由于长时间的压迫，孩子窒息了。等白春秀第二天早上醒来看见儿子窒息而死的惨状时，疯了似的号叫痛哭起来。同事们听到这撕心裂肺的哭声，都不知道出了什么事，一时间大家都涌到了这个十来平方米的宿舍里安慰这位丧子的母亲。后来学校领导又来帮助安排了孩子的后事，并给冯德全发了加急电报。

这时的冯德全刚送走实验班的毕业生，正在忙学期末的结尾工作。当他接到加急电报一下子就蒙了，不知道出了什么事情，赶紧请假赶到了荆州岑河中学。到了岑河中学看到妻子这般模样，儿子也没了，冯德全简直要崩溃了，后来还是在学校老师和领导的劝慰和安抚下支撑下来，带着妻子回到了武汉。经历了这次人生的变故，冯德全变得更加成熟了，褪去了最初的浮华，开始以一种谦卑的姿态看待这个世界，以一种敬畏的心态去珍惜生命。

到了 1960 年，冯德全慢慢走出了丧子的阴影，还是一如既往地把所有精力都投入学校的教育教学中。这一年的夏天，由于他在五年制改革实验班的工作中成绩突出，再加上出色的业务能力，他被教育局任命为省实验小学的教务主任。也是在这一年,冯德全的大儿子冯军出世了,妻子也从荆州岑河中学调回到武汉市三十一中任语文教师。这一切来得是那样的突然,也是那样的自然,冯德全来不及高兴就又全身心地投入新的工作中去了。

从 1954 年到 1962 年的八年里,冯德全在教育岗位上收获颇丰。同事们都说他是个"业务精",确实不错,他对事业善于钻研、善于琢磨、善于总结。他经常针对教材教法写出自己的看法和论述,并发表在各大教育刊物上,这也赢得了上级教育部门对他的信任和好评。到了 1964 年,冯德全被任命为省实验小学的副校长,一直到 1966 年。

冯德全说,从 1954 年到 1966 年是他收获的十二年,他收获了教育教学成果,收获了教育教学经验,同时也收获了学生对他的爱戴。以至于六十多年后,现在还健在的当年的小学生们还常相约聚会在冯德全家感谢这位恩师。

2016 年春节刚过,在冯德全家里,从全国各地来了十几位年近古稀的当年冯德全教过的小学生,其中有新疆农垦归来的叶崇新姐弟,有上海某校退休教师钱平秋,有华中科大退休教授黄文兰,有长期旅居加拿大的诗人、作家张巽根,有同济医大毕业在上海退休的医生杨淑文,还有武汉中学退休老教师杨明芳等。他们经过一年多的打听联络,终于找到了当年的恩师冯德全,年前就约好春节来给老师拜年。这次聚会勾起了他们对悠悠往事的回忆,黄文兰说六十多年前的珞珈山郊游和武汉大学的游览让她记忆犹新,坚定了她上大学的志向和决心。张巽根说自己能成为作家和诗人,要感谢老师当年培养的读书习惯。杨淑文说要不是当年老师卓有成效的工作,他们也不可能一年学完两年的课程提前一年毕业,这也改变了他们的命运。因为他们六年后赶上了"文革"初最后一届大学的毕业,这让他们感到非常的幸运。

聚会的最后,同学们提议让老师弹一首那个年代的歌曲大家一起唱唱,于是冯德全坐在了钢琴前又弹奏起他最喜爱的《革命人永远是年轻》。冯德全尽情地弹着,同学们高兴地唱着,"革命人永远是年轻,他好比大松树冬夏常青,他不怕

风吹雨打,他不怕天寒地冻,他不摇也不动,永远挺立在山巅……"歌声又把他们带回到了那个年代,歌声又让他们年轻了。这正是:

夙夜匪懈已成范,学道有成志在胸。

初为人师立宏愿,广育桃李报圣宗。

第五章

教坛耕耘业正旺　风云突变蹲“牛棚”

20 世纪 50 年代在湖北省实验小学任教时参加团日活动(第三排左一为冯德全)

由于冯德全的工作出色、成绩优异，他不仅先后担任了教导主任和副校长，而且也是区教育局公认的业务骨干。当他正踌躇满志地要在教育战线再干一番成绩时，一场政治运动开始了。

1966年，“无产阶级文化大革命”开始了，这时湖北省实验小学跟社会接轨也有了造反派，学校造反派就说冯德全立场很右，是“国民党官太太的黑保护伞”。因为湖北省武昌实验小学创办于1920年，校园是清代“两湖书院”和原武汉“中央军事政治学校”旧址，1949年新中国成立前，学校里的教师好多都是国民党政府官员的太太和军官太太，由于她们一般都出身于有产阶级家庭，所以都受过良好的高等教育。新中国成立后她们中留下来的人，其丈夫不是起义人员就是投诚人员，所以她们也仍然留在学校教书，也都成了学校的教学骨干和中坚力量。冯德全作为主管教学的副校长，从维护学校的正常教学秩序和提高教育质量出发，自然也关注她们的处境，这也就成了冯德全的罪名。

1966年暑假的一天，从北京来了一批红卫兵小将，他们进驻学校后就开始和学校的造反派一起对这些“官太太”老师进行审查、批斗，这时冯德全感到了疑惑，于是就问造反派：“党不是提出来有成分论不唯成分论吗？她们遵纪守法，认真教学，怎么就无缘无故地受到批判监禁呢？这样搞下去学校的教学怎么能正常进行啊！”冯德全的质问激起了红卫兵小将和造反派的愤怒，于是把斗争的矛头又对准了冯德全。第二天早上，一个造反派头头带着红卫兵来到冯德全的办公室通知他：“从今天开始你已经不是副校长了，你也不能在这里办公了，你要接受审查交代问题。”说完就上来几个红卫兵把冯德全带到操场上进行批斗，批斗现场的舞台上站满了那些“官太太”。造反派把冯德全带上舞台，站在那些“官太太”旁边陪斗。冯德全看着这熟悉的舞台，不禁感到万般无奈。这是他经常给学生发表演讲的舞台啊，今天怎么就成了自己的审判台了呢？从那以后学校的教学秩序全乱了，老师不能进课堂讲课，学生想去学校就去，不想去就到校外玩去了。这样的情况持续了将近半年，后来为了维护正常的社会秩序，武汉市成立了“百万雄师”组织。“百万雄师”人员由各基层单位抽调，以基层民兵、党员、团员、基层干部和退伍军人组成，努力维护学校正常的教学秩序。

“百万雄师”维护正常秩序时间不长又受到“文革小组”的责问，于是，冯德全又成了运动的对象。没办法，他跟妻子商量自己先出去躲避一段时间再看形势怎么发展。于是他躲到了武汉水运工程学院一个叫周天民的学生那里。周天民是冯德全任实验小学少先队总辅导员时的大队长，跟冯德全一直保持着师生情谊，当他听说自己的老师要被抓去批斗，就说：“冯老师，您到我们学院来住着，让他们找不着您。”这样冯德全在水运工程学院躲避了一个多星期，确实“享受”了一段难得的安宁日子。

但形势越来越紧张，武汉水运工程学院内部也矛盾尖锐，为了周天民不受牵连，冯德全只好离开了水运学院，深夜偷偷地溜回家了。妻子见冯德全回来了着急地说：“这一周造反派经常上门找你，你还敢回来？他们说你现在不仅是资产阶级‘官太太’的保护伞，还是地地道道的‘现行反革命’。他们给你三天时间要你在家老老实实写交代材料，等待上面处理。”冯德全不能上班，无奈地在家写交代材料，但他一脸茫然，不知道要交代什么，写了一天也没写满一张材料纸。这一天晚上，有个朋友告诉冯德全，造反派就等着他写所谓的“交代材料”，一旦“交代材料”交上去就立马把他抓起来监禁。冯德全得到这个信息后就跟妻子商量怎么办，妻子白春秀说：“反正现在也都‘停课闹革命’了，不如我们带着孩子一起到外地去躲避一阵子。”经过一夜的商量，他们决定去上海，找上海的表兄俊发，先在那里待一段时间再说。说走就走，妻子立即去买船票，冯德全在家简单地收拾了一下行李，带上钱和粮票，牵着两个未成年的孩子，乘着夜色向汉口江边江轮码头奔去。

第二天清早，冯德全和妻子拖着两个孩子上了开往上海的大客轮。冯德全抱着四岁的小儿子冯征，妻子牵着七岁的大儿子冯军，随着人流上了轮船。上船后只见人头攒动，连甲板的地上和客舱门口都坐满了人。幸亏冯德全是买票上船的，船员们给他们一家安排了两个铺位。

此次逃难是“文革”中难得的“旅游”，尽管冯德全和妻子有时忧心忡忡，但冯德全儿时母亲的关爱和青少年期在学校中养成的安全感，加上他能唱会跳、能写会画，常常让他忘记忧愁，再加上两个孩子也是第一次坐大轮船，那种欢快雀跃难以言表，冯德全就把这几天的避祸经历真当欢快的旅游了。他对两个孩子交代：“你们尽管出去玩，但要注意安全，身子不能探出船栏外面去，哥哥要管住弟弟，船上的机器都不许动，千万不能出事故。玩的时候要特别注意看、注意听，新鲜的事和不懂的事要记在心里，半小时左右回船舱来向爸爸妈妈汇报一次。对陌生人都要有礼貌。”交代完毕后，父母便拥抱了兄弟俩，然后冯德全把手表取下戴到哥哥的手腕上，让他掌握时间。这时他想起了自己小时候为躲日军祸害，与三哥和二姐一起随父母逃难的江西之旅，因此也希望冯军和冯征在这难得的旅途中多长些见识。两个孩子非常快乐地点头同意，然后快速跑出舱门去玩了。他们在人群中穿梭，扶着船栏远眺长江两岸，有时他们的母亲会偷偷跟随观察以确保安全。

船离武汉很远很远了，每半小时过去，两个孩子一定会准时回舱来，高兴地七嘴八舌说个没完。例如冯征说：“长江好大呀，比武汉的长江还宽，爸爸，江水为什么那么黄？那为什么东湖的水是清的呢？大轮船靠近岸边时，为什么田地、树木、房屋、农民都在往后走呢？……”大儿子冯军观察得更深点，他问道：“那么一大江的水是哪里流下来的？为什么有那么多的水，一年到头流不完吗……”他最感兴趣的是大轮船船尾为什么总有一大群鸟跟着船飞，那是些什么鸟？它们飞得不累吗？那么武汉市过江的轮渡船为什么没有这些鸟跟着飞呢？长江两岸的田野好大呀，长江有多长？……这时作为父亲的冯德全都会笑眯眯地听孩子们说并与他们交谈，但对孩子的问题不做一次性回答，而是留在父子三人日后生活中遇到关联问题时继续讨论。冯德全说：“任何认识都不是一次完成的，要让孩子在生活的体验和积累中去感悟，将来便可无师自通。”

到了上海，为了节省钱，冯德全夫妇找到了一家条件差的小旅馆，一家四口住进了小旅馆的顶层阁楼上，四人挤一张中铺床倒也安逸。他们知道上海住房紧张，俊发哥和其他远房亲戚都是平民家庭，是根本无法接待他们居住的。

在上海逃难性“旅游”了一个多月，冯德全夫妇带着两个儿子吃油条、大饼、豆浆、阳春面等最简单的食物，每天除了关心报纸上武汉的形势外，还带着孩子们去逛了南京路、外滩，参观了上海交通大学。另外冯德全还想回一次诸暨老家湖西村，去拜祭父母的坟墓，然后再到朱家站看看他最亲的小姨妈。

冯德全一家像漂流的浮萍，这次漂泊到了上海，离老家近了，那是一定要回故乡看看的。那是他童年既苦难又温馨地生活过的地方，何况亲爱的父亲、母亲还静静地躺在湖西村外南宗山头的坡地上呢！这时他又想起三哥和大姐，不知他们现在怎样了。他们也在受难，处境绝不比自己好甚至更糟吧！原来数年前冯德全任实验小学少先队总辅导员时，大队委中有一个女孩是学校附近湖北省农垦厅许副厅长的女儿，当时三哥冯德模正好从他上的第二所大学——浙江农业大学毕业，希望为国家发展大农业服务，于是冯德全便想到去拜访许副厅长推荐三哥。没想到许副厅长一听连连叫好，说湖北监利新建的大垸农场规模很大，大批河南农民移民到大垸开荒耕作，正好缺少农业技术人员，于是就接收了三哥去农场当技术员。同时冯德全把大姐也推荐去了，让大姐陪着三哥去大垸当农工。谁知当他们去大垸艰苦奋斗两年搞杂交水稻和养蜂试验节节胜利之时，“文化大革命”开始了。造反派怀疑一个大学毕业的知识分子愿意到农场来受苦一定有问题，再一调查此姐弟俩又是省农垦厅许副厅长推荐来的，而这时的许副厅长已被打成了“走资派”，所以结论是冯德模和他大姐是“走资派”安插在大垸农场的“特务”，先是停职交代，接着隔离审查……想到这里冯德全一阵揪心，但也无可奈何。

八月的诸暨骄阳似火，冯德全第一次带着妻儿踏上了故土，夕阳下他带着家人走在去父母坟地的路上，心里默默地想着父母双亡时只相隔二十天，而整个一大家儿女只有三哥一人在料理后事，可那时三哥才十八岁啊！想着想着冯德全泪流满面，不一会他们来到了南宗山头的小山坡上，今天他终于看到了父母并排挨着的两座土坟堆，周围一片荒凉，坟墓旁连一个墓碑也没有。这时他们无一人说话，沉默了良久，只见冯德全满脸泪痕，静静地给父母深深地鞠了三鞠躬，接着妻儿也随着向先人鞠躬。最后，冯德全抬头望了一眼后面山上曾与三哥一起躲过日军的那片荆棘丛，默默地带着妻儿转身离去了。看望了父母后，他们一家人又去朱家站看望了他心中一直惦念着的小姨妈。

完成了故乡之行,冯德全一家又返回了上海,这时他打听到武汉的形势仍很乱,这时冯德全回去是不利的,但他身上的钱已所剩无几了。冯德全与妻子商量:妻子是一般群众,造反派不会把她怎样。而冯德全则暂时不能回去,因为造反派找的是他,回去一定是凶多吉少。于是,冯德全决定让妻子带着小儿子冯征先回武汉,以便打听消息,他则带着大儿子冯军到北京去大串联,串联挤火车是不花钱的,听说串联的人到北京吃住还有接待处安排呢!等到了北京后再根据妻子打探的消息来决定何时回武汉。到北京后的联系方法是发电报给远房表姐金亚乔,她当时在林业部(1997年改国家林业局)工作。金亚乔曾经是冯德全大哥的未婚妻,对冯德模、冯德全如同亲弟弟一样看待。妻子听了冯德全的主意,思量一会后觉得这样好,于是便同意先带着冯征回武汉去。

就这样,夫妻兵分两路,各带一个儿子继续避难。八月的武汉闷热难忍,本来就停课的学校加上放暑假,所以除了红卫兵造反派就只有树上的知了在那儿吱吱地叫着。白春秀带着小儿子回到家里也没发生什么大事,冯德全则带着大儿子冯军随着串联大军挤火车上了北京。他们北上的车费是全免的,为什么能免费乘车呢?因为1966年,中央"文革"领导小组表态支持全国各地的学生到北京交流"革命"经验,也支持北京学生到各地去进行"革命"串联,而且让铁道部支持红卫兵串联,免收车票。但后来串联的秩序全乱了,师生谁都可以串联,这种现象持续了几年。冯德全和儿子就这样和红卫兵一起乘车到了北京,到北京后,他们和红卫兵一起被安排在一个单位的仓库里睡地铺。白天大家各自出去,到了吃晚饭睡觉时又回来。而这几天冯德全带着冯军到天安门、故宫和天坛去玩了个够,两天后就联系上了表姐金亚乔。后来他们去了国家林业部宿舍金亚乔的家,住在表姐家里总算过了几天安逸舒适的日子,同时还接到了妻子白春秀的电报,说武汉要"复课闹革命了,速回",父子俩得知这一消息喜出望外。外出避难转了一个大圈,流浪了一个多月,冯德全终于盼到要开学了,于是他高兴地带着大儿子冯军回到了武汉,仍到实验小学去上班。但这时的他已经没事可做了,学校成立了"革命委员会"(以下简称"革委会"),一切工作由"革委会"当家。"革委会"命令冯德全一边写检查一边负责厕所和公共场所的卫生清洁。这时学校"革委会"正忙着学校与武汉市四十五中学合并,组建一所九年制的学校。冯德全的妻子白春秀也由武汉市三十一中学调到了四十五中任教,而冯德全的家也搬到了四十五中。也许是因为“革委会”忙于并校，忙于开学，忙于教育，忙于迎接“工宣队”进校实行工人阶级领导，冯德全总算在体力劳动和精神的压抑中度过了比较平静的半年。

1967年的春节静静地过去了，这段时间没有人来打扰冯德全的生活，可春节过了一个多月后，冯德全突然接到“革委会”派人送来的通知，要他立刻准备行李，马上出发参加在华中理工大学（今华中科技大学）举办的“五不准”学习班。所谓“五不准”就是不准回家、不准打电话、不准写信、不准探望、不准会客。来人向冯德全宣布了学习班的纪律后就把他带到武汉华中理工大学的学生楼住下，因为大学已停办好几年，偌大的校园空荡荡的，满园落叶和残雪，但在这栋学生楼里却集中了武昌区各大、中、小学的大小“走资派”，他们在这里集中反省，交代问题。这里是军事化管理，每天早上天还没亮就吹哨子起床洗漱，然后进行长跑操练；一般上午开大批斗会，下午开小组交代会，晚上还要不停地写检查。让冯德全交代的重点是：为什么同情“反革命”分子家属和“官太太”们；为什么执行“修正主义”的教育路线；彻底交代逃往上海、北京干了哪些坏事；特别是要交代他怎么隐瞒大地主家庭成分的。这最后一个要交代的问题简直令冯德全莫名其妙，他百思不得其解自己怎么就成了地主家庭了。直到几年后才知道，那时校“革委会”曾派人到浙江诸暨湖西村调查冯德全家史，发现他家住的大台门内有两间楼房，就确定冯德全肯定是地主家庭出身，不然他怎么唱、跳、弹、画样样都会，资产阶级情调那么严重呢？当时校“革委会”要求村党支部修改冯家成分，但遭到拒绝。村党支部翻出1950年“土改”原始档案给调查组看，上面明白记录着当时冯家除了两间祖传旧房外，没有任何财产，户主冯祖尧起先种过几亩田，但因身体不好，便把田卖了到铁路上做事去了。冯家“土改”时老人刚刚亡故，子女都在外地谋生，老二冯德渠雇农出身，还参军去抗美援朝，他们不但不是地主，还是军属之家呢。村党支部就这样明确地表了态，“土改”的结论不能变。由于这个缘故，所以在“五不准”学习班里为这事追问了冯德全两天，都遭到他的坚决回应，自那以后“革委会”再也不提此事了。

整个学习班期间冯德全除了应付着写写“思想右倾”之类的话以外，其他一概无语。这样时间拖得久了，大家也都疲沓下来了。而就在这段“春眠不觉晓”的时光里，冯德全因思念妻儿和大姐、二姐、三哥失眠了，每天整夜整夜地睡不着，失眠的痛苦折磨着他，后来他就在心里默唱《你是灯塔》《我站在太行山上》《生活是多么幸福》《田野小河边，红莓花儿开》等平时爱唱的歌曲，以求排除心里的杂念，从而求得几分心理上的安慰。

就这样经过了两个多月的“反省”和“交代”后，“五不准”学习班终于结束了。这时的冯德全背着简单的行李搭上公交，独自走在回家的路上。他感觉天比以前要蓝，空气也格外的清新，这是一个失去过自由的人最朴实的感受。当走过彭刘杨路口的水果店时，他想起了两个可爱的儿子，于是给两个儿子买了一大堆水灵灵的大桃子，足足装了一大塑料袋。回到家后孩子们围住爸爸问长问短，妻子也关怀备至，这给冯德全带来了无比的温馨。第二天他又带着家人的温暖到学校继续接受劳动改造。

1969 年的秋天，瑟瑟的秋风中，枯黄的树叶簌簌地落在地上，改造了一年多的冯德全感到无限惆怅。因为，在这一年多的时间里，他不能搞教学，更不能搞教研，师生对他投来的都是同情和异样的目光。这对于一个热爱教育的人来说是多么的痛苦啊！这时他想：这样下去中国的教育怎么办，我们的民族怎么办？正当他忧国忧民之时，政治运动的浪潮又一次向他袭来。1969 年 10 月的一天，“革委会”又通知冯德全，他将和武昌区教育部门的“资产阶级知识分子”一起下放到监利县“五七干校”劳动改造。被改造者不分年龄、性别和职务，一律按照军队编制，编到划定的连、排、班去，统称为“五七战士”。冯德全被任命为第十连三排的排长，妻子白春秀也同时被下放，被任命为第十连三排二班的班长。家里能带上的东西全都要带走，给三天准备时间，三天后区政府派专车送行，并要求准备数餐干粮路上吃。于是冯德全和妻子忙着清仓式整理衣物、铺盖、书籍和餐具等，能打包的打包，能装箱的装箱。还有大人小孩的床、五斗柜，甚至连没用完的蜂窝煤、柴火，没吃完的大米和面粉，一件不剩都打包好或装入麻袋准备运走。另外还要按上面的要求每件行李上都系上布条，布条上写明所编的连、排、班和姓名。冯德全和白春秀很高兴这次大搬家，因为对孩子来说农村是一个广阔的天地，是非常美丽的地方，让孩子在这样的环境生活一段时间对他们的成长也是有好处的。但他们又担心这一去是否还能够回来，是否还能从事他们钟爱的教育工作。出发的前一天晚上，冯德全夫妻二人几乎都没有睡觉，因为前半夜仍有许多老同事悄悄地来看望他们，并给予他们安慰和话别，有的朋友还给两个活泼的孩子送来了路上吃的点心，再加上睡觉的床已拆除，行李也打包好，最后夫妻俩只好一人抱一个孩子坐着打瞌睡直到天明。早上，两个孩子一大早就起来了，他们高兴地等着乘汽车去遥远的地方游玩呢！八点多送他们的汽车来了，到了九点装车完毕，由于是货车，人只能坐在车上要搬走的椅子上。卡车在瑟瑟的秋风中驶出了嘈杂的武汉市区向南开去，一直驶向湖南的岳阳，然后在岳阳的城陵矶码头已经有小轮船在岸边等他们。他们将自己的行李慢慢地搬上轮船，再由轮船逆流而上行驶到长江对岸盛良洲。

傍晚时分，一道残阳洒在大江两岸，也洒在了这些远走他乡的人们的身上，这时冯德全的心里真有一股“断肠人在天涯”的感受。轮船行驶到盛良洲停靠后又是一阵搬卸行李的忙碌，直到夜幕降临人们才开始吃干粮，有的点起了煤油灯，还有的捡石块搭灶烧开水喝，夜幕下的茫茫江滩陡增一道异样的风景。夜渐渐地深了，人也渐渐地静了，深夜的秋风带着凉意徐徐袭来，冯德全夫妇各抱一个熟睡的孩子，垫着一床薄被斜靠在行李上，茫然地望着疏落的星辰。这时他回忆起了三十多年前逃避日军时的一幕幕经历，便突发感想：人类就是这样走过来的吗？若是这样，让孩子适应适应这样的颠沛流离也是很受益啊！

露宿一夜后，第二天早上中洲公社的王墩、王塘、罗洲三个大队的农民开着拖拉机热热闹闹地来接他们了，并且每人到哪个贫下中农家里居住都已分配好了。看到贫下中农的朴实和热情，冯德全的心和大家一样也热了起来，而最高兴的是随队而来的孩子们。

几十辆拖拉机载着他们向各自的属地前进着，一路上两个孩子在拖拉机上四处张望着，说着笑着，高兴得像出了笼子的小鸟一样。冯德全见孩子们如此的高兴，自己也一扫昨日的愁绪，也和两个孩子一起高兴地欣赏着这深秋阑珊的艳丽。

中洲公社是历史上长江改道时形成的一个岛，北边是清澈如镜的老江河，南边是现在的长江。冯德全带领的三排被安排在了王塘大队，整个大队分九个小队，他们都离老江河不远，从一队到九队由西向东整齐地建在长约两公里的土墩上。冯德全先协助大队干部把三排的“五七战士”及家属由一队到九队一家家安排落实好了后，再到六队一个姓高的贫下中农家里安顿了自己的家。

冯德全进了高家后侧房大约八平米的“自家的”房间，已有二三位妇女正帮着白春秀安顿家具，冯德全正准备问两个孩子到哪儿去了的时候，只听外屋母鸡咯哒咯哒地叫了起来，紧接着四岁的小儿子冯征兴高采烈地跑进屋来，嘴里大声地喊着：“妈妈，妈妈，你快来看啊！那里有一个女鸡，生了一个蛋……”等大家回过神来时，屋里爆发出了哄堂的笑声，冯德全听了也笑弯了腰。笑过之后他想：来农村来得好，我不是农村长大的吗？这次的下放简直就是回归自然。在这里孩子们第一次看见广阔田野；第一次看到了农家院舍；第一次见着猪、牛、鸡、鹅、鸭。只有在这里，孩子才能听到公鸡打鸣；只有在这里，孩子才能见到母鸡下蛋；也只有在这里，孩子才能闻到花草的芬芳。这里才是孩子成长的摇篮。孩子最需要的精神营养就是丰富多彩、酸甜苦辣的生活体验，是大自然给了孩子丰富的生活。而两个儿子一两年的农村生活，在他们成长的潜意识里留下了不可磨灭的印象。

高家的男主人四十多岁，夫妻膝下有一儿一女，儿子十四五岁，女儿已出嫁，都在家做农活。这户人家对冯家很好，“五七战士”每班自办食堂，每天留一人做饭，吃的是粗茶淡饭。高家有时做了好吃的也会送一些给冯家品尝，朴实的贫下中农没把冯德全他们当坏人看，所以他也慢慢地忘记了自己“身在异乡为异客”的窘境。冯德全这一排都是各大、中、小学的老师和领导，以中学老教师居多，带队的连长是武汉市第二师范学校的副校长，指导员是武汉师范学院的一位主任。他们白天参加生产大队的劳动，插秧、割谷、养猪、摘棉花他们都干，总之，生产队长分配什么干什么。有时下午和晚上按连部指示，组织大家学习中央文件，然后各自作反省，谈思想改造的心得，这就是后来人们所说的“牛棚”。在这期间冯军和冯征兄弟更是得到了锻炼，他们打着赤脚跟农村孩子一起玩，插秧、割猪草、学骑牛，在灌溉渠“垮纲河”里学会游泳等，凡是农村孩子做的他们也都会了。没想到这一“放养”，两个孩子学到了课堂上学不到的东西，而且孩子更加快乐、更加勇敢了，这对后来他们形成坚强的意志品质是非常重要的。通过孩子的成长，冯德全在教育孩子方面也在不断地感悟和形成自己的想法和认识。他后来认识到，在人生的成长过程中，多方位的、丰富而有益的生活体验是第一位的，而读书、上课、系统学习知识一般处于第二位。

冯德全在干校劳动的意义还在于让他看到了农民的疾苦。他看到农民天不亮就要出工，生活清苦，看不起病，孩子没人管，更谈不上受教育了。冯德全还亲眼看到一个比自己儿子小点的男孩玩耍时，掉进一口正在露天煮农药的大锅里被活活烫死的惨状。这也是他在日后的教育工作中始终惦记和关注着农村孩子教育问题的原因之一。冯德全在下放劳动的艰苦锻炼中，身体也比以前壮实多了。特别是养猪的经历，由于从晚春到初秋都要到老江河里割猪草。冯德全水性好，于是他主动承担了打猪草的任务。打完猪草就让八岁的冯军骑牛拉车，将猪草运回生产队。

1970 年的秋天，武汉市各中学都急需教师，武昌区教育局点名从“五七干校”调回一批师资，以解各中学的燃眉之急，而调回的名单中就有白春秀的名字。在收到通知的这天夜里，夫妻俩商量了两个孩子先带谁回去的问题。考虑到大儿子冯军需要接受正规的学校教育，于是妻子白春秀带着大儿子先回武汉，被分配到武汉市第一职业中学，小儿子冯征仍留在冯德全身边接受“锻炼”。

1972 年 4月 24 日，《人民日报》刊发社论《惩前毖后，治病救人》，呼吁正确执行党的干部政策，之后解放了一大批老干部和专家教授。随着他们的返城，“五七干校”也渐趋衰落、冷清。这时冯德全所在的监利县“五七干校”参加劳动改造的干部也“解放”了。在木樨花开、红梅依然傲立枝头的季节，战友们都回到了各自的学校。

当冯德全到武昌区教育局报到时，教育局仍要他回省实验小学任业务副校长，冯德全婉言陈词，说经过多年，学校的人际关系多有变化，如再回原校任领导工作多有不便，会增加很多困难。教育局领导分析了省实验小学的具体情况，觉得冯德全说得有道理，于是就派他去了新建的武泰闸中学任教导主任。

武泰闸中学是一所新建的有二千多学生的初高中完整中学，冯德全由小学到中学确实也是一个挑战，幸好当时有位何副校长抓教学，只要求冯德全全力抓全校混乱不堪的教育常规管理和学生秩序管理。于是他又全身心地投入工作中去了。

如何让学校的教育教学走上正轨，这是冯德全日思夜想的问题。回想起自己从小学开始当班长直到师范学校毕业，在省实验小学领导一百多位教职工，又任党支部青年委员的经历，凭着他多年的教育工作经验，凭着对生活的体验感悟和对教育的热爱及钻研，他决定深入学生中与学生交朋友，加强学生会、班委会和班主任的管理，依靠学生和青年教师治校，很快就扭转了学校混乱的局面。后来他能做到每天两千多人的早操集会秩序井然，只要他一讲话，从初一到高三的学生都爱听，全场鸦雀无声。因为他了解学生，所以他的讲话符合学生的心理需求，学生听了自然声声入耳，他既严肃又诙谐，在老师和学生中树立了很高的威信。但冯德全的作为又引起了驻校“工宣队”的不满，他们认为一个教导主任的威信竟然比工人阶级还高，冯德全毕竟是“资产阶级”知识分子，要防止他引导学生走“白专”道路，于是又一次对他进行审查，办了一期“五不准”学习班。

20世纪70年代初，所有的大、中、小学校都派驻了“工宣队”。当时进驻武泰闸中学的“工宣队”是由武汉造船厂派来的工人干部，所以冯德全的“五不准”学习班就设在了武汉造船厂。学习班期间虽然每天也要交代“问题”，但也就是走个过场而已，主要是为了杀杀冯德全的锐气。学习班结束后，冯德全回到学校担任原职，但他仍然凭借专业的教育教学管理能力和良好的师生关系把学校的教育教学工作做得井井有条，连“工宣队”也不得不服这个“业务精”了，同时他的工作能力在区教育局和市教育局也挂上了号。

时间很快就到了1976年，历经了十年的“文化大革命”就此宣告结束了。经历十年的历练，冯德全更加成熟了，这时，他常常思考的是国民素质和教育问题，他和妻子也更关心两个孩子的教育问题了。

1977年，冯德全被调到了新河街中学当教导主任，这里离冯德全的家（徐家棚）近了，这就让他有了更多的时间去关心两个孩子的教育问题。也就是从这时起，他开始了思考人的教育问题，进而开始思考早期教育问题。他首先回顾和总结了自己的成长经历，然后又总结和规划了自己两个孩子的教育。

他一边回顾和总结自己成长的经历，一边引导两个孩子自我成长。为了锻炼儿子们的胆量，父子三人常到长江游泳，冯德全带头爬到停泊在江边数层楼高的巨轮上跳水，兄弟俩也一个个跟随着父亲跳下去。到了晚上，冯德全家里常常充满了歌声和笑声。每到星期天，冯德全还带两个孩子出去玩，一次他带儿子到华中科技大学，这时校园还是空荡荡的，他对两个儿子说：“这是爸爸被关了两个多月的地方，做人要经得起考验。”在参观风景优美的校园时，冯德全勉励两个孩子要刻苦学习，再过若干年一定会考入这样的大学的，说得孩子们都笑了。但当时谁也不会想到，其中的一个孩子后来竟然担任了著名高校的校长，另一个担任了湖北大学的系主任和博导。

冯德全的孩子这么优秀，主要是他营造了一个良好的家庭教育环境，除了冯德全是一个称职父亲外，其妻白春秀也是个标准的贤妻良母和好老师，她虽然很爱孩子，但从不溺爱孩子，而是配合丈夫理性地教育孩子。由于她善于观察孩子，所以她也能理解和融入孩子，从而也使她在学校的教育工作中得心应手，还多次被评为武汉市或武昌区模范班主任。

由于冯德全营造了良好的家庭教育氛围，所以，两个孩子都养成了良好的生活习惯和学习习惯，从而也形成了良好的性格。在他们上学期间，冯德全从来不检查作业，从来不过问考试分数，充分信任孩子的自主学习，连考大学选择专业、长大选择恋爱对象,最多也只是议论一下,最后还是由孩子自己决定。后来大儿子冯军在湖北大学哲学学院任教授和博士生导师;二儿子冯征在华中科技大学任研究生院常务副院长,2016年春经公推投票,调任武汉科技大学任副校长。这也是冯德全后来在研究早期教育中,提出性格培养首位论的原因之一。

1979年,武汉市教育局差人,于是通过武昌区教育局将冯德全调到了市教育局普教科当教研员。在教育局冯德全更是有了用武之地,虽然只是一个教研员,但除了视察全市中小学的教学工作,每年还要起草全市小学的教学工作计划。在教育局工作了两年后,全国都在抓教育科学研究工作,并纷纷成立了教育科学研究所。这时,武汉市也相应地成立了武汉市教育科学研究所(以下简称教科所),于是市教育局领导又将冯德全充实到教科所去了。1981年,冯德全在市教育科学研究所担任研究员,还要经常下到学校去抓研究课题,一开始他选的研究课题就是家长教育,后来他和同事们发起了《家长报》,并通过市妇联向全市全省发行。当时冯德全就是《家长报》的主笔,他在《家长报》上发表了很多关于家庭教育甚至早期教育的文章。后来经过他们的努力,《家长报》不仅在中小学发行,而且在幼儿园也发行,在全国都有了一定的名气。从这时起,冯德全就经常到学校去给家长讲课,普及早期教育的知识。

在武汉市教科所工作期间,由于工作性质的原因,冯德全更容易接触到新的教育科研信息。1981年,美国加州理工学院的罗杰·斯佩里(Sperry)博士因为对大脑功能卓有成效的研究而荣获诺贝尔医学和生理学奖。斯佩里通过"裂脑研究"发现了人的左右大脑具有不同的功能:左脑主管逻辑思维,是分析、判断、抽象概括的语言逻辑中枢;右脑主管形象思维,人的联想、想象、综合判断、创造力……在感觉领域大显身手。获得这一信息后,他知道了右脑功能的威力,如人学会走路,还有学一口方言多难啊,可孩子在三岁前就学会了,又如世界的万事万物都是在幼儿时期没有任何压力、没有任何负担、不知不觉中学会的,这就是右脑功能。冯德全在这一理论的基础上,发现了人类的七大难题都是在五岁前解决的。这就是：一、学会直立行走；二、学会用手劳动；三、认识世界万物；四、掌握一口方言；五、实现人的社会化；六、发展人的高级心理；七、获得人生95%的知识。从这之后他更加热爱早期教育了，并发誓要为中国的早期教育奉献自己的毕生精力。这正是：

教坛耕耘业正旺，风云突变蹲“牛棚”。

颠沛流离何所惧，韬光养晦锐志宏。

第六章

彻骨寒冬志不渝　雨后天晴现彩虹

1973 年，冯德全与两个儿子在武昌毛泽东农民运动讲习所参观

1978年的初春，雪如往年一样的下着，但人们却感觉不到多少寒意。因为人们心灵的春天早已来了，特别是科学教育界，更是感觉到了春天的暖意。因为，这一年春天，全国科学大会在北京隆重举行。这次大会题在科技意在全局，它确立了科学技术工作正确的指导思想，是我国科技发展史上的一个里程碑。它是科学技术向着现代化进军的总动员令，对我国的社会主义现代化建设起了极大的推动作用，并同时以其重大的现实意义和深远的历史意义载入了人民共和国的辉煌史册。因此，人们说科学的春天也来了。

全国科学大会的召开是广大科学教育工作者的春天，它为科学研究人员和教育工作者插上了理想的翅膀。这是恢复高考的第二年，而在头一年，在中国科学院的支持下，中国科技大学创办了第一个大学少年班。1977年以全国第一名的成绩进入该班的学生是十三岁的宁铂。宁铂在考场上的出色表现被众多媒体争相报道，轰动了当时恢复高考、渴求人才的中国社会，一时被传为“神童”，整个社会掀起了读书的热潮。而这时的冯德全正在武汉市新河街中学任教务主任，他也被“宁铂现象”深深地吸引了，之后便开始步入了五彩缤纷的早教科研领域。他看到莘莘学子百倍地刻苦读书，却只有一少部分学生能考上大学，而面对那些没考上大学的学生和家长的苦恼，冯德全对中国的教育和未来进行了反思：人的生命是有限的，寿命不可能短期内成倍地增长，可有限的生命怎样能获得爆炸般增长的知识，怎样掌握日新月异的科学技术、发明创造，进而进入现代科技的前沿阵地呢？如果只是一味地让我们的孩子苦学而不去充分开发人的潜能，我们要在有效的时间内赶超世界先进水平，那是不可想象的。这时冯德全思考的不仅仅是在有效的时间内培养赶超世界先进水平人才的问题，他还在深度思考中华民族整体素质提高的问题。冯德全认为时机已到，他要对长期以来积压在胸中的问题一一进行解答，以服务于民族，服务于人类。

为什么有的孩子朝气蓬勃、玩得快乐、积极上进、成绩优异还孝敬长辈；而有的孩子在父母催、逼、哄、骗与喋喋不休的数落、打骂中仍无长进？孩子的优劣是否上苍造就，其根源究竟在哪里？后进的孩子是从何时开始掉队的？

为什么小学前的孩童娇惯受宠、无所事事，而一上小学却立即背上沉重的包袱，有做不完的作业？越到后来课业负担越重，有人形容中学生“起得比鸡早，睡得比狗晚”，这又是为什么？

为什么好多家庭养育宝宝，小时候都有温馨的天伦之乐，可是一旦孩子长成少年，两代人就迅速筑起了“壁垒”“代沟”呢？在一套房间居住，一个锅里吃饭十余年之久竟不能说知心话，不能成为知心朋友，这岂不是人世间最大的悲哀吗？

中国教育历来称颂“学海无涯苦作舟”“梅花香自苦寒来”的“苦成才”精神。而“十年寒窗”培养出来的人才中顶尖的科学家、发明家、工程师却屈指可数，这是为什么？大部分孩子学到高中、大学，却辛辛苦苦地学会了厌学，这是为什么？

他苦苦地思索着多年来淤积在心中的问题，同时也在积极地寻找着问题的答案。最后他得出的答案是必须在中国实施科学的早期教育，让中国千千万万的婴幼儿受到科学的早期教育，让中华民族全民素质得到普遍提高。从此，这便成了冯德全最大的理想，也成了他终生的追求。

在那个年代提出“开发人的潜能”谈何容易啊！因为，在那个年代（1978 年）早期教育对于中国人来说，简直就是闻所未闻的神话，那时的中国是早期教育的荒漠之地。但就在这块荒漠之地上，冯德全就像一峰坚韧的骆驼，默默地耕耘前行着，他将带领中国的早教人走向黎明和绿洲。从这时起，他利用工作之余的时间开始研读自己现有的教育理论书籍。在 1978 年至 1983 年这五年里，冯德全潜心学习和研究了古今中外的启蒙教育理论。从陶行知到陈鹤琴，从苏霍姆林斯基到赞可夫，从卡尔·威特到蒙特梭利，还有日本的井深大、铃木镇一等早期教育家的著作他都一一研读，并开始付诸实践，在实践中写出了百万余字的学习心得笔记和讲义。

1983 年，冯德全在武汉市教育局教育科学研究所工作期间，他一边研究学龄儿童的教育，一边研究学龄前 0~6 岁婴幼儿的教育，并陆续在各级报刊上发表了一些关于早期教育方面的文章，不想这些文章被当时的社会科学院院长于光远看到了，他非常欣赏冯德全的研究课题和早教观点。因为，这时于光远先生也在思考“宁铂现象”，他说：“不要看不起小孩。我认为人的智力发展所能达到的可能性，远比已经达到的要强得多……如果在生理上保养得好，在心理上又教育得法，许多小孩都可能达到像宁铂那样的智力水平。早期教育是人类自身进步的大事。”因此，当他看到有人在研究早期教育，感到非常欣慰，于是便打听了作者的情况。

同时，冯德全关于早期教育的文章也被当时的湖北大学校长李成文知道了，他也对冯德全的研究课题很感兴趣，于是找到冯德全问他是否愿意到湖北大学专门从事早期教育的研究工作，冯德全认为搞专业研究当然好啊，于是就同意去湖北大学，可这时武汉市教育局不同意放人，这事就搁浅了一段时间。不久，正赶上于光远出差来到武汉，到武汉不久就提出要见见冯德全，于是市政府就通过武汉市教育局找到了冯德全，并由市政府办公室派人带冯德全到东湖宾馆去见于光远先生。

武汉东湖宾馆坐落于东湖之滨，庭院面积 0.83 平方公里。宾馆接待区域由百花苑、南山甲所、南山新村、百花村、梅岭、听涛区等组成。东院与东湖公园相临，西院与珞珈山、磨山隔岸相望，院内高树如云，鸟语花香，鹭飞鹤翔，自然环境优美，政治人文资源丰厚，素有“湖北国宾馆”之称。因为长期承担重要的政治接待任务，武汉东湖宾馆——这个被称为“湖北中南海”的地方，在世人眼里充满神秘。冯德全在工作人员的带领下来到了东湖宾馆，想到马上能见到这么高层次的领导，春风里的冯德全确实有点春风得意的感觉，他既兴奋又紧张，忐忑地进了东湖宾馆，第一次见到了著名的于光远先生。可见到于光远老人后，冯德全的紧张情绪一扫而光。于老那慈祥的笑容、温厚的握手深深感染了冯德全，他毫无顾忌地向于光远汇报了自己的研究工作及研究成果。于光远先生听了冯德全的汇报后非常高兴，并鼓励冯德全更加深入地研究儿童潜能开发的规律和有效途径。最后当于光远先生问他有什么困难时，冯德全说自己现在完全是用业余时间在搞研究，湖北大学想调他去搞专业研究，而武汉市教育局又不放。于光远听了后立即表示这个问题由他来解决，让冯德全回去静候佳音。送走了冯德全，于光远当天就给当时的武汉市市长吴官正打电话解决这个问题，吴官正接到于光远的电话后立即让秘书给武汉市教育局打电话，通知教育局落实这项工作。就这样，在于光远先生的亲切关怀和亲自督导下，没几天的时间，冯德全的组织关系便调入了湖北大学。

冯德全调入湖北大学后，校长李成文让他办一个优生优育优教师资培训班，并教授心理学和早期教育学课程。其余大部分时间冯德全都用来搞儿童潜能开发的研究。在那个经济相对困难的年代，学校除了能给冯德全时间和办公室以外，专项科研资金那是绝对没有的。于是，冯德全便在李成文校长的支持下，自筹资金创建研究中心，挂靠在湖北大学。

从此冯德全凭着“一支笔杆一张嘴，一张月票两条腿”走上了讲学、募捐、兴早教的漫漫创新创业之路，不论是数九寒日还是炎夏酷暑，他都奔波在募款创业的路上。那时他的大儿子冯军刚大学毕业在湖北大学任教，也利用星期天的时间陪伴父亲东奔西跑。冯德全后来说，为了新兴的早教事业筹款游说，“武训所做过的，除了下跪外我都做了”。这样经过半年的奔走呼吁、讲课和通信联络，终于先后感动了五个单位捐出善款6000元创建起中国第一个早期教育研究所（当时叫研究中心）。这五个单位是：湖北省妇联（出资1000元），湖北日报社（出资1000元），长江日报社（出资1000元），武汉市江汉大学（出资1000元），武汉空军司令部（出资2000元）。湖北大学则提供办公室、电话及水电费用。

冯德全后来说：“武汉是我的第二故乡，也是武汉人民养育了‘冯式早教’，武汉人民为‘冯式早教’提供的成长条件比当年居里夫人研究放射性元素镭的条件不知要好到哪儿去了，不过我们研究的是开发人类潜能的‘镭’，它的意义绝不比研究新一项化学元素的意义小。”

到了 1984 年夏天，冯德全偶然听说武汉有一位早慧儿叫津津，于是他便主动上门拜访，探究小津津的教育环境和教育方法。刚开始人家不了解冯德全，对他的来访还有些顾忌，经冯德全自我介绍和说明来意后，津津的父亲陈先生便向冯德全介绍了教育津津的过程，后来冯德全与津津的父亲交上了朋友，这之后冯德全又多次对小津津进行了探访和研究，写出了《小津津的早慧和个性品质发展》这篇文章。又把一篇论文与写津津早慧的文章打印了十多份分别寄给国家科委、国家教委、中国科学院、中国社科院、全国妇联、全国人大教科文委员会、北京大学、武汉大学、湖北大学、江汉大学以及人民日报社等单位。

这之后冯德全先后收到了于光远、钱学森、费孝通、教育部初教司、全国妇联儿童部等来信，其中最重视的是于光远，他们多次见面通信，还同意担任冯德全儿童潜能开发研究所的顾问。于光远先生的回信是这样写的：

德全同志：

你留在北京和寄到北京的两封信都收到了，信答复得迟了一些，请你们原谅。

你们想办的两件事，我都非常赞成。我接受你们的要求，当一名“中国儿童智力早期开发中心”的顾问，但是不想当顾问委员会主任，我对你们“中心”章程也有一点意见，顾问的作用无非是出点主意，做点力所能及的工作，是分散地与中心发生关系，不可能集中成为一个委员会来发生作用，也不需要开什么委员会的会议。所以我主张主任、副主任连同委员会本身都可以不要。你们以为如何？

我对儿童智力早期开发比较注意，这一点，我想你们也许已经从我有关讲话中（可能在后来整理的文章中）知道了。我的基本观点是：一个人生下的第一天就开始了受教育的过程，人在与外界的接触过程中——让他接触怎么样的外界这是我们“教育者”可以安排的——就开始了他的认识和认识的发展。对外界的认识就会在他的脑中积累起来，使脑子发生一种把外在的东西转变成越来越深的、越来越固定的内在的东西，变化形成这个人的智慧、性格、能力等等。一个人的这些东西，当然是长期形成的，而早期智力开发非常重要。一株树的幼苗，如果长得正(如果发生歪斜及早得到了矫正)，将来长成的大树既直且壮。一株树的幼苗如果受到损伤，它以后的发展就受到很大的影响。一个人也是这样。因此儿童的早期教育非常重要。我不但这么想，也在自己的孩子身上实践。我在第一天就考虑，当小孩有了视力之后，在她小床眼睛看得着的地方，是挂一个东西好还是不挂一个东西好，挂一个亮一些的东西好，还是挂一个暗一些的东西好，挂一个红颜色的东西好还是绿颜色的东西好。这就是去考察多大的小孩应该给她一些怎样的刺激，刺激物给予的刺激强度应该怎么掌握等等。我的这种研究和观察虽然没有能得出什么科学的结论，但是我相信这样想问题的方法是正确的。我认为不能把一个人的婴儿时期排斥在教育时间之外，把这样一个教育时间浪费掉，何况所浪费排斥的还是一个非常重要的教育时间。

我对儿童智力早期开发的着眼点是它的普遍意义，“天才儿童”的问题还是一个次要的问题。我赞成你那个《从分散、自发的早期教育到有组织的、科学的早期智力开发》材料中的观点，把个别“天才儿童”作为儿童早期智力可以开发出来的证据。

如果你们这个试验工作可以取得好的成果，我认为这是一件非常大的事情，它的意义绝不比建设某一巨大工程小，因为这是我们人自身进步的一个大问题。

我不反对把这封信发表在你们的《家长报》上，因为儿童早期智力开发的责任不能不主要落在家长身上，我认为要把儿童早期智力开发工作做好，第一个步骤就是教育家长，使他们懂得他们的一个非常大的责任就是把儿童教育好，因此就要像关心儿童身体健康那样关心儿童的智力发展，认真学习有关这方面的知识，而帮助家长提高这方面的认识是《家长报》的主要任务之一。

此致

敬礼

于光远（签字）

1984.9.13

1985年2月14日，《小津津的早慧和个性品质发展》一文在《人民日报》上发表了，中国社会科学院副院长、著名社会学家于光远先生还专门为这篇文章的发表写了按语，按语是这样写的：

关于早慧儿童的事迹，在我国报刊上已有多次报道。但是像小津津父母这样科学地进行婴幼儿教育，而且由心理学家写的材料，我还是第一次见到。原文近九千字，我为它作了摘要，向《人民日报》的读者推荐。我认为，文章的内容对于我国现代化建设是有重要意义的。

——于光远

于光远先生对冯德全的研究是非常关心和支持的，然而，同时关注冯德全的还有一位外国早教专家，他就是日本的井深大先生。

1986年，年过八十岁高龄的日本发明家协会会长、索尼公司创始人、著名早教专家井深大先生来中国访问，在北京演讲时，他的理论下面的人听不懂，接受不了，于是他与北京学术界发生了尖锐的争论。他找到了北京外事部门说："中国有一位研究早期教育的冯德全先生，我能见见他吗？"外事部门通过相关途径了解到了冯德全，井深大先生访问的第二站是上海，当时的国家教委就通知武汉市教育局，请冯德全按指定的时间到指定的地点去见井深大。冯德全听说井深大要见自己，心情无比的激动，因为井深大是他所景仰的早期教育家。井深大1908年出生于日本后木县，早稻田大学理工学部毕业。1946年创办索尼公司的前身——东京通信工业；1950年就任该社社长，建立世界索尼品牌；1968年设立财团法人幼儿开发协会，任理事长，对幼儿教育倾注了巨大的心血；1989 年成为文化功臣，被授予文化勋章和勋一等旭日大绶章。著有《母亲从零岁开始的育儿方法》《教育从幼儿园开始太晚》《还剩一半的教育》等书。这一天，冯德全在相关人士的带领下，按时来到了井深大下榻的宾馆。一见面，两位本不相识之人犹如老朋友一般热情握手互致问候，冯德全像一个恭敬的小学生一样谦虚地聆听着井深大的教诲，向井深大汇报着自己的研究心得和研究成果。最后井深大问冯德全在研究中最大的问题是什么，冯德全说："最大的困难是得不到人们的支持和理解。"听了冯德全的话，井深大笑着说："这就是我们的价值之所在，我来中国的第一站北京，在我演讲时就有人质问我：'零岁的孩子怎么能教育呢？这是伪科学！'当时我就拍桌子跟他们辩论起来了。德全君，你以为人类的文明进步到哪里去了，人类文明还差得远呢！人类连自身的生产都还没有进入科学化生产，这将是人类文明进程中的最大障碍。"井深大还说："有很多人认为人的素质和性格是由先天的遗传决定的，根据我的研究表明，人的先天遗传素质对人的智能发展和性格培养是忽略不计的。人的才能和性格都是后天养成的，我在联合国大会演讲时也是这么表述的。"这次见面，井深大给冯德全的不仅是理论上的指导，更多的是给了他坚持研究下去的信心。临别时，井深大还送给了冯德全很多资料和书籍。井深大先生与冯德全见面后还一直关注着冯德全的研究动向，1987 年他又派特使古川先生来武汉专门拜访冯德全，并询问其研究情况，井深大先生对冯德全的关注一直持续到他离开人世。

到了 1991 年夏天，联合国儿童基金会玛丽小姐也特意由太平洋彼岸来到武汉专访冯德全先生，并对冯德全的研究给予了高度评价。

除了于光远先生、井深大先生和联合国儿童基金会给予了冯德全极大的支持外，全国人大常委会原副委员长程思远先生也非常重视冯德全的研究。1995 年 7 月，冯德全应程思远先生之邀，到其家里做客，约见时《光明日报》记者刘汉俊先生也在座，这次的见面足以证明老一辈的领导对人的自身生产的重视，下面就以《光明日报》发表的《婴幼教育是国家根本大计》一文的编者按为证吧！

婴幼教育是国家根本大计

编者按:1995年7月10日，全国人大常务委员会副委员长程思远约见“0岁方案”创始人冯德全。约见时《光明日报》记者在座。程思远副委员长与冯德全教授交谈早期教育提高人口素质的话题,在听取“0岁方案”成果汇报后,欣笔题写“0岁方案,人才摇篮”8个大字,并向《光明日报》记者发表谈话。

本报北京7月10日讯(记者　刘汉俊)就本报《婴幼儿教育正在滑坡》一文所提问题,全国人大常委会副委员长程思远在此期间向记者说:“《光明日报》抓的这个问题是个大问题,希望全社会都来重视它。”

程思远副委员长说,他1965年回国后就遇到婴幼儿教育问题,三十年过去了又遇到这个问题。现在幼儿园不够,教育不得法,这表明社会发展尚有待改进的地方。早期教育是教育的一个重要组成部分,是国家的根本大计。程思远副委员长要求全社会都来关注早期教育问题。程思远副委员长是在约见著名早期教育专家,武汉大学“0岁方案”设计师冯德全时说这些话的。他说:“这个方案我赞成,但关键是要实施下去,走进千家万户。”

这之后,国家计划生育委员会主任彭珮云参观“0岁方案”展览并题词,后来国家计生委还聘请冯德全为顾问。

有了于光远等人士的支持,冯德全便于1985年创立了湖北大学儿童发展研究中心,后来又在社会各界的支持下,由湖北省民政厅特批,成立了中国第一个民营早期教育研究所——湖北冯德全儿童潜能开发研究所。在研究中心和研究所成立的过程中,冯德全又创办了我国首个家庭早教函授学校,前后发展了一百多万家长会员,并与广大会员共同培养出了大批的早慧儿童、卓越青少年。在长期的早教实践中，他也培养出了数十位研究员和早教专家，在长期的理论研究和理论实践中,他创立了“冯式早教”理论、方法论体系(其中绝大部分名词术语都是中国创造),出版了三十多本著作,并获得了12个全国大奖,同时“冯式早教”还被评为“中国早教行业最具影响力品牌”。所以“冯式早教”实质是我国民众本土化教育的创新体系，故也被民众和国家关心下一代工作委员会称为“中国式早教”，并承担着中国儿童早期发展指导师的培训任务。

研究所创业路途十分艰辛，冯德全教授凭着“一支笔、一张嘴、一张月票和两条腿”讲学募捐，先后得到全国妇联、国家计生委、国家教委初教司、国家关工委、国家科委、湖北省妇联、湖北大学、武汉大学、江汉大学、湖北日报社、长江日报社、武汉空军司令部及钱学森、于光远、费孝通、薛焕玉、程思远、彭珮云、王夫棠等人的支持和鼓励，终于走上了“科研—办学—养科研”的发展道路。没有要国家投入一分钱而坚持三十八年的课题研究，这在当代中国软科学领域恐怕也是绝无仅有。

为了让读者了解当时社会各界对儿童早期教育的重视和关心，下面我们来看看国家各部委及各界人士给冯德全的来信。

全国妇联儿童工作部的来信

冯德全同志：

您的来信，康大姐已阅过，书记范崇燕同志也过目了，大家对您主办的“儿童智力早期开发中心”的诞生表示祝贺。您所致力的儿童早期教育开发事业宏愿已开始逐步得到实现，预祝您成功。

在我国民间搞科研，不用国家的经费，要走出一条科研机构企业化、科研成果商品化的路子，你们的设想和做法富有开拓性，符合我国的国情和社会的需要。尽管康大姐因年事已高，需要减少事务的繁忙不担任“中心”的顾问；在经济上全国妇联还很穷，没有这笔开支接济你们，但是从思想上，大姐们是关怀和支持你们的，相信你们的事业会成功，前途无限，希望你们和我们儿童工作部常通信息。

顺致

节日问候

全国妇联儿童工作部（章）

1985.2.25

国家教委初教司的来信

儿童早期开发中心负责同志：

你们寄来的关于儿童智力早期开发中心的材料和报告收到。

对于你们热心早期教育，自筹资金，组织民间的研究机构以推动教育的发展，我们是欢迎的。看了你们的情况介绍，我们考虑“中心”一般为地方性的研究组织，其研究实验项目须因地制宜，量力而行，逐步延展。并与地方教育行政部门保持联系。

此致

敬礼

国家教育委员会初等教育司

1985年9月27日

薛焕玉的来信

（薛焕玉：时任中央教育科学研究所教育战略发展研究室主任，中国未来研究会理事、未来教育分会执委会主任。）

作为一名教育科研工作者，有幸拜读“0岁方案”系列丛书和《人才摇篮》期刊，实在是件愉快的事。深感这是我国教育事业中的一项突破性进展，也是人类对自身认识的一大飞跃。在《人才摇篮》创刊一周年之际，我愿写下几点粗浅的认识，与广大读者、作者和编者共勉。

1.优生优育优教工程是一项从根本上改善和提高人口素质的伟大早期开发工程，在12亿人口的大国实施这项工程尤其具有现实而深远的意义。

2.“0岁方案”，即“0~6岁优教工程及实施方案”，实际上是集优生、优育、优教于一身的早期开发理论和实践，是终身教育思想和大教育观念的体现，也是未来教育的重要组成部分。它在我国取得了突破性进展，培育了一大批早慧儿童，也为我国人的潜能的早期开发开创了诱人的前景。它也是变我国12亿人口沉重负担为人力资源优势的重大战略性措施。

3.《人才摇篮》为探索人的潜能的全面、充分开发理论，为摸索和交流胎婴幼儿早期开发经验提供了富有沃土的园地。创刊一年来，为转变社会传统观念、改变育儿状态、培育大批早慧儿童做出了不懈的努力，是一本深受家长、幼儿教师和广大读者喜爱的优秀期刊。

4.《0岁方案》为文教卫生事业开创了新的理论和发展前景，但目前迫切需要政府有关部门和社会团体的支持和教育、卫生领域专家学者的参与，使之在理论上更为完善，在实践中更体现出科学精神。在管理体制和机构设置上要做到相互衔接，使胎婴幼儿培育与青少年教育做到有机的配合。在组织上促使广大教育和医务工作者都来熟悉这一理论和在工作中付诸实施。

5.祝《0岁方案》理论体系在实践中不断发展和完善，祝《人才摇篮》拥有更多的读者、作者和编者，祝优生优育优教事业真正成为全社会的事业，让我们共同为变12亿人口的沉重负担为巨大的人力资源优势而贡献自己的力量。

1995年元月5日于北京

钱学森的来信

冯德全同志：

七月二十日信及复件都收到。

从寄来的材料看，您的儿童智力早期开发实验研究还是成功的，已名扬报刊了，而且您还参加了今春在杭州召开的专门讨论会。您的工作在武汉，所以您应向省或市科协联系，取得支持……

此致

敬礼

钱学森（签字）

1986.7.28

王夫棠的来信

（王夫棠：时任中国人口文化促进会常务副会长。）

冯德全同志：

信悉，久未回复，是因忙于第三届人口文化奖的颁奖事宜，乞谅。

我始终认为“0岁方案”是一项人类重新认识自己婴幼儿期的科学工程，把人类的智力开发提前到“0”岁始，这不仅是一个伟大的创举，也是人类认识自己的一次突破，我以一种崇敬认识了你们，也认识了这门科学，所以在中国人口文化博览会期间特为你们开辟了一个窗口，彭珮云主任接见了你们，给了你们极大的肯定。

您在来信中提及愿向彭主任汇报“0岁方案”的现状与发展，我意是请您先将有关材料寄给她，我选适当机会向她面述。

谨此匆匆回复，即颂，冬祺。

王夫棠

1995年11月28日

在各部门和国内外专家的支持下，自1985年起，冯德全经过刻苦学习和研究，完成了自己的第一本理论著作《神童之谜》，紧接着又完成了《人才摇篮》一书的初稿，到了1987年，这两本书便先后出版问世了。这两本书的出版奠定了冯德全早教研究的基础，也成为中国早教理论的奠基石。这正是：

彻骨寒冬志不渝，雨后天晴现彩虹。

众里寻它千百度，机遇就在努力中。

第七章

步入圣殿撷珍贝　融会百家一点通

冯德全与妻子一起学习

就在这块早期教育的荒漠之地，冯德全敢为人先，他开始研读自己现有的教育理论书籍。但那时一般人能接触到的教育理论也是有限的，为了在早期教育理论的圣殿里采撷更多的珍贝，冯德全跑遍了各大图书馆研读早教理论书籍；他还省吃俭用，用自己微薄的积蓄买了大量与早教相关的理论书籍，这使他开阔了眼界，坚定了从事早期教育研究的信心。

首先，他学习了我国著名教育家陶行知的教育理论，陶行知教育思想的核心——“生活即教育，社会即学校，教学做合一”对冯德全有所启发；而后他又学习了教育家陈鹤琴的“活教育”理论，针对腐败的死教育，陈鹤琴先生提出了“教活书，活教书，教书活”和“读活书，活读书，读书活”的理论，这让冯德全也有所获。但冯德全觉得这都是针对现行的学龄教育而言的，要提高中华民族的素质，必须发展中国自己的早期教育。于是冯德全决定放弃自己所从事的义务教育的管理和研究工作，转而开始对儿童潜能开发的研究工作。1978 年正是改革开放的起始期，冯德全有机会接触到了国外的一些教育大家，如卡尔·威特、苏霍姆林斯基、马卡连柯、木村久一、斯特娜夫人、格仑·多曼、铃木镇一、井深大、七田真、石井勋等的理论。看到这些国外教育大师的早教理论，冯德全犹如在荒漠里看到了一片绿洲，好像步入了早教理论的圣殿，他贪婪地采撷着早期教育理论的“珍贝”，疯狂地吸吮着各位大师早期教育理论的营养。

当冯德全了解到 19 世纪德国著名天才卡尔·威特的成长过程时，再次感叹早期教育的神奇。因为，卡尔·威特的成长得益于他的父亲老卡尔·威特的神奇教育。从出生开始，老卡尔就给了小卡尔以及时和适当的教育，从而使这个先天的智障儿成长成了人们眼中的“天才”。此时的冯德全完全被这神奇的早教理论和早教实践所征服。而老卡尔·威特教育孩子的目标，就是尽可能地开发他的潜能，这给了冯德全很大的启发。

老卡尔·威特说：“我的教育是从训练孩子的五官开始，孩子婴儿时期的一切能力，如果不利用与开发，就永远不会得到发展。”因此，老卡尔·威特决定从训练儿子的五官、刺激大脑发育开始。因为听觉、视觉、味觉、嗅觉和触觉是人类感知外部世界的生理基础。充分刺激孩子的感觉器官，能够促使大脑各部分积极活动。如果孩子大脑的各个功能区都能发挥出最大效能，那么孩子就会成为一个聪明伶俐的人。卡尔·威特的早教理论犹如黎明前的启明星，带领冯德全一步步走进了早教理论研究的更深领域。

通过广泛深入地学习，冯德全对美国的教育家斯特娜夫人的“自然教育”理论也产生了浓厚的兴趣。维妮弗里德·斯特娜（1870—1931），美国宾夕法尼亚州匹兹堡大学语言学教授，毕业于拉德克利夫女子学院。在著名的哲学家詹姆斯博士的影响下，开始阅读《卡尔·威特的教育》并深受影响，逐渐形成了自己的教育思想，即“自然教育”理论。在此理论指导下，她的女儿维妮弗里德三岁就会写诗歌和散文；四岁会用世界语读写剧本；五岁能自由运用 8 国语言；九岁进入大学，成为人们眼中的天才儿童。但是斯特娜夫人并不满足于仅将自己的女儿培养成才，她也渴望让世人了解早期教育对孩子成长的重要性，于是在她女儿十二岁那年写成了《斯特娜的自然教育》一书，并成立了自然教育学校，培养出了众多天才儿童。斯特娜夫人主张依天性培养孩子，让孩子在自然的条件下学会释放潜能，养成良好的品格、品行和习惯。她提出，自然教育要以大自然为师，让孩子通过亲身实践去感受自然赋予人类的能量、财富等一切事物。引导孩子在大自然中勇敢探索、发现新知、强大自身，成长为一个健康、快乐、全面发展的人。斯特娜夫人的“自然教育”理论也为冯德全研究中国的早期教育起到了领航作用。

“人生头三年的发展，超过人整个一生中的任何阶段……超过三岁以后直到死亡的各个阶段的总和。从这一点上讲，我们可以把这三年看作是人的一生。”这是蒙特梭利的一段名言，冯德全就是看到这段话而对玛利亚·蒙特梭利的理论产生兴趣的。蒙特梭利是意大利幼儿教育家，意大利第一位女医生，意大利第一位女医学博士，女权主义者，蒙特梭利教育法的创始人。她的教育方法源自于其在儿童工作过程中，对所观察到的儿童自发性学习行为总结而成。倡导学校应为儿童设计量身定做专属环境，即“有准备的环境”，并提出了“吸收性心智”“敏感期”等概念。

蒙特梭利在担任助理医生期间,其主要职责是治疗智障儿童。当时意大利把智障儿童与精神病患者一起关押在疯人院里。室内没有玩具,甚至没有任何可供儿童抓握和操作的东西;管理人员态度恶劣,根本不组织任何活动。蒙特梭利对这些儿童的处境深表同情。通过观察和研究,她深深感到,这种医疗方法只能加速儿童智力下降。由此,她对智障儿童的治疗和教育问题产生了兴趣,决心用自己的智慧去帮助他们。为了找到一种适合智障儿童的教育方法,蒙特梭利认真研究了包括法国医生伊塔和比利时塞根的教育思想和方法。她亲自翻译他们的著作,亲手抄写以加深理解。

伊塔和塞根是 19 世纪训练心理缺陷儿童的著名人物。伊塔曾在 1900 年对一个早年被丢弃后在森林中长大的"狼孩"进行治疗,并发表了实验报告。塞根继承了伊塔的事业,提出"生理教育法",主张对身体有残缺和智力落后的儿童进行感官训练,充分发挥他们的生理功能,促进其智力和个性的发展,著有《痴呆的精神治疗、保健与教育》和《痴呆及其生理治疗方法》。也许伊塔和塞根的教育思想和方法影响了蒙特梭利,她认为这就是"科学的教育学"的先导。蒙特梭利的经历实践给了冯德全很大的鼓舞,这也给了他后来的早教观察研究很大的启示。

蒙特梭利教育法以培养儿童健全的人格为目标,主张让儿童处在"有准备的环境"之中,通过"工作"的方式,自由、自主地发展。儿童、教师、环境和教具构成了蒙氏教法的四要素,这四要素的有机结合是蒙氏教法得以成功的关键所在。冯德全对蒙特梭利教法给予了高度评价,同时也对其存在的问题进行了分析判断。蒙氏教法的进步性可以概括为:给儿童以自由,有自由才有选择;给儿童以兴趣,有兴趣才有专注;给儿童以合作,有合作才有建构;给儿童以活动,有活动才有经验。蒙氏教法也有其局限性,如感官训练过于机械;忽视对儿童创造力的培养;对游戏在儿童发展中的重要性认识不足;忽视了社会文化在儿童发展中的作用等。蒙特梭利的理论与实践给了冯德全启示,但冯德全在学习外国教育专家的理论时从不盲从,而是在学习研究和鉴别中丰富自己,逐步形成自己的中国式早教理论。如蒙特梭利的"敏感期"这一概念就为冯德全的早期教育理论研究给予了启示,冯德全后来提出的"获得敏感"的理论就是在蒙特梭利"敏感期"理论的基础上进行观察实验得来的。但冯德全认为蒙特梭利提出的"敏感期"只是人的生理本能所致，这一理论的意义是毋庸置疑的，它能让教育者利用这一时期施教，以达到事半功倍的效果。但过了这个时期是否就是绝对的“非敏感期”呢？冯德全经过长期的观察和实验发现，只要教育者给予受教育者足够的外部条件，我们还可以帮助受教育者“获得敏感”。而“获得敏感”这一理论又为不知多少失去“敏感期”孩子的家长重新燃起了希望。冯德全就是这样在学习、鉴别中逐步成为有中国元素的早教“草根”专家的。

冯德全对美国费城人类潜能开发研究所所长格仑·多曼说的“正常的婴儿出生时都有莎士比亚、莫扎特、爱迪生、爱因斯坦等人那样的天才潜能，聪明和愚蠢是环境的产物”是非常认同的。同时他还说：“我认同格仑·多曼这样一段话：‘早期教育是一场史无前例的，带来壮丽变化而又文质彬彬的革命。这场带来壮丽变化的革命中，没有战争，没有破坏，没有仇恨，不用挨饿，不用流血，也没有死亡，唯有两个敌手：其一是旧的传统观念，其二是现状。’”

让天下父母都热心投入这场早教革命吧！改变传统育儿中的陈腐观念，与许多不良的育儿现状决裂，这也是冯德全的愿望。由此可见，格仑·多曼博士对冯德全的影响是超乎寻常的。而最令冯德全仰慕的还是日本的早期教育家木村久一。木村久一生于日本山形县，1913 年毕业于东京大学，曾在早稻田大学、明治学院、青山女子学院等院校教授心理学和英语，是日本著名的心理学家、教育学家，还是日本百科全书《大百科事典》的最早编撰者。他一生致力于儿童早期教育与智力开发研究，日本皇室在给他授勋时盛赞道：“木村先生成功提升了一代日本国民的素质。”

1979 年，冯德全有幸读到了木村久一的《早期教育与天才》一书，从此他暗自下决心要做中国的“木村久一”，为提高中国国民的全民素质奉献自己的智慧。为了成为中国的“木村久一”，冯德全全身心地投入了中国早期教育的研究中，从此踏上了中国早期教育的探索之路。

在那个年代，研究人的早期教育，开发婴幼儿的潜能谈何容易！从哪着手呢？他没有资金像格仑·多曼博士那样组织一个庞大的研究团队进行实验室研究。于是，他只能进行漫长艰辛的观察研究。所谓观察研究，又称非实验性研究或对比研究，确切地说应是非随机化对比研究。该研究的研究者不能人为设置处理因素，同时受试对象接受何种处理因素或同一处理因素的不同水平也不是由随机化而定的，这需要大量的理论学习来丰富自己才能科学严谨地达到研究目的。如研究母乳喂养与人工喂养儿童的生长发育情况，儿童是否喂养不是由研究者所确定的，其喂养方式也不是随机决定的，而是根据母亲的实际情况确定的。该研究进一步可以细分为描述性研究和分析性研究。冯德全就是这样对婴幼儿的第二生命及早期教育进行观察研究的。

冯德全是一个勤于学习、善于学习、乐于学习的人。在三十八年的研究过程中，他养成了开卷动笔、日读夜耕的习惯，并写出了上百万字的读书笔记；进行了数万次的实践观察。最终形成了自己的早教理论体系。

当冯德全一踏进人类的早期教育——儿童潜能开发的研究领域，就一发而不可收。他说，这个神奇的世界竟然让他三十八年如一日去痴迷地探索，还兴致愈来愈浓。有时想来，连他自己也觉得不可思议……

在观察研究中，冯德全常常为婴幼儿奇异的学习能力所震撼，通过长期的观察研究，他提出了“人类要重新认识婴幼儿，他们个个都是天才，人生的大部分难题都是他们解决的”等理论。其实，婴儿短短数年间，孩子解决的何止是那些直立行走、用手劳动、认识万物、母语方言、音乐兴趣等看得见摸得着的比较外现的难题，更多的是那些看不见、摸不着的方面，如思维、想象的发展，兴趣、习惯的养成，情感、观念的沉淀和固化，意志、交往、亲和力的提高以及七大优秀性格品质的造就……总之，人的生理、心理发展的所有方方面面，在婴幼儿时期发展的效率都是最高的。例如人的行为，在孩子出生后一段时间内连拉屎撒尿都在床上，还有什么行为可言，但一年左右的“原生态”早教，他们很快就学会了有规律地生活。他们开始懂事明理、讲究文明、待人礼貌等，完成了由生物人到社会人的伟大转变！

许多人说孩子是不会学习的，也不应该学习而应当玩（他们所说的学习只是左脑学习），一听说让婴幼儿学习就认为是听讲、做作业的苦差事，马上给你戴上“揠苗助长”的大帽子。但是据世界心理学家们统计的一个惊人的数据：人一生获得的知识概念，约有 95%在是五岁前的生活中不知不觉学来的，这是何等发人深思、催人深省的统计啊！原来，孩子的法宝是用与生俱来的右脑学习。

冯德全在观察研究中常常在思索：为什么孩子从小听音乐，音准就那样好？为什么从小学母语、方言就那么的准？为什么人人都有父母情、故乡情？为什么名家伟人总有儿时的“根系”或“童子功”？为什么中国生、中国长的孩子总有东方人的人情味；而欧美生、欧美长的孩子难脱西洋人的气质……总之为什么宝宝都那么“神”？原来这所有的生命奇观都出于 0~6 岁“右脑优势”发展期内，“原生态”早教使脑功能极大地显露了。如果这个时期施以科学的早教——右脑功能的最佳开发，加之后续发展继以“全脑教育”，那么个个孩子都可成为出类拔萃的杰出人才。

冯德全在他的观察研究中，往往会吸收最新的教育理论用来指导自己的研究。如 1981 年，美国加州理工学院的罗杰·斯佩里（Sperry）博士因为对大脑功能卓有成效的研究而荣获诺贝尔医学和生理学奖。斯佩里通过“裂脑研究”发现人的左右大脑具有不同的功能：左脑主管逻辑思维，是分析、判断、抽象概括的语言逻辑中枢；右脑主管形象思维，人的联想、想象、综合判断、创造力……在感觉领域大显身手。又如有位专家打了个形象的比方：如果将人的左脑、右脑都比喻为人，那么左脑就像“以服从命令为天职”的军人，而右脑则是充满浪漫色彩和创造欲望的艺术家、发明家、建筑师、大诗人和制定大战略的元帅。通过对新理论的不断吸收也使他在研究中少走了一些弯路。

大脑左右两半球各司其职又密切配合，这一研究使长期统治医学界的“左脑优势论”不攻自破，人们逐渐走出对脑功能认识的误区，世界范围内掀起了一场“右脑革命”。世界卫生组织于 1995 年在全球展开了“脑的十年”运动，旨在促进脑科学研究以提高人类的生存质量。联合国倡导 21 世纪全面开启人类智慧工程——全脑工程，而全脑工程的核心就是开发儿童的右脑功能。美国克林顿政府将脑科学定为国家研究课题，全美科学基金会也把它纳入年度预算，作为其中最重要的项目。

右脑是亿万年动物进化形成的脑，人脑解剖学上灵长类右脑皮层与深层的爬虫类脑(脑干)以及中层的哺乳类脑(边缘系统)有沟通回路就是证明;它无须语言参加进行逻辑思维,孩子一出生就可在生活中不知不觉地启动右脑(而左脑皮层与深层、中层脑却没有沟通回路),因而它吸收、记忆、加工信息的功能是左脑功能的一百万倍。

左脑是数百万年来,主要是人类出现后进化形成的脑,它与亿万年形成的动物史进化脑没有沟通回路,所以人出生后左脑不会自我发挥,要随右脑获得各种形象、感受、词汇等等信息后而逐渐启动。所以左右脑相比较,婴幼儿处于“右脑优势”发展期,这个时期也是开发右脑功能的黄金时段。如果这个时期不充分开发右脑功能而被错过,随着年龄的增长和传统应试教育的影响,孩子最宝贵的右脑智慧将渐被埋没,可能变为综合判断和创造力很弱的“左脑人”,这是人生活在信息时代终生的憾事。生物学上有两种奇妙现象, 其中一种是 “全息现象”,即生命的一部分中蕴含了这个生命的全部信息。如切取宝石花的半片叶子种在泥土里,它能长出一株完整的宝石花来;人的精卵细胞也蕴含了生命的全部信息, 所以能发育成一个脏体器官十分完备的婴儿。其实人体的所有细胞都可能蕴含了生命的全部信息,人的各种潜能储存在人体细胞内,有待人类去研发。

冯德全很注重开阔自己的视野,以上这些信息的获得,对冯德全的早教研究是至关重要的。正因为这样,他的研究始终走在了早教实用研究的前列。于是,他进一步在人的右脑开发领域进行了学习探索。

生物学上的另一种奇妙的现象是“重演现象”。如一个人从胎儿到死亡的一生是人类进化史的重复,即所谓“个体发育是系统发育的重演”,所以不论是人是兽,其最初的胚胎都像鱼类。人的胎儿发育形象先似鱼类,后似兽类,再似猴类……这样看来婴幼儿时期的“右脑优势”确实来自于亿万年动物脑的进化史,而动物脑有许多特殊的本领:如有些动物能感知数公里外的猎物,有些动物能嗅出数百万种气味,许多动物能感知地震火山将要爆发而大搬家。据说印度洋海啸时周边国家有 20 多万人遇难,却未发现淹死海边森林中的一头大象。

动物靠什么生存、克敌和躲避灾难? 冯德全认为,这主要靠的是亿万年进化所得的右脑功能,这种神奇的右脑功能也潜伏在人体内。而“重演”动物祖先到人的漫长经历的婴幼儿，自然能快速开发出右脑功能来；“原生态”的早教尚能完成动物到人的直立行走、用手劳动、认识万物、母语方言、听准 88 个半音等惊人之举，假如进行科学的右脑开发，那么像达·芬奇、莎士比亚、爱迪生、达尔文、爱因斯坦那样的划时代巨人也可成批培养出来。

在观察研究的过程中，冯德全还认识到右脑的开发必然带动左脑功能的发展。右脑能把大量信息以图画、形象、感受、冲动等形式存储于脑中，又将毫无关系的信息联结起来进行整理、加工和创造。获得的信息越多，必然感受越丰富，带动的词汇也越丰富，于是语言、数理、逻辑思维的发展就有了基础，必然促进左脑的发达，以达到全脑开发的理想境界。

通过学习、借鉴、观察、研究，冯德全对人脑有了新的认识。0~6 岁孩子（特别是 4 岁前）行进在右脑成长的一片沃野上，科学早教就是为了不失时机开发右脑功能，所以早期教育的重中之重是右脑教育，进而才可开启世界卫生组织提出的人类“全脑工程”。怎样利用 0~6 岁的右脑优势期充分开发右脑功能呢？冯德全认为：

第一，右脑是感受脑，对接收情感、慈爱、希望、暗示、表情的信息特别敏感，因而对于右脑开发，教育者给予婴儿的亲情爱和表情教育特别重要。母亲的拥抱、呵护、安慰、亲热、呢喃细语表达希望和憧憬……这类情感的暖流最易流进宝宝心田。这样，在右脑共鸣的作用下宝宝会产生安全感、幸福感、爱心、同情心。

右脑还能受到积极暗示而使孩子快乐地吃、喝、拉、撒、睡和玩。这样的宝宝特别听话，有说有笑，不吵不闹，积极向上，到三岁左右会独自玩耍，快乐做事，充满自信，还会关爱他人。而且其右脑接收的诸多形象是好的、美的、快乐的、积极的、不怕困难的……这些都能注入他的潜意识深层脑中，终生不褪。这种右脑教育坚持下去，孩子长大了就有最好的积极心态，丝毫没有焦躁不安、自暴自弃、胆小怕事、缺乏爱心和暴力倾向，一定是一个非常快乐、阳光的孩子。

孩子的行为表现不太好时，教育者也可用情感教育，稍稍用不满、冷淡、嗔怒的表情，那么他很容易自控，进而明辨是非而规范自己的习惯。这样，孩子的是非感、荣辱感也进入了右脑潜意识，终身受益。

第二，右脑是接收立体空间、万事万物、各种形象的脑，所以《0岁方案》早已提出在婴幼儿身心承受的范围内极大地丰富精神生活，让右脑获得各种形象类别的感受和储存，如各种有益的视觉形象、听觉形象、触觉形象、嗅觉形象、味觉形象、运动觉形象和各种情感、兴趣、意志的体验……经一段时间的培养，孩子只要回味他的形象感受，记忆事物的局部形态，便能联想、整合，抓住事物的整体，进行综合判断和想象。例如做摸物游戏，闭上眼在容器内摸水果，说说是什么果果，有几个，大的几个，小的几个，闻一闻什么香味，想一想什么味道……这都是右脑开发。所以早教定要丰富生活，实施《0岁方案》16个早期发展区域和109种早教活动，这便是多元智能的开发。这样孩子日后对各个系统知识的领悟，各种能力的增长，以及左脑配合活动，用语言、数学进行逻辑思维和推理，便能增长出无可估量的智慧和创造力。

第三，右脑是接收各种平面图形的脑，汉字也是优美的图形。所以早期培养文字图形印象记忆及朗读、背诵的敏感快感也是开发右脑。包括孩子看《汉字宫》童话电视剧中听汉字爷爷讲汉字故事，孩子都非常喜欢，也能逐步将抽象的文字图像结合念念有词的快感作为一种形象来记忆。这样既开发右脑，还通过识字阅读、理解词句促进左脑的大发展。

第四，多让孩子到大自然中玩，多开展小朋友群体游戏，多培养观察、提问、写生、画画、手工等各种的兴趣，可提高孩子空间认识能力，从感觉上认知空间，进行立体思维。特别要让孩子感受到提问、思考、讨论的快乐，使他学得有趣，而做好了还能获得鼓励和表扬；又让孩子适当经受批评、磨炼，有点惧怕、悲伤的体验，这样右脑功能的发育更加全面和充分，想象力与创造力则更强，性格品质也更优秀。人们都知道温室里养育、糖水里泡大的孩子很难成大才就是这个道理，缺失反面的经历也不可能有心理的健康和多元智能的发展。

第五，快乐、短时的“闪卡”识字、识图也是右脑开发——积累画面和文字，五线谱和音阶图像是极其有效的游戏。婴儿特别需要视觉刺激，看新鲜的画面是本能的享受，因此用纸质闪卡或电脑闪卡把文字与相应的画面以一秒以内的间隔闪给宝宝看，配以语音形象，每天坚持两次，每次五分钟左右，经一年左右的训练,孩子便能认识数千汉字和英文单词。宝宝右脑得以开发,丰富了信息,增长了知识,且培养了智力兴趣和安静专注的性格,何乐而不为?早期教有一条根本准则,就是让孩子接触丰富的、有趣的、有益的、快乐的、不疲劳、没有刻意目的和进度的生活游戏,全都是科学的、最有效的早期教育,做到这一点,就是早教专家了。

第六,这里还要作一个重要补充,左右脑功能的开发不是决然分开的,许多活动具有同时开发双脑的功能。例如快乐地阅读、朗读儿歌,背诵古诗词、经典古文和成语接龙等,其朗朗上口的韵律、节奏的乐感,朗读时微微摇头晃脑的快乐表情和氛围都大受右脑的欢迎,让孩子建立起识字阅读的敏感;同时逐步在生活中领悟词句的意义,必然有力推动左脑功能迅速增长,真是一举两得。又如唱歌识字和阅读(边唱歌边识字和唱完歌朗读歌词),汉字爷爷讲述的象形识字,以及与字宝宝做各种游戏活动等,都是难能可贵的左右脑共同开发的捷径。难怪许许多多经科学早教的孩子,三四岁便能脱盲阅读,六七岁博览群书了!他们语言越发达,想象便越丰富,最后成为全脑均衡发展,性格优秀,喜爱学习、交往的阳光早慧儿。

冯德全强调儿童开发右脑的重要,一是因为右脑优势发展期千万不可错过,错过了是终生的缺憾,甚至连说话、音乐、外语、体育、美术等都学不好了;二是因为"传道、授业、解惑"的传统教育只重左脑的使用而带来厌学的极大危害,所以务必加以改变;三是"右脑领先"促左右脑均衡发展是人类亿万年进化形成的规律,如果婴幼儿不充分开发右脑功能,从小缺乏表象和感受,左脑哪会有丰富的语言和周密的逻辑思维呢?右脑的开发可以使左脑功能产生质的飞跃,而左右脑协调并用、充分整合,才是开发儿童潜能的根本途径和目的。

在研究中冯德全认识到,右脑的形象思维和灵性、灵感、领悟、顿悟、想象等重要功能在人的成长过程中会慢慢弱化和减退,而逻辑分析、数字计算等方面的左脑功能则因为每天运用而得到强化,所以我们一定要把人一生中最宝贵的右脑优势期还给孩子。在这个时期家长要千方百计地运用各种右脑训练方法寓教于乐,让孩子们在笑声、歌声、快乐对话、朗读中成长,在琴、棋、书、画中熏陶;让天真烂漫的孩子保持一双好奇的眼睛看世界，用聪敏的耳朵听话语、朗读和天籁之音……让他们永远充满神奇的幻想，在活泼可爱的生命的春天里享受更多的阳光、嬉戏、欢笑和见识。这些远远比上小学后强迫左脑认识拼音，认识几百个汉字，会做加减法运算更重要。

为什么婴幼儿个个都是“神童”，连卡玛拉也是“神童”？冯德全认为他们都有巨大而特有的“适应性学习能”，这种“能”有如下特点：获得敏感、情感需求、印象记忆、情境领悟、本能模仿、活动兴趣、情绪共鸣、无意识探求……因为婴儿处于右脑优势的特殊时期而显示灵光，所以人类千万不要漠视自身亿万年进化而与生俱来的宝贵财富——婴幼儿的灵性！

根据长期的观察研究，冯德全认为人类有巨大的潜能有待开发，于是他提出了“开发人类巨大潜能的教育”。在开发人类巨大潜能的教育实践中，冯德全指出，早教也是开发人类巨大潜能的教育。人的潜能到底有多大，现在谁也无法准确判断，只知道有人聪明绝顶，有人愚不开窍。但国内外心理学界有个共识，认为社会上一般人的智力潜能仅仅开发出3%到10%，这当然是个估计而已，是“模糊数学”，但能说明：一般人的大部分智能是未经开发而被埋没了。

冯德全认为，人的潜能包括三个方面：智能、体能（可以更健美，更长寿，更有运动能力）和性格能（可以更有爱心、耐心、亲和力，积极向上和意志坚强等）。性格是一种巨大的能量，但它可能是正面的动力也可能是反面的破坏力。

冯德全从美国麻省理工学院教授们研究的结果中得知，仅仅人的记忆能力如果获得充分的开发，且一生好学不倦，那就能记住美国国会图书馆内2000万册图书的知识的50倍。这当然又是一个启发极大、令人深思的模糊数学，由此可见人的智能潜力之巨大。

冯德全还在恩格斯的《自然辩证法》中看到这样一段更令他吃惊，发人深思的话：“……母腹内的人的胚胎发展史仅仅是我们动物祖先从虫豸开始的几百万年的肉体发展史的一个缩影一样，孩童的精神发展，是我们动物祖先，至少是比较近的动物祖先的智力发展的一个缩影……"(《马克思恩格斯选集》第 3 卷，第517 页)。

冯德全从这段话进而思考:从单细胞生命(原生动物)到宇宙间迄今为止发现的最复杂、最高级的物质——人脑,自然界经历了亿万年的进化,而在人的母体内受精单细胞发展为人脑却仅仅 9 个月,这是什么原因?我想无非是因为人的精卵单细胞内储藏着人类亿万年遗传的巨大潜能。为什么从动物祖先进化到现代人，自然界经历数百万年的岁月，而只有动物心理水平的婴儿到具有现代智力水平的儿童少年却只要十几年？孩童的发展，为什么能用短短的时间走完自然界从动物到人的漫漫长路呢?这些也是因为婴儿个个潜藏着人类历代遗传至今的智慧,所以无怪乎科学家们惊呼:人的潜力大得惊人,可惜绝大部分脑神经元在早期就被闲置,尔后再也发挥不出巨大功能来了,这实在是人类亿万生命力的浪费,是整个人类的遗憾!

三十多年前日本著名早教专家井深大先生和心理学家多湖辉先生到访中国,在上海特邀冯德全会晤并进行了交流漫谈。当时井深大先生给冯德全讲了一个故事,使他受到了极大的震撼。

井深大先生说日本筑波科技博览会上展出了一株"西红柿树",引起了社会轰动。这株西红柿的种子是从极普通的西红柿种子中随意取出来的,但科学家给它特殊的、最优环境的培育:别的西红柿种在土壤里,它却种在水里,叫水耕法;其他西红柿用普通肥料,它用的肥料是按比例特别配制的,撒在水里;其他的西红柿在普通的自然环境中生长,日晒雨淋、风吹霜打,而这株西红柿种在特殊大棚里,经过研究给予它最适当的温度,最适宜的湿度,最需要的光照,据说西红柿喜欢照红光,就给它一定时间照射红光……经过这样最优环境的培育,它长大成熟以后你们猜怎么样？在自然环境下长大的西红柿,一株只这么大,大约三分之一平米的范围,而这株西红柿又高又大、枝叶繁茂,覆盖面积达 12 平方米;其他西红柿每株大约产七八个果、十来个果,而这棵被称为"西红柿树"的竟结了 13000 个果实,是普通西红柿产量的 1000 倍!

井深大先生说:“一株植物的潜能获得充分的开发尚且如此惊人，何况生命之最——人类活生生的胎、婴、幼儿呢！如果孩子从小得到最优条件的抚养和教育,哪怕人的智力潜能多开发出 0.5%,那也就一定成为‘天才’了！”

这个故事更坚定了冯德全的早教信念。他指出,人类潜能的开发主要依赖早期,可是我们的童年却是放任自流地长大,许多时间在无聊或吵闹中度过,既没玩好也没学到什么,不知浪费了多少最珍贵的年华,致使我们一般人都发展平平。

现在我们一方面为自己童年的遗憾叹息却丝毫不可埋怨父母，因为以往的父母受时代局限,不懂科学育儿,即使如此,我们还是接受了家庭“原生态”的早期教育。我们来到世上,父母要抱我们,喂我们,对我们说话,逗我们笑,给我们换尿布,给我们洗澡、穿衣,教我们走路、认物和说话……我们每天生活在人群之中,时刻听到人类的语言,天天看见人类的行为,这难道不是早期教育吗？这些“原生态”的不自觉的早教,还是把我们从生物人渐渐社会化了,数年即培养成一个社会人。但如果我们连这一点自然的早教也被剥夺的话,那就必然发生大悲剧了!

在一次讲座中,有人问世界上有没有完全被剥夺早期教育的人呢?冯德全的回答是有！他用动物养大的婴儿就完全失去了人类的早教的例子来阐述“人潜能的开发与早教的强度成正比”。他说动物养大的孩子叫“兽孩”,世界上已经发现有狼、熊、豹、猿猴哺养长大的儿童,据说已发现 30 余个。野兽为什么要哺养人的孩子？因为母兽有天性的母爱需求,它生下幼崽也要拥抱、喂奶,以求本能的满足。这时如果幼崽因意外而死亡(或被别的野兽吃掉),它会到处找呀找,找不到时可能到山村里去,如果遇见某家的婴儿没人照看,它就会偷偷地叼走,带回到自己窝里当自己的小崽喂养。那么这个孩子从此就失去人类文明阳光的洗礼,他的智能、体能、优秀的性格能以及作为社会人所应有的行为就将全部泯灭。

据文献记载,最著名的兽孩是印度的狼孩。自 1941 年美国丹佛大学和耶鲁大学两位教授公布了印度狼孩的记录以来,轰动了世界,被心理学家们引用了大半个世纪。

那是 1920 年，在印度加尔各答西南的山林里人们发现一群狼，狼群里有两个人生活着。他们披头散发、赤身裸体地跟随狼群奔跑和活动，当时人们看到都很害怕，以为是妖魔。这时美国有个叫辛格的传教士去探险，追踪这个狼群。有一天他真的看到了这群狼里的两个人，是两个女孩。辛格用武力驱赶了老狼救出了那两个可怜的孩子，人们都认为她们是从小被母狼叼到狼窝里长大的。

孩子救回来后也不知道是谁家丢失的，小女孩大约三岁，给她取名阿玛拉；大女孩大约八岁，取名卡玛拉。他们虽被救回，可惜因为失去了人类的早教，人类的一切心理现象已经消失。她们：一不肯穿衣服，强迫给穿上也不会脱，就用“爪子”把衣服撕破，赤身裸体也没有羞耻感；二不吃熟食，也不吃五谷杂粮，专门吃生肉、生鸡，饿了连腐烂的肉也吃，她们喜欢喝牛奶，但要人泼在地上，用舌头在地上舔食；三不肯睡床，也不愿意盖被，喜欢趴在地上睡觉，不怕冷，并且总是白天睡觉晚上活动，半夜里还爬到户外引颈嗥叫；四不会站立，更不能直立行走；五不会说话，连人的音也不会发，不但不说话，而且也不会笑；六嗅觉灵敏，喜欢黑暗，喜欢和狗、山羊接近……

总之人生早期应发展起来的人性已经被狼群生活淹没，还谈什么智能！那完全是因为他们在脑的生长发育期失去了人类生活的环境影响，没有受到任何人类早期教育所致；相反她们适应了狼的生活，受到狼群的“早期教育”，她们的人类潜能也就自然埋没了，并且几乎完全不能补偿。为了说明问题，冯德全还说了一个事例：中国也出了一个“兽孩”，那是辽宁台安县的“猪孩”——王显凤。

三十多年前中国医科大学心理学教研室、基础儿科教研室组成专家组前往考察，在专家组找到这孩子时，她在猪圈里，蓬头垢面，穿一条尿湿短裤，臭气难闻，直愣愣地瞪着双眼，惶恐茫然地看着来人。她“四脚”下地，扶起也不能直立行走，脸有猪形。

这是怎么回事呢？经过专家组的调查访问，原来她出生于 1974 年 12 月 23 日，已八岁半。她生父是聋哑人，是个编织工人，生母怀她四个月后改嫁到一个山村的养猪户家里，继续孕育。她出生的偏僻山村文化落后，家庭愚昧，加之家中一间半土房四邻不靠，却有三个大猪圈，人和猪几乎生活在一起。

继父根本不喜欢这个不是他亲生的女孩，几乎忘记她的存在，而母亲也不怎么照料，常把孩子忘了。于是孩子从小经常爬进猪圈，饿了跟小猪一起吃猪奶，长大一点就在槽中抢食，学会啃草根，嚼树皮，用手扒土，用身擦痒，并常与大、小猪睡在一起，尿在一起，爬在一起。她接受了人和猪双重影响的“早教”。因此八岁多的孩子不会穿衣、吃饭，说不清话，不知颜色、大小、多少，也没有人的羞耻感，智商测验为 39 分。之后专家组把她推荐给鞍山市科委进行重点研究和教育，可是她猪的习性难改，只要一看到猪就异常兴奋，学猪叫。经常偷偷啃野菜、草根，并且一不留意就偷偷跑到猪圈去，抱着母猪，奇怪的是老母猪也从不凶她。

后来科研人员把她严格管制起来，不让她看到和想到猪的生活。白天是管住了，谁知她经常半夜醒来一个人学猪的动作。仅 1984 年 9 月 28 日夜间醒来，在 80 分钟之内，她在房间来回爬动，像猪那样哼叫 114 次，吧嗒嘴巴 96 次，像猪一样甩头 7 次，在墙上擦痒 5 次，像猪那样嘶叫 39 次，后退弹踢 3 次……这是因为她的早期生活经验受到压抑而本能顽强表现的一种形式，早期教育的生活经验早就编织于她的“脑网络”内。

以后，科研人员对她日夜守护，不让她表现猪的习性，并用各种办法训练三年，包括让她上幼儿园、进智障班……这样，她近十二岁时智商提高到 68 分，今后可望成为生活自理的人。这又是一例失去人类早教，埋没人类潜能而发生的悲剧。

相反，历史上的名家伟人，古今中外“天才”的成长史，只要能找到描述他们早期生活和发展史料的，都能证明他们高超的智能、优良的人格与早期生活经验和教育息息相关。可惜由于传记作家不懂早教而忽略早教，往往说一句“某某自幼聪慧过人”，一笔带过名人们婴幼儿期的生活趣事。谁知这一忽略却是人才史学上，人类文明进程中最最严重的失落！

伴随着潜能开发教育，冯德全又提出了人一生中最佳期的教育，其实“最佳期”这一词是三十多年前流传到中国来的，它最初的发明人应该是奥地利的动物学家、诺贝尔奖获得者劳伦兹。冯德全对劳伦兹研究动物行为很感兴趣，他几乎每次讲课都要提到劳伦兹。劳伦兹的动物实验场里饲养有灰天鹅，他在观察小天鹅破壳出生时，发现了奇怪的现象：雏鹅从蛋壳里爬出来，首先看见什么动物就把什么动物当妈妈，如果老天鹅孵化出小天鹅，小天鹅自然把老天鹅当妈妈；如果是老母鸡孵它出壳，它也把老母鸡当妈妈，跟着母鸡走。有次小天鹅由温箱内孵出，出生时只有劳伦兹在观察它们，这群小天鹅就把劳伦兹当妈妈了。劳伦兹走到哪里，他的身后总是跟着一群摇摇摆摆的天鹅仔，劳伦兹去游泳，小天鹅也跳进水里并且亲亲热热地啄他的头发、胡子。所以当地人们给劳氏取了个绰号，叫“长胡子的鹅妈妈”。

这件事使劳伦兹发现了“新大陆”，他又做实验，禁止小天鹅出生时与动物接近，他自己也躲起来观察。这样，这群雏鹅就只顾自己走来走去吃和玩，几天以后它们就再也不要妈妈了，即使老天鹅去接近，它们也不认识、不理睬。经过反复实验都是如此，于是劳伦兹把动物出生后最初的日子学会“认母”的这种现象称作“母亲印刻期”“敏感期”，错过这个“敏感期”就再也不能印刻，不可弥补了。

这以后，冯德全也用小鸡出壳和小狗出生后的表现做印证实验，证明动物的“印刻期”现象是普遍存在的。如小鸡学会辨别母鸡的叫声是出生后的前五天；小狗学会挖洞期是出生后的前七天等等。人们又把这类“敏感期”现象称作“发达期”或“最佳期”。

那么，我们的孩子——“小人”有没有发展的最佳期呢？这是一个多么重大的问题。经冯德全三十余年的观察研究，证明人的发展存在着大量的“敏感期”“印刻期”“最佳期”现象，例如孩子生下来不跟母亲在一起，半年后就对母亲不亲热了，爱母情结几乎消失；如果宝宝抱出代养，那么母子情结可能消失殆尽，难免发生家庭的亲情悲剧，这种抱出代养的悲剧在以往多子女家庭中常有发生，孩子回家后多有“亲生后母”事端。

通过观察研究，冯德全更加坚信人的智能发展明显有“最佳期”现象，如口语发展最佳期是两岁前；识字最佳期是三岁前；数概念发展最佳期四岁前……有人说一个人想成为天才小提琴手，要在三岁时开始对兴趣的训练；要当钢琴大师则必须五岁前开始模仿和快乐学习……说法种种，还待探索，不可全信，也不可不信。

但是有一点倒是心理学界的共同认识，那就是0~6岁婴幼儿是综合智能、多元智能发展的最佳期，在最佳时期内培养孩子事半功倍，错过最佳期就事倍功半了，要弥补也只能给孩子提供更充足的必要环境，帮助孩子获得敏感。因此，这是我们应当高度重视、高度警惕的！例如人在听音能力、辨音能力、音乐节奏感和对音乐旋律的理解上，如果出生就沐浴于丰富的世界古典名曲，数年后孩子的“音乐耳”能听准钢琴上88个半音，并且一辈子喜爱高雅音乐，具有丰富的想象力；但如果出生后的数年生活在音乐的“沙漠”之中，孩子的听音能力迅速下降，等到中小学再接触音乐，那就成为“五音不全”的音乐盲了。“五音不全”的青少年一辈子都“五音不全”，我们在歌厅唱歌时常常遇到这样不幸的年轻人，一唱歌就跑调，一跳舞就踩对方的脚，因为他没有节奏感……再如语言发展的最佳期现象是最为明显的，人人身上都打下深深的烙印。例如方言、外语多难学啊，广东话、温州话、藏语、蒙语以及外语，我们要学它们真可谓谈虎色变，即使到那个语言环境中生活，数年听不大懂，数十年也难学好，直到死也说不地道。冯德全以自己为例说，他十五岁离开浙江故乡到了武汉，在武汉生活了六十三年，至今仍说不地道湖北话就是典型的“笨拙”；可是在发展最佳期内的孩子，他只要生活在那个语言环境的人群中，一年左右便能掌握一种标准方言、外语，并且学得惟妙惟肖、天衣无缝！真可谓婴幼儿个个都是“奇人”，他们能不知不觉，轻轻松松地创造奇迹。

冯德全在整个早教理论研究中，对最佳期理论投入了大量的时间加以印证实验。如今这一理论在世界上发展成为一种叫智能发展的“递减学说”，即孩子年龄越小，智能发展可能性越大，而随着年龄增长，智能发展的可能性随之递减。

美国著名心理学家布鲁姆经过大量研究之后说：“如果一个人长到十七岁时智力发展达100%的话，那么四岁时，他将完成50%，八岁时达到80%，8~17岁的九年里只可发展20%。”日本七田真的智力发展说递减更快，他说“递减”犹如一个等腰三角形，出生时发展最快，就是三角形的底，八岁时到了三角形的顶端，智力再也不能明显提高了，那以后，人只可能增长知识和技能，再难增强智力让人更聪明了。

实际生活中，在几十年的研究中，冯德全很注意观察人才的成长，通过观察他发现，智能发展的确在迅速递减着。冯德全曾调查过一些著名的戏曲演员、杂技演员，不论是京剧、越剧还是黄梅戏，有好多好多被称为“五龄童”“六龄童”的，实际上他们是五六岁登台表演，而看戏、学戏是更小就开始了，一二岁就跟随父母进出排演场，受到戏曲的熏陶，学杂技也是一样。冯德全说：“假如像我们这个年龄再去学走钢丝呀、空中飞人呀，那可太危险了，我看非摔死不可！”

冯德全对“最佳期”的印证实验涉及面非常之广，他说：“一个人学音乐、学美术、学外语、学方言、学游泳、学溜冰、学数学、学棋类、学阅读……统统都要早期有所快乐接触才好（我说的是“接触”，而不是系统学习），不早期接触就难以深造。我统计了中国和日本的所有围棋高手，不论是聂卫平、李昌镐还是别的大师，那些八段、九段名将几乎都是五岁前会对弈的，而实际上他们接触围棋，兴高采烈地看成人对弈，肯定还要早得多，到了像我们这个年龄再从头学围棋，想成为九段棋手恐怕是下辈子的事了！”

经过长期的观察研究、印证实验，冯德全进一步认识到印度狼孩由于完全失去智能发展的最佳期教育，对她们的挽救性教育训练实在太困难了，大脑定型后的培养几乎不可能恢复创伤。阿玛拉好一点，因为她才三岁，尚处脑的生长发育期，她回到人群间的第二个月就开始发音、学说话语、学站立行走，可惜她身体瘦弱没活多长，七个月后就死去了。卡玛拉活得长些，然而正如七田真说的，八岁以后智力发展已经枯竭，她的进步实在太慢，教育效果甚微。据记载，对卡玛拉训练一年，她才能站起来会走几步路，就又开始爬行；教育二年，才开始笑，只有每天早上当辛格夫人亲热地拥抱她时，她才露出一丝微笑；训练三年以后才学会晚上睡觉，白天活动；四年的人群间生活才学会说6个单词，这时她已经十二岁了；练习五年才学会用手握勺子喝汤；六年会说35个短句，到十七岁死去时也只会说45句常用的话。

冯德全通过以上极端的事例说明人的早期生活信息、经历、经验、感受就是早期教育，它对人的成长意义异乎寻常！冯德全认为不仅人是这样，就连动物也是如此。动物能力的发展也主要靠“早教”，据说要使鸣禽叫得好听，就应在它还是雏鸟时期，同会叫的成鸟关在一起，让它天天听成鸟婉转的“歌声”，它才能慢慢习得美妙的啼鸣，而错过最佳期，即使是画眉、百灵鸟也不会有好的歌喉了。

为了进一步证明最佳期的存在，冯德全还观察了猫的习性。怎样使猫最爱捉老鼠、吃老鼠呢？要在它生下不久后就天天给它吃新鲜老鼠肉，这样长大的猫就专捉老鼠吃，甚至不爱吃鱼。这看起来很奇怪，其实一点也不奇怪。冯德全以他自己为例说:“我为什么喜欢吃浙江土菜，因为我受到过十多年的浙江农家菜的‘早教’，至今还天天爱吃酱爆螺蛳。湖南人为什么大都爱吃辣椒，不也就是从小受到辣椒的‘早教’吗？所以人到老年为什么喜爱故里，看来‘寻根万里’‘叶落归根’的人性、情结也是人生早期布下‘根系’的一部分，根深叶茂，总归还要叶落归根。”为了让教育者正确地把握好最佳期，对婴幼儿实施正确的早期教育，而不是违背儿童心理发展规律，对婴幼儿进行早期知识的传授，冯德全开始对早期教育的性质进行深入的思考和探究。这正是：

步入圣殿撷珍贝，师夷早教为我用。

如饥似渴觅真经，融会百家一点通。

第八章

早教论述集大成　修得真理万世功

冯德全教授在自家书房里的工作照

一、早期教育的性质

（一）"基市素质"理论

早期教育的性质是什么呢?冯德全通过学习观察研究后得出的结论是:早期教育的性质是基本素质教育,而不是知识的传授。那么什么是人的素质呢?冯德全认为人的素质,泛指"与一个人的发展、发挥和个体幸福密切相关的,时刻起作用的诸因素的质量"。从出生开始的早期教育,要不失时机利用右脑优势,开发左右脑功能,用心做好人的素质教育。

但人的素质在各个领域、各个方面有千千万万种表现,素质教育从何抓起呢?决不可眉毛胡子一把抓,毫无头绪、挂一漏万地进行,不然素质教育扑腾来扑腾去就是一句空话。所以冯德全提出了"基本素质"理论。

冯德全确定的基本素质有三个重要标准:第一,基本素质务必符合早期教育的指导方针,极利于孩子的全面发展、充分发展、有个性特长发展;第二,它是人生和人才的基本要素,没有它(基本素质)做不了正常人,基本素质是正常人必备的条件;第三,有了它,人才的其他必要素质都易于学得,易于弥补,容易派生出来,基本素质是高素质之母。

（二）七大基市素质

经冯德全研究得出,美好人生和优秀人才必备以下七大基本素质:

1.健康的身体。毋庸置疑,让孩子学会生活、身体健康,是正常人所必备的,也是要具备其他素质之根本。

2.灵敏的头脑。有灵敏头脑才可学会思考、学会学习、学会创造,才能获取各种知识和技能。

3.广泛的兴趣。婴幼儿热爱生活，有广泛兴趣，就构建了“人才金字塔”的底座。

4.优秀的性格。孩子具备快乐活泼、安静专注、积极向上、勇敢自信、有独立性、有创造性和气概等优秀性格，就有了幸福人生的根系和成才的动力。

5.具备爱心和交往能力。富有爱心、学会关爱，就有亲和力与团队精神，人才会快乐，才有可能立足社会，谋求发展与贡献。

6.有趋向发达的语言（包括听语、视语和外语）。语言是思维、想象、交流、自学的工具，有趋向发达的语言才可学会学习而容易具备各种素质。

7.对美好事物的喜爱。一个人如果好坏不识，美丑不辨，没有基本审美观念和情趣，就没有正常人的幸福感、美感，不可能去创造美，也不能识别和获得人的其他高素质。

以上七项基本素质完全符合“基本素质”的三个重要标准，它们遵照教育方针的指向，是做一个正常人必不可少的条件，又为后续教育和人生幸福、人才成长布下发达的根系。细细想来，这七项基本素质确实是所有高素质人才之母。

二、人的全面发展和充分发展

（一）人的全面发展

确定了早期教育的性质，必须要有便于引导婴幼儿全面发展的，实行基本素质教育的指导方针，这样，我们的早期教育才能使婴幼儿的素质得到全面、充分、有个性的发展。于是，冯德全又经过长期的学习、实践、研究，对“中国式早教”的指导方针加以总结和论述。冯德全指出，基本素质教育的指导方针就是培养孩子全面发展。人的全面发展主要包括以下三个方面：

1.心理品质的全面发展

人的心理品质是客观世界作用于人脑所产生的精神现象，它是一种精神力量，包括智能品质，诸如注意力、观察力、记忆力、思维力、想象力、自学能力、操作和创作能力等；也包括非智力心理品质，如习惯、兴趣、情感、意志、性格等。以上心理品质都应当朝正确的方向全面发展，不然就会造成心理缺陷，产生“木桶短板”效应。

人的健康不仅是生理的健康，也应是心智的健全，正如联合国世界卫生组织对健康下的定义是这样的：“在身体上、精神上和社会生活能力上处于完全良好的状态，而不仅是没有疾病或衰弱。”一个健康的人除有健康的身体外，同时还应有正常的智力，良好的性格，科学的生活方式，积极向上的心理状态，进入正常的社交圈。这是人的全面发展所不可缺少的。

2.人才品质的全面发展

什么是人才，首先要更新观念，不以学历论人才，不以职业论人才，更不以地位、金钱论人才。人才是以他诚实的创造性劳动，推动科技发展和社会进步所做出贡献的大小来衡量的，所以三百六十行，行行都能出“状元”。但是，无论哪个领域，哪种职业，也不论何种专业，哪个层次，要成才必须具有几项不可少的人才品质，缺少一项就破坏了全面发展。这些人才品质就是“德、智、体、劳、美”。它们的具体内容和重要性人们已经讲得很多了，这里只想补充“劳”和“美”也是人才基本品质的理由。

“劳”是指劳动和操作。全面发展的人应不仅具有正确的劳动观点和热爱劳动的品质，而且必须有劳动技能和劳动习惯，能进入动手操作和创造。当今世界科学技术的发展离不开操作和创造，一个人关在书斋里读书研究出成果的时代已经过去，动手能力和社会交往是成才不可缺少的条件。而且勤劳与善良，勤劳与智慧总是联系在一起的，劳动与品德提升也不可分离。

“美”是指美的感受能力、鉴赏能力和美的创造能力。前面说过，一个人如果好坏不分，美丑无辨，不仅不能为社会增添美好的物质财富和精神财富，其他素质肯定也是低下的，且不能处理好人与人的关系。有一首歌这样唱：“只要人人都献出一点爱，世界将变成美好的人间。”人不懂美好又怎么会献出爱心呢？作为人，不仅要奉献，也要享受，如果人不懂美，人生也失去了自身幸福和生活美好的一个重要内容，所以美育也是人才全面发展所不可少的。

3.建立合理的智慧结构

人的智慧结构应当合理，不要因结构缺陷而拖了发展的后腿。这里说的智慧结构绝不是指各科成绩的平均发展，有许多人要求孩子门门功课八九十分以上才算合格，这是很错误的，因为它扼制了人的个性发展，抹煞了兴趣特长，束缚了人的能动性、积极性，把学习引向为分数、为考试的苦学深渊。但教育应当要求智慧结构中的基本部分不能欠缺，这个基本结构的内容大体包括：

（1）兴趣广泛、知识面宽，有丰富的见闻和生活实践经验。因为只有见多识广、直接经验丰富的人，才能深刻感受大量的间接经验，更深刻地领悟丰富的书本知识。

（2）语言能力强，听、说、读、写都好。因为语言是思维的动力和载体，又是交流思想获取知识的主要工具。语言应包括听觉语言（听话说话）和视觉语言（识字阅读）。

（3）数学好或较好，思维灵敏。因为数学是学好现代科学的基本功，即使是社会科学也不能离开数的定量分析。

（4）外语好，至少要熟练地掌握一种外语。因为改革开放是长期的，随着世界经济一体化，科学无国界时代的到来，对外交流业务越来越多，国际竞争更趋激烈。多学一种外语，就像多长一个脑袋般重要。

(5)善于操作和创造。因为现代人才是与动手操作、革新创造、深入实践的能力连在一起的。

(6)人际交流和社会活动能力强，团队亲和力好。

孩子当然不可能完成以上三方面的全面发展，但只要他们在这三方面有良好的萌发势态，就会布下人生和成才的发达根系，利于成长出栋梁之材。

(二)人的充分发展

我们的教育方针只提全面发展是不够的，因为如果只停留在一般水平的全面发展上，很可能造就出大批“万金油”式的人来，仅仅满足于培养“一般”。虽然对家庭来说仍可享受天伦之乐，但从国家利益和人类进步的意义上说，人满为患的地球上则又培养出一个“多余的人”来了！所以，我们的方针还应当促进儿童的充分发展，着眼于更多地培养高素质创新人才和完美人生，人才强国，建设好我们的创新型国家。

什么是人的充分发展呢?它是指促进儿童脑和躯体、生理和心理健康的生长发育，使人的潜能获得最大限度的开发，决不束缚和压抑孩子发展的势头；在孩子优缺点面前要扬长避短，决不可补短抑长，使孩子得到比一般自然成长的儿童更好的智能和优秀的个性品质；有广泛兴趣和中心兴趣，培养起爱好、特长和专长。

人的充分发展必然伴随有个性的发展，因为世上任何“天才”没有一个是方方面面都优秀的，再伟大的人也不可能什么都行。要求一个人门门优秀是否定个性，违背规律，走入误区，反而扼杀了这个人本来有希望某方面的出类拔萃。我们不能要求爱因斯坦踢足球有贝利、马拉多纳那么好，研究甲骨文胜过郭沫若……

人总是有个性的，遗传素质不同；生活环境各异；教育影响不一；性格、爱好各有千秋。培养人就要扬长避短、长善救失，不可求全责备、拔短抑长。如果要求人人一个面目，那么十多亿人口一两个出类拔萃的杰出人才也冒不出尖来了。

充分发展并非揠苗助长，而是从出生起步，利用右脑优势，注重环境濡染，培养广泛兴趣，构建积极心态，满足各种成长条件，孩子的潜能会自己释放出来；而他的精神需求中自然会萌发特长的态势，孩子有了这样那样的良好态势，长大后必然成为某种专才、奇才，乃至出现创世纪的名家伟人来。

社会需要各式各样的专才、奇才，而人才的基础部分要求绝不是一样的：高楼的基础、大桥的基础、铁路的基础、水坝的基础、航天工程发射场的基础……肯定各不相同，而且建设基础的地质状况也不一样。因此人才根基的培养，为什么要求孩子是一个模式的呢？教育定要因势利导，因材施教，全面发展和个性发展相结合。

总之，人的全面发展和充分发展，两者是相互促进、相辅相成的。在冯德全的早期教育实践中，曾经有这样两个早慧儿的生动案例可以说明这个问题。

第一个是长沙的刘×，从小施以全面诱导，因此孩子快乐、活泼、聪明、自信、友爱、诚实；喜欢识字读书，善于思考体察，会画画，爱学外语，会计算，爱拉手风琴。很小就能利用星期天与母亲各骑一辆自行车从长沙郊区到城里学绘画、学音乐……这样有广泛兴趣的孩子果然早慧了。她知识面宽，求知欲强，八岁考入湖南重点中学，十一岁进入大学少年班预备班。后因中心兴趣在美术方面，她主动放弃大学少年班的优厚条件，而要求上美术职业中学。她在美术中学处处发光，十五岁进入中央工艺美术学院深造。这一类在婴幼儿宽厚的基础上达到充分发展的事例是很多很多的。

第二个是石家庄的任×，她则是某一方面的充分发展带动全面成长的案例，她的父母是“0岁方案”的兼职研究员。任×从小就是一个很不幸的孩子。她两个月时患小儿湿疹，严重的湿疹还未愈，九个月时又得了小儿过敏性哮喘，接着又患小儿肺炎。这样，从九个月开始治疗，到六岁先后住院抢救59次。一个从死亡线上夺回来的孩子，无疑从出生起就被剥夺了人的全面发展。

因为自幼经常住院，正巧父母又常能陪着她玩。为了减轻病痛，驱赶寂寞，他们常常给孩子讲故事、念儿歌、看图画、猜谜语、读书、背诗……大量的床上生活游戏养成了孩子安静专注的性格和细心思考、提问的习惯，充分发展了她的听觉语言和视觉语言，儿童医院的医生护士也常来逗她玩。在医院痛苦的病床生活使她很小便能体察酸甜苦辣的人生，能细细体味父母对子女的爱。她亲眼看见，有的病友好好地进医院，却因为得了绝症，不久离开人世，死者的亲人悲痛哭泣，她也泪流满面；而有的孩子是抱着进医院的，后来病愈出院，一家人感谢医生，欢天喜地请大家吃糖，她也为之欢乐；也有的病友因种种原因，不得不未愈出院，她就跟着惋惜和感叹。

而她自己的生活呢？正如她后来写的："病榻的吱吱声是我儿时的歌，一个月两三次的抢救使许多人都不借钱给我家了，哥哥看到别人吃巧克力问爸妈要，却挨了爸妈一顿揍，'咱们家也能吃巧克力吗？'我看着心里面立下誓言：长大了一定要使劲地干，挣好多好多的钱，我永远不让爸妈再去借，我要让哥哥拿着巧克力吃白米饭……"特殊的生活使孩子提前懂得人生，她看到整夜不眠的护士阿姨为她掩被时感动流泪……这些都是难得难忘的生活早教，生活中的苦难只要引导得法，也是十分宝贵的早期教育！

在任×病情短暂好转出院时，父母又丰富她的社会生活，带她到大自然去游玩、学习，还去油田旅游。早期生活使她恬静、深情、活泼、懂事，语言获得超常发展。她七岁开始写诗，两年中写了1600多首，记日记8大册，有60多万字。在《中国少年报》《儿童文学》等20多家报刊发表诗文200多篇，十岁出版诗文集。

她不仅成了著名的小诗人，而且由于获得成就、鼓励和快乐，身体也慢慢好起来了，终于以某一方面的充分发展带动了全面成长。

三、“冯式早教”的教育原则

冯德全对中国早期教育的方针进行了具体阐述，同时他在早期教育的研究实践中也深深地感受到，中国的早教必须要有一个原则让教育工作者遵循，否则将会使中国的早教走上歧路。科学早教的原则是什么呢？经冯德全三十多年的研究实践，总结出来的早教原则主要有以下六点。

（一）“0岁”起步原则

“0岁”是指生命诞生——胎儿。我们丝毫不可忽视0~6岁人生发展黄金岁月的科学养育。正如格塞尔说的，六岁前大脑几乎成熟了，错过生长期以后，人的脑力、性格和心灵永远不会再有这样的机会去奠定精神健康成长的基础了。育幼苗为的是结硕果，抓早教则为出人才。哈佛大学教育研究生院怀特博士认为：如果一个三岁的幼儿，在与学术上有关的各方面，如语言和某项技能上，迟开窍6个月或更多一些时间，那么，他就不可能在以后的学业经历中获得成功。要从婴儿开始“抢”人才，争取不要让他们泯灭。正如美国费城人类潜能开发研究所所长格仑·多曼所说：“每个正常婴儿在出生时都具有像莎士比亚、莫扎特、爱因斯坦、爱迪生等人那样的天才潜能。”

千万不要认为，早期教育是为了提前几年上学，提前几年毕业和工作，如果仅此而已那就大大歪曲了早期教育的意义，你的认识还在门外。如果只为提前一点毕业，在目前我国就业尚有困难的形势下，“早”还有什么意义呢？从出生就起步完全是为了日后理想的发展，给宝宝的发展一个高的起点，一个极强的优势。

（二）诱发兴趣原则

兴趣是婴幼儿精神发育和主动学习的第一内驱力，正确、浓厚的兴趣形成（包括广泛兴趣和一定时期的中心兴趣）本身也是心理正常发育的重要标志。对一般人来说，兴趣尚且是最好的老师，而对婴幼儿来说，兴趣则是他们唯一的老师，因为他们拒绝兴趣以外的一切活动，对引不起兴趣和厌倦的事会毫不留情地拒绝，关闭注意的门户，封锁记忆的仓库，停止思维和想象，甚至还会哭闹。相反，如果孩子对某些事产生了敏感，感受到趣味，有了新鲜感和好奇心，他会不分难易，不知疲劳，也不管理解和不理解，都能有意识或无意识地记忆，渐渐领悟和运用。孩子是无须苦学，不会苦学，而又能学得非常出色的人，就像他学好母语、方言一样，谁也没有强迫教和学，他却能在不知不觉中学到炉火纯青的地步！

婴儿处于右脑无选择探求期，对一切新鲜事物几乎都会发生兴趣，要充分利用这个时期进行快乐地灌输。实际上生活中看的、听的、做的都是在进行灌输，你不灌输好的，就一定在灌输坏的；你不灌输有益的，就一定灌输着有害的。人的灌输使宝宝成人；狼的灌输就让宝宝学会狼的生活；你自己快乐、勤奋、积极、向上，孩子也快乐、勤奋、积极、向上；你灌输娇生惯养，有求必应，无聊游荡，孩子就一定成为“悠闲公主”“浪荡逆子”，长大了是一个懦弱无能的人。

（三）积极暗示原则

婴幼儿是世界的生客，他们缺乏知识，没有主见，毫无判断能力，处处只是接受环境以及人们的行为、表情和语言的影响而成长着。他们是环境影响的动物，环境塑造他们的个性。

因此教育者必须利用环境、行为、表情（右脑对这些最敏感）和语言的积极暗示，使孩子产生认同，反对任何消极暗示的影响。坚持正面鼓励为基本教育方法，多多鼓励、表扬。孩子的好行为定要遇人就夸奖，同时给予信任和严格要求，严禁无可奈何地消极数落孩子。这样就能培养他们的自尊心、上进心、自信心、同情心等，总之要让儿童的潜意识中觉得自己是好孩子，学会欣赏自己，但一定要包括：欣赏自己不骄傲，不娇气，听得进批评，有缺点错误改得快……并为此而自豪。

（四）化难为易原则

在人才成长的路途上会有许多学习的难关，渡过这些难关的最佳办法是：越是困难的事情越是要（在右脑优势时期）早学，提前让孩子接触，获得这个事物的初步印象，形成敏感，产生兴趣的萌芽。为日后的学习铺平道路，展示美好远景，这就是化难为易。可以说，这是人才史上一条促进孩子全面、充分、有个性特长发展的千古捷径。例如上小学以后，人人都会觉得学外语难，学识字难，学乐器、画画、游泳也难，还有养成各种优秀性格、品质难。年龄越大越难，学得高深更难。但是初生牛犊不畏虎，世界上唯有婴儿最不怕难，他们的心中只有有兴趣和无兴趣之别，只有喜欢和拒绝之分，丝毫没有困难和容易，怕和不怕的概念。所以任何将来会学得比较艰难的事，你变着法儿在出生不久逗孩子产生兴趣，他会像学认物、说话、走路、听音乐那样不知不觉快乐接受。世界上还有比学听话、说话更难的吗？人生最初六年假如不学听话、说话，以后再学只怕又制造人类悲剧了，但化难为易法，却使每个二三岁的孩子都把母语学得那样好！

所以，化难为易原则是人才学、心理学、教育学发展的一大突破，是培养优质人才的秘诀。它的秘密在于右脑优势的及时利用与开发，你们想明白了一定像获得天书一样高兴！所以“冯式早教”的行家们都说“早期教育是世上最简单、最容易的教育”。

（五）生活课堂原则

丰富的生活和游戏活动是早期教育的最好课堂，是婴儿的唯一课堂和幼儿的主要课堂，这是孩子生理心理特点决定的。因为第一，他们身体正在生长发育最迅速阶段，天生需要活动神经、筋骨和肌肉，不能坐的时间太长；第二，他们处在无意注意占极大优势的时期，总是随时转移注意，不能用强制办法按教材章节上课；第三，对婴幼儿来说生活中的学习内容已经太丰富了，处处都有信息，处处都有乐趣，处处都有感受，他们以五官感知世界为最大满足，玩就是最有兴趣的学，有兴趣的学就是最快乐的玩。

所以，在生活课堂里，使“教在理智的有意”“学在快乐的无心”之中，能充分引导孩子感受生活中的学问，孩子的发展是无可限量的。教育部多年前颁布的《幼儿园工作规程》中指出“幼儿教育要以游戏为基本活动，寓教育于各项活动中”，后来颁布的《幼儿园管理条例》中也明确规定：“幼儿园以活动为基本学习模式。可根据本园的实际安排和选择教育内容和方法，但不得进行违背幼儿教育规律，有损于幼儿身心健康的活动。”这些法规都是极为正确的，生活游戏是从事早期教育的原则和指南。

（六）家庭早教和婴幼园教育并重原则

这又是一个与中小学教育不同的原则，也是由婴幼儿的身心特点和认识规律所决定的。孩子来到世上第一天起，生理上与父母断开了，精神上却与父母更紧密联结了，家庭是他们第一所学校，父母是他们第一任教师，只要稍一细想，这是千真万确的事实，谁也不可否定。

在家庭早教和婴幼园教育并重原则的阐述中，冯德全说：“不可低估家庭在早期教育中不能以任何方式代替的重要地位，父母不是一个好老师就是一个坏老师，甚至是‘教唆犯’。家庭教育是早教的‘主教育场’，它的影响如同日光、空气、磁场、地球引力一样，时刻作用于孩子的身心成长；父母教育孩子是永远都推不掉、摆不脱的天职，即使你把孩子给了别人，也要背负‘给别人’这种‘教育’带给孩子的心理后果和责任。抱出养大的孩子大多‘心理失常’，长大了回到生母身边又往往发生亲情悲剧，我见得太多了，这种情形母教专家王东华先生称之为‘亲生后母’现象。”这样，作为早期教育的专门机构——亲子园和婴幼园，应当把培养父母和指导家庭早教作为自身工作的另一半，必须园内园外两手抓。也只有这样，才能真正做到早期教育从“0岁”开始（父母孕前开始）。

四、“冯式早教”理论体系

自1978年起，冯德全经过刻苦学习和努力研究探索，集世界早期教育理论之大成，为中国的早期教育理论做了奠基性贡献。他对中国早教的方针和原则做出了精辟的论述，也为中国的早期教育指明了方向。为了便于读者对冯式早教理论有一个清晰的认识，下面就将冯式早教理论体系的十大板块作一个纲要性的梳理。

（一）早期教育的性质

早期教育的本质是胎婴幼儿的潜能开发，包括体能的增强，智能的开发和性格能的培养。早教是根系教育，不是基础教育，它的性质是人生的基本素质教育，卓越人才的根系教育。说它是“基础教育”是不妥当的。第一，基础教育是为知识的系统传授提出的，而根系教育是着眼于人才成长的规律确立的；第二，基础是死的，打下不良基础很难补救，而根系是活的，能生根催芽，靠自身的生命力成长；第三，基础一旦奠基就限制了上层发展，而根系是庞大的能动系统，会源源不断吸取大地的水分和养料，源源不断供给枝叶的生长，最后造就参天林木，栋梁之材。所以早期教育的性质是根系教育！它是一门新兴的人类自我完善的边缘科学，这门学科的兴起，将逐渐结束人类自我生产的蒙昧时代！

中国式早教培养孩子七大基本素质：健康的身体且喜爱运动；喜爱观察、提问、讨论和实践；由广泛兴趣发展到中心兴趣；由良好习惯发展到优秀性格；由良好人际关系到团队精神；有趋向语言能力的全面发展；对世上一切美好事物的喜爱。

（二）早期教育的培养目标

培养身体健美、智能高超、性格卓越的三类人才：身心健康型人才幼苗；特长专长型人才幼苗;出类拔萃型人才幼苗。早教的着眼点不是学知识,而是教孩子热爱生活学会生活;喜爱学习,学会学习;富有爱心学会关爱——学会人际交流、亲和力和团队精神。在这样的培养目标下,我们的教学的本质应该是什么呢?

教学的本质不是传授多少知识,而是让受教育者获得某种体验,建立起或改变某种行为的过程。如果我们的教学让孩子获得不快乐或者痛苦的体验,那他就建立起厌恶学习的行为,我们辛辛苦苦教会了孩子厌恶学习!

(三)早期教育的指导方针

早期教育的指导方针有:全面发展(人才品质和心理品质的全面发展,不是学科成绩和多样兴趣的平均发展)、充分发展(尽量少埋没婴幼儿与生俱来的巨大潜能)、个性特长地发展(人才是多元化的,儿童成长的环境所受的影响是多元化的)。

(四)早期教育的原则

早期教育的原则有以下八点:“0岁”起步原则;玩学统一原则;生活课堂原则;积极暗示原则;体智情统一发展原则;语言带动原则;化难为易原则;家园共育原则。

(五)早期教育内容的选择

1.良好的饮食、卫生、运动习惯,培养活泼、合群、勇敢、自信、注意安全的习惯。

2.在身心承受的范围内,极大地丰富精神生活,在诱发兴趣的前提下,不分学科,不讲系统,不顾深浅,不求甚解,不定指标、不设进度,只管耕耘,不问收获。

3.给孩子接触的精神产品必是人类文化的精品。

4.能给真实的生活（对孩子来说是“工作”），就不用虚拟的游戏代替，不让孩子沉溺于无目的活动之中。

5.生活中常有的事物不进课堂，珍爱课堂时间，用于生活中难以见到的事物，接触生活中难有的感受。

6.听觉语言和视觉语言务必同步，带动孩子全面发展。

（六）早期教育形式的运用

丰富生活即教育，环境就是“教育场”；伙伴玩学就快乐，早教质量靠榜样；亲子关系必有度，不要“圈养”要“放养”；从小鼓励好行为，随机教育、积极暗示不可忘！

（七）中国式早期教育要更新四大观念

1.更新人才观

不以学历论人才，不以职位论人才，更不以考试分数论人才。人才的三大要素是：成长期积极向上、学会自学；青年期充满自信、学会创造；从小到老富有爱心，有良好人际关系和团队精神。

2.更新婴幼观

传统的婴幼观认为：婴幼儿只会吃、喝、拉、撒、睡——一条消化道、一个活玩具而已；幼儿也只会玩玩乐乐、疯疯闹闹罢了；真正的教育和学习那是上小学后的事。恩格斯却认为：胎婴幼儿是宇宙间迄今为止所发现的发展最迅速、最神奇、最有能力的小精灵！因此我们要重新认识婴幼儿。

3.更新陈旧的教育观

传统的、陈旧的教育观：一是来自于一千多年前唐代大学者韩愈——师者，传道、授业、解惑也；二是来自于三百年前捷克教育家夸美纽斯——大班制编班授课。受这些教育观的影响，社会对早教产生大量的歪曲、质疑和误解：早教即入园；早教一无是处；婴幼儿严禁识字；不愿牺牲孩子快乐的童年来换取他的早慧……

中国式早教的创新早教观：丰富孩子生活，让孩子学会生活，快乐向上；引导快乐玩学，让孩子学会学习，喜爱学习；熏陶爱心美感，让孩子学会关爱、审美，有人际交流能力和团队精神。科学的早教绝不是大人讲、孩子听的系统传授，生活、环境、亲情、榜样、玩学、伙伴游戏、积极暗示，是最好的课堂。

4.更新亲子观

正确的亲子关系是最好的早教，这个关系是：亲人、朋友、伙伴、监护人。不是对孩子所有的爱都是好的，“教育爱”培养卓越，“血缘爱”培养平庸，溺爱会把孩子“溺毙”，遭受“人才的流产”！

亲情的力量无比巨大，用得好会让孩子文明、礼貌、同情、正义、勇敢、关爱、感恩、孝敬、民主、独立、自信、分享、勤劳、互助、自制、换位思考……更新这四大观念就是一场革命，一场早教革命。而提出早教革命的先驱，美国费城人类潜能开发研究所所长格仑·多曼说：“早期教育是一场史无前例的，带来壮丽变化而又文质彬彬的革命。这场带来壮丽变化的革命中，没有战争，没有破坏，没有仇恨，不用挨饿，不用流血，也没有死亡，唯有两个敌手：一是旧的传统观念，二是育儿现状。”

（八）中国式早期教育的五大创新理论

中国式早期教育的五大创新理论是：最佳期的教育发展论；两个生命同时养育论；两种语言同步发展论；优秀性格培养首位论；科学早期教育的方法论。

（九）早期教育家庭“主教育场”的八大支柱

早期教育必须建设家庭“主教育场”，而“主教育场”则需要有八大支柱作为其支撑：正确的亲子关系；良好的养育环境；丰富的生活情趣；优秀的楷模诱导；有趣的学习活动；伙伴的快乐游戏；适当的挫折磨砺；积极的心理暗示。

(十)中国式早期教育的方法论

生活中教,游戏中学;教在有心,学在无意;环境濡染,榜样诱导;对牛弹琴,兴趣第一;玩中有学,学中有玩;积极暗示,宽严并济;施教于爱,不可溺爱;讲究爱态,控制情绪;培养良好习惯,形成发展定势。

美国人类潜能开发研究所所长格仑·多曼曾经说过:“每个宝宝都可以快乐成长得同样优秀,正常的婴儿出生时,都有莎士比亚、莫扎特、爱迪生、爱因斯坦那样的天才潜能,聪明和愚蠢是环境的产物。”所以只要我们科学地营造适合婴幼儿发展的硬环境和软环境,我们的孩子都会成为早慧儿,我们的民族素质也将会大大提高。

五、中国式早期教育五大创新理论

接下来对冯德全教授提出的中国式早期教育五大创新理论再做一个简单的介绍。

(一)中国式早教核心理论之一:最佳期的教育发展论

人类要重新认识婴幼儿。婴幼儿处于学习的最佳期,是最善于学习的能手,他们天生具备了以下学习能力:生存性学习;探索性学习;亲情性学习;适应性学习;濡染性学习;模仿性学习;游戏性学习;领悟性学习;积累性学习;熏陶性学习;看表情学习。

所有感觉器官都在学习,在承受的范围内用得越早越多越敏锐(视、听、嗅、触、味、动),感知事物,丰富认识,建立行为,养成习惯。这些将全部进入人的潜意识,铸就人的潜意识板块,这就是人生发展的敏感期、最佳期、生根催芽期。

右脑优势期的胎婴幼儿个个都是天才,因为,人生的七大难题都是婴幼儿期解决的:

1.学会直立行走。作为人的第一标准,永远脱离动物状态。

2.学会用手劳动。作为人的第二标准,从事人类特有的劳动。

3.认识世界万物。3~4 岁婴幼儿认人、认事、认物数以万计,立体化的、五光十色、千姿百态的大千世界都映入孩子的脑海。

4.掌握一口方言。作为人的第三大标准,母语说得逼真无误,惟妙惟肖,天衣无缝。

5.实现人的社会化。实现由生物人到社会人的伟大的转变,由自然人、生物人转变为社会人。

6.发展人的高级心理。发展感知、注意、观察、记忆、思维、想象、情感、意志、性格,具备较高的心理水平。

7.获得人生 95%的知识。科学统计出一项惊人的成果:人一生所获得的知识,有 95%左右是五岁前学来的。蒙特梭利认为:人生头三年的发展,超过人整个一生中的任何阶段……超过三岁以后直到死亡的各个阶段的总和。从这一点上讲,我们可以把这三年看作是人的一生。

人类要重新认识婴幼儿,胎儿个个都是"冠军",是宇宙间发展最迅速最神奇的小精灵。而婴幼儿个个都是"天才",只是在他们生命最初的几年里天赋被磨灭了。人类要重新认识婴幼儿,是因为他们有非常特殊的心理世界:获得敏感、印象记忆、情境领悟、本能模仿、活动兴趣、无意识探求。所以人类要珍惜自身亿万年进化的无穷的资源!

(二)中国式早教核心理论之二:两个生命同时养育

这是育儿史上的一声呐喊。人人都有两个生命在成长。第一生命是生理上的成长:食品用品的安全;科学均衡的营养;充分良好的睡眠;各种卫生的习惯;适当运动和锻炼。第二生命是心理上的成长:十六个心理营养区;一百多种心理营养素。心理上健康养育的十六个心理营养区是:实行胎教;训练五官;体育运动;学习交往;认识万物;音乐舞蹈;美术造型;发展语言;劳动制作;种植饲养;观察提问;认识自然;熟悉大社会;学数形时;集体生活游戏;其他种种有益、有趣的活动。

奠基人才金字塔宽厚的底座:热爱生活、兴趣广泛、朝气蓬勃、多才多艺、善良、快乐、自信、勇敢、有爱好特长倾向,这才是最快乐的、难忘的、金色的童年!

(三)中国式早教的核心理论之三:两种语言同步相似发展

两种语言同步相似发展理论也就是视觉语言理论，这是人类识字阅读教育的最新里程碑。

什么是人类语言?语言是用词、句构建的人类思维和交流的工具。人类语言分为:听觉语言(口头语言)、视觉语言(书面语言)、触觉语言(盲文)和手势语言(哑语)。听语、视语是各有优越性的语言形式。听觉语言:听觉信号为媒体,多用于生活交流,使用方便、快捷,伴有表情,但受时空的限制,又缺乏准确性和深刻性。视觉语言:视觉图像为媒体,多用于自学、思考、研究,它准确、丰富、深刻、稳定,不受时空的限制,可供长期保存。

如果视觉语言滞后,那么这个民族的未来堪忧。据媒体报道:中国人年均读书 0.7 本;韩国人年均读书 7 本;日本人年均读书 40 本;俄罗斯人年均读书 55 本;以色列人年均读书 64 本。这些除了要养成良好的读书习惯,其基础还是视觉语言的开发。

听觉语言和视觉语言孰难孰易?有史以来人们都认为说话容易阅读难,而实际正好相反。学好一门听觉语言,需要五大条件不难吗?贺知章“乡音未改鬓毛衰”就最好地说明了听觉语言的难度有多大。但婴幼儿就不一样了，无论生在哪里的孩子，不到两岁就能轻而易举地学会被外人认为很难的母语。为什么呢？因为孩子一出生，他的听觉语言就在环境中不知不觉地得到了开发。

学好一门视觉语言难吗？婴幼儿更是绝妙的天才！仅仅是掌握语法而言，丘科夫斯基说：“一想到大量的语法形态给幼小的婴儿大脑带来沉重的负担就感到可怕，然而孩子却总是满不在乎地在这混沌的状态中看清方向，将听到的杂乱无章的语言要素一项一项加以分类，而且自己并不以为那是多么繁重的工作。”假如大人必须在同样短的时间内掌握两岁孩子不费任何气力便可掌握的语法形态的话，那么，大人的头脑恐怕是会破裂的。在这期间，孩子所付出的努力是令人惊叹的，但更值得惊叹的是，孩子们能够轻而易举地把这项工作做得十分出色。的确，孩子才是世间无与伦比的脑力劳动者，好在孩子本身并没有意识到这一点。因此我们要纠正一个错觉：视觉语言比听觉语言难。

早教革命视觉语言发展的结论：只要给婴幼儿学习视觉语言与学习听觉语言相似的条件，每个孩子都能不知不觉地，像学会认物、说话、走路、听音乐一样，快快乐乐三四岁脱盲阅读，五六岁博览群书，喜爱读书自学，并且毫无负担和压力。这是汉字教育的最新里程碑，是数千年来汉字教育最伟大的历史性创举！

婴幼儿学习视觉语言与中小学生识字阅读的四大根本区别：教育性质不同；进度指标不同；质量要求不同；教学方法不同。

冯德全视觉语言开发的具体方法归纳起来有以下七种：环境濡染法；生活渗透法；游戏活动法；趣味阅读法；“冯式宝典”法；“千字文标钉”法；榜样诱导习惯法。

古人的成才之道是：行万里路，读万卷书，交万人友，以语言带动多元智能阅读促进人的全面发展，这也是人类发展的必经之路。

（四）中国式早教核心理论之四：把性格培养放在首位

什么是人的性格？所谓性格就是人对万事万物（包括对自己）稳定的态度，习惯化的行为方式。什么是人的性格气概？人的性格多种多样，好坏不同层次不一，这些不同就形成了每个人的性格气概。性格，这一“心理能”的特点主要由早期生活养成，织入大脑网络，进入潜意识，铸造成“潜意识板块”，非常稳定，被称为是先天素质与后天生活的合金。“性格能”是把双刃剑，务必开发正能，抑制负能。显意识极难改变性格，显意识只是冰山的一角。人的性格表现的特征主要为以下几个方面：

1.理智特征

是独立主动，还是处处依赖；是安静专注，还是特别好动；是喜爱思考，还是思想懒汉；是认真处事，还是马马虎虎；是有条有理，还是凌乱不堪。

2.情感特征

是心境良好，还是喜怒无常；是平和恬静，还是脾气暴躁；有分享意识，还是自私自利；是整齐清洁，还是肮里肮脏；是喜爱美好，还是美丑不分。

3.意志特征

有耐心、恒心还是一曝十寒；是充满自信，还是自贱自卑；是朝气蓬勃，还是得过且过；是勇敢坚强，还是畏缩懦弱；是不怕困难，还是知难而退。

4.人际特征

是喜欢交往，乐于助人还是只顾自己，独善其身；为人谦虚，还是骄傲自大；文明礼貌，还是粗野无礼；是爱群体，还是洁身自好；有分享意识，还是自顾自乐。

古希腊大哲学家赫拉克里特说：“人的性格就是这个人的命运。”良好的性格对个人和社会都有着重大意义：是理想、志气、品德、气概的基础；是人生快乐、健康幸福、成长的保证；是家庭幸福、社会和谐的主要条件；是智慧发展、创造性培养的无穷动力。

但在育儿现实中最大的问题是：优秀儿童仅占18%。因此需要我们自觉、精心地培养孩子！想培养出更多的优秀儿童，必须从小养成七大卓越性格，因为性格是幸福人生之母。

第一优秀性格：快乐活泼；第二优秀性格：安静专注；第三优秀性格：爱心美感；第四优秀性格：勇敢自信；第五优秀性格：有独立性；第六优秀性格：有创造性；第七优秀性格：有长大了要做大事的英雄气概。

但在现实育儿实践中，往往会出现很多难以逾越的、百思不得其解的问题。青少年数载同窗，生活中几年同窗，往往有知心朋友、莫逆之交，有说不完的话；但爱情的结晶，从小抚养长大，在一个屋里居住，一个锅里吃饭十数年之久，竟不能成为知心朋友，无法交流甚至冲突对立……这是不是人生的最大悲哀？它的根源在哪里？

这里，冯德全教授提出了一个全社会都要自省的问题：生养一个好孩子究竟靠什么？靠天命，靠风水，靠遗传，还是只要靠说教和管教？为什么生来那么可爱的宝宝，两三年却变得如此淘气，越来越不听话了呢？“七八九，嫌死狗”是亘古不变的规律吗？人们都说“可怜天下父母心”，父母都可敬可怜，这是自古以来永不变更的真理吗？

而他的回答是：结束人类自身生产的蒙昧时代；结束养儿育女的唯亲情时代；结束盲目的原生态早教时代；结束人类潜能惨遭巨大浪费的时代；结束“可怜天下父母心”的不幸时代。只有这样，我们才能培养出性格优良的好孩子。

怎样培养孩子七大优良性格和气概呢？通过环境育人、行为育人、爱的育人、积极暗示来实现。

环境育人：丰富的智力环境；优良的楷模环境；美好的艺术环境；规律生活的意志环境；重视文明的语言环境。语言是一把雕塑心灵的雕塑刀，因此家庭要常用以下七种文明语言：

问候语：如妈妈早！宝宝早！宝宝晚安！

关爱语：如爷爷我给你捶捶背，你早点休息吧！

答谢语：谢谢小星星！谢谢奶奶！

赞美语：宝宝真勇敢，妈妈要向你学习！妈妈当着孩子对爸爸说：爸爸好了不起，我真为你高兴(骄傲)！

自责语：都怪我不小心，把饭做煳了，请大家原谅，我下回注意！

鼓励语：没关系，你一定会成功的！

批评语：你要注意，早起床、按时睡觉才是好孩子！

行为育人：播下行为的种子，收获习惯；播下习惯的种子，收获性格；播下性格的种子，收获命运。培养良好行为习惯，满足孩子的精神需求，满足宝宝生来就有三种本能的强烈需求：丰富而可吸收的食品营养的需求；快乐运动而刺激生理发育的需求；丰富的认知、情感、交往、动手、语言、美育活动，促进脑网络构建和智能提升的需求。

认真实行 16 个心理营养区，给予 109 种心理营养素——形成行为习惯。行为教育的金科玉律：其一是在孩子形成各种不良行为习惯之前，养成他们的良好习惯和优秀性格；其二是不允许的事一开始就不允许，这样孩子成长就没有痛苦！

积极暗示：建设积极心态；任何情况下杜绝消极暗示。

(五)中国式早教核心理论之五:早期教育的方法论

生活中教,游戏中学;教在有心,学在无意;环境濡染,榜样诱导;对牛弹琴,兴趣第一;玩中有学,学中有玩;积极暗示,宽严并济;施教育爱,不可溺爱;讲究爱态,控制情绪;培养良好习惯,形成发展定势。

不同年龄爱态法:怀孕~8个月,爱而外露;8个月~3周岁左右,爱而少露;3~6岁要求站好坐正,爱而基本不露,多用文明、礼貌语交流。只有实行教育爱,升华血缘爱,杜绝溺爱,我们的下一代才有希望,我们的民族才有希望。

特别重要的是表情教育法。最佳情绪线:和蔼可亲、平静认真、积极鼓励、不可盯看。最佳驱动力:温柔、喜爱、微笑、愉悦、平静、欢乐、狂欢、皱眉、认真、严肃、不满、生气、愤怒……愤怒之后等孩子平静下来后要平等认真交谈和鼓励,愤怒不可常用,狂欢之后要平静认真,让孩子划清平常和特殊情况的界线。任何情况下都不可流露无可奈何的泄气、抱怨情绪!

静心散步法:两三个人(最好是一对一)到野外或公园人少的地方散步,进行轻松愉悦的观察、玩耍、运动、交谈、提问、摄影、采集、写生、测量、讨论……这是最温馨、最有效的早教课堂教育自信法,要相信孩子的巨大潜能,这些难道比莎莉文教海伦·凯勒还困难吗? 不可表现出丝毫无可奈何、急躁、祈求、担心、害怕孩子的情绪!

积极暗示的技巧有:语言暗示、行为暗示、情绪暗示、正面暗示、侧面暗示、诱导暗示、批评暗示、童话暗示、引诱暗示。多用侧面式积极暗示,"侧式暗示"力量更大。其他还有许多方法:想象法、鼓励法、言他法、故作惊奇法、转移注意法、相互表扬法。

最后,冯德全教授给我们总结了"中国早教"的伟大意义:孩子的快乐工程;

家庭的幸福工程；社区的和谐工程；国家的人才工程；教育的根系工程。这是人类文明的新觉醒！

冯德全还告诫我们："你可以有童年的遗憾，但你不能给孩子遗憾的童年！你可以不是天才，但你能够成为天才的父母和老师！"至此，冯德全的早教理论已初具体系，接下来，他还要在实践中进一步论证自己的理论。这正是：

早教论述集大成，适合国情众人从。

五大理论冯氏创，修得真理万世功。

第九章

上下求索路漫漫　创新早教育神童

冯德全教授与本书作者在冯氏祠堂访问

20 世纪 80 年代末到 90 年代初，冯德全又继续开始了他艰辛的学习研究和实践探索。为了验证自己的理论与方法，他曾在武汉市国棉四厂幼儿园、陕西安康铁路幼儿园等十几个幼儿园蹲点研究论证自己的早期教育理论。为了进一步研究论证 0~3 岁婴幼儿的早教理论，他还办起了家长函授学校，或走进一些家庭发展家长参与协助研究。有的地方一待就是一两个月，有的地方甚至一待就是一年半载，冯德全的早教五大理论体系都是在育儿第一线的实践中得到论证完成的，而在这艰辛的研究旅程中，冯德全经受了风餐露宿、孤独寂寞、冷言冷语、讥讽白眼等各种困境和考验。

1989 年的深秋起，冯德全在陕西安康铁路幼儿园蹲点了半年，吃住都在幼儿园。西北的冬天对于一个南方人来说，简直是不可想象的。别的不说，单吃饭就让人受不了。西北吃的都是面食，而冯德全吃面食就像吃药一般难以吞咽，时间长了胃也受不了了，他现在的胃病就是那个年代落下的。

在安康铁路幼儿园蹲点研究的日子里，冯德全还经历了极度的孤独和寂寞。安康铁路幼儿园在当地条件很好，园址很大，白天考察、谈话、开会很是热闹快乐，但一到夜幕降临，偌大个园子人去楼空，剩下的只有远处大门口的看门老人，再就是深院大宅之内，破旧楼宇临时客房中的冯德全和他的影子。

冯德全刚到安康铁路幼儿园的那天晚上，园长为冯德全接风洗尘后就安排他在幼儿园里面的值班室住下了。这时觥筹交错后的冷清慢慢地向他袭来，再加上怪异的风声，让这个从小就胆小的大男人感到无比的恐惧。他闩死房门寸步不离值班室，蒙头睡觉，甚至连上厕所都不敢出去。

由于冯德全儿时在农村所受的早期“鬼教育”的心理创伤很深，时隔四十多年的“鬼恐惧”心理丝毫没有减退，所以一遇天黑冷清之夜，万籁俱寂之时，潜意识中的鬼故事形象和情节就会慢慢袭来，加上怪异的风声，导致他一听到响动就毛骨悚然，感到无比恐惧。起初几天夜晚，冯德全一人会到电影院看看电影消磨时光，但回宿舍时仅靠一支手电的微光，拐弯抹角走到住房仍然非常害怕，所以后面的日子，他每天晚上都宅在屋子里不出来。

这样的日子一天两天冯德全还可以撑过去，可这是他要蹲点半年的实验地啊！怎么办呢？作为一个男人他又不好意思跟园长说他好害怕！最后他把精力全部都集中到写作上来，白天观察实验，晚上专心著书立说，以克服寂寞和恐惧。就这样在半年的时间里，他写出了《视觉语言·阅读点亮智慧》，也就是后来《0岁方案》里的《雏鹰展翅》这一集。经过长期不懈的努力，冯德全终于完成了《0岁方案》一书。冯德全自1978年开始潜心研读国内外众多早教名家的著作，对古今中外许多早慧个案进行了广泛的调查研究后，又历经了十五年的潜心研究，最终与美国哈佛大学的“0点项目”同步推出了著名的中国式早教方案——“0岁方案”。

为什么命名为“0岁方案”呢？自1981年美国科学家罗杰·斯佩里发现人的左右脑分工机制而获诺贝尔生理学或医学奖后，世界兴起了0岁开始的早教热潮。联合国国际儿童发展中心召开早期儿童发展全球研讨会，对儿童早教提出了世界性倡导，号召各国培训专业人员制定早教方案，进行社区家庭服务以提高人口素质。

在此前后，日本提出“0岁教育”，欧洲一些国家提出“0岁计划”，美国提出“0岁工程”，哈佛大学研究“0点项目”，苏联实行婴儿从9个月开始进行有计划地培养。而冯德全在中国社会科学院于光远副院长的支持下，设计了“0岁方案”（0~6岁优教工程及实施方案）。为了不断完善方案，之后冯德全又发动数以万计的家长、研究员实践，为此他编讲义，办函授学校、父母学堂，办《人才摇篮》刊物，前后出版《0岁方案》《早教革命》等系列著作和讲演光盘。

“0岁方案”是0~6岁优教工程及实施方案的简称，是我国当时最科学最前卫的一种早期教育思想，最自然最有效的一套早期教育方法。它是由《雏鹰早飞篇》《腾飞的一翼篇》《人才摇篮篇》三本书组成的系列教材,"0 岁方案"不仅闻名全国,而且享誉海外,冯德全和他的研究团队先后接待了来自马来西亚、日本、越南、澳大利亚等国和我国香港、台湾地区的早期教育专家考察团,并进行学术交流。

数以万计的家长运用"0 岁方案"把自己的孩子培养得非常优秀,他们大多三四岁就初步脱盲阅读,五六岁博览群书,并拥有良好的习惯和性格、广泛的兴趣和特长,其智力品质和非智力品质均得到良好的发展,有的已在高科技领域崭露头角。

在冯德全早教理论的实践论证过程中,他很重视两个生命的同时养育,即第一生命(生理生命)和第二生命(心理生命)的养育;同时也注重两种语言同步开发的论证。下面我们不妨采撷几个在冯德全早教理论指导下家长(研究员)自叙的实操案例,以窥冯德全早教理论的不断实践和论证的过程。

案例一:不能让孩子食来张口。孩子饿了就哭就闹着要吃,这是孩子的天性;而母亲听到孩子的哭声就会马上将奶头塞到孩子的嘴里,这又是做母亲的天职。今天看到妻子这样做我马上表示了反对,妻子说我心太狠。我说:"你晚喂半分钟就能把儿子饿坏吗?"后来我又耐心地给妻子讲了其中的道理,并要求妻子:第一,儿子哭着闹吃时不能马上喂他吃,要等半分钟;第二,不要将奶头直接塞到儿子的嘴里,而是要让他找一找,"劳动劳动"再喂给他吃。妻子听了我的话觉得确有几分道理,于是就开始配合我培养儿子的"劳动意识"了。下午儿子睡觉起来又哭闹着要吃,妻子按我的办法做了,只见儿子在找奶头时嘴巴急着到处探寻着,最后终于找到了。我想,这样做虽然对儿子来说有些"残酷",但这对儿子的成长来说是非常有益的。

是的,这就是人的第二生命养育的过程,这样做对孩子的成长是非常有益的,但绝大多数家长却没有意识到这一点。他们仍旧按照惯性思维去行事,其表现是对孩子的百般溺爱,这样做是不利于孩子成长的。而本日记的家长这样做的好处在哪呢?首先它有利于孩子"劳动"的潜意识培养,也就是长期这样做,孩子会认识到，嘴巴不动一动就没有吃的；其次是有利于大脑的开发，因为孩子在用嘴巴四处寻找食物时，其大脑就在不停地运转，判断触到的物体是否就是自己需要的东西；最后就是有利于孩子性格的培养，从小就要学会等待，不能说要就要，不给就闹，否则就会养成以我为中心的思维习惯，贻害终生。

案例二："倒行逆施"也增智。儿子会走路已快半年了，今天我又带着儿子在小区的林荫小路上散步。忽然间，我突发奇想，要训练儿子倒着走路。因为倒着走路是看不见后面的路的，这样就可以迫使儿子大脑急速运转掌握平衡，从而开发其智力。一开始我并没有要儿子倒着行走，而是我自己倒着走，我知道，儿子看见我倒着走，他也会学着我的样子倒着走的，因为孩子善于模仿。果然不错，儿子见我倒着行走，他也学着我的样子倒着走了起来。刚开始他走一走便回头看看路，后来他就习惯了，也不回头看了。看来这项训练儿子也是很喜欢的，于是我决定要把倒着行走这项训练坚持下去。

让孩子倒着行走确实是开发大脑的好办法。这也是冯德全教授早教理论第二生命养育中所倡导的。冯德全认为，人的大脑细胞容量相差无几，只是看后天是否有所开发，若开发激活得当，其潜能是惊人的。美国哈佛大学心理学教授、著名教育心理学专家霍华德·加德纳（Howard Gardner）在他的多元智能理论中也指出："我们的大脑中还至少有七个不同的智力中心，但我们大多数人只开始了这一潜能的一小部分。" 处于世界领先地位的大脑研究员黛尔蒙德教授（玛丽安·黛尔蒙德，美国加州大学伯克利分校神经解剖学教授、劳伦斯科学院主任，著名的大脑研究权威）说："从出生到生命终止，你的大脑可以不断地学习。"日本著名的右脑开发专家七田真博士也说过："所有人出生时都是天才，具有大自然所给予的不可思议的能力，只是在成长初期缺乏良好的环境把能力给引发出来，以致资质消失。"现在我们知道，只要通过正确的方法对大脑加以开发，我们每个人都能拥有不可思议的能力。

案例三：与儿子分床睡。儿子出生以来都是与我们分床而睡，但这几天儿子病了，妻子就让他与我们睡在了一起。今天我让儿子回自己的床上睡，儿子瘪着嘴哭着不肯回自己的床，这时妻子心疼地说："算了，就让他睡这里。"

我说不行，这对孩子的成长是不利的，会影响孩子日后独立意识、自理能力的发展和心理的成熟。妻子听了这些认为我说得有道理，也就配合我做起了儿子的“思想工作”。经过反复的“思想工作”，最后以“爸爸讲三个故事”为条件，结束了这场小小的风波。儿子睡到自己的床上后，我就躺在儿子的旁边给他讲故事，一直讲到儿子睡着了我才停下来，回到自己的床。

儿童教育专家认为，孩子与父母分床睡对于培养幼儿的独立意识和自理能力，促进其心理成熟，是十分必要的。这也是冯德全早教理论第二生命养育的要点之一。

我们国家以前不太重视孩子和父母分床，也由于当时住房条件的缘故，一般孩子都和大人挤在一张床上，有的甚至已经很大了才分开。孩子和父母同床就寝，弊病是很多的。一是孩子作为“第三者”横插在父母中间，影响夫妻间正常的感情交流或是容易强化儿童的依赖心理；二是随着年龄的增长和身体发育，容易滋生儿童有害的性幻想，尤其是有些男孩长期和母亲搂着睡，会加重孩子的恋母情绪，对他们个性的形成和性意识的健康发展都无益；三是空气不好，孩子和大人挤在一张床上，大人呼出的二氧化碳及嘴里的气味容易被孩子吸进去，很不卫生，如果孩子夹在两个大人中间，则对孩子的呼吸、睡眠更不好。

孩子四五岁时，正是独立意识萌芽和迅速发展时期，安排孩子独睡对培养孩子心理上的独立感很有好处。这种独立意识和能力与孩子日后社会适应能力的发展有直接关系。

家长在和孩子分床时，要考虑到由于孩子已经和父母睡惯了，对熟悉的环境已形成较固定的知觉模式，产生了适应心理与行为，一旦变换环境，肯定会有一些不适，如做噩梦、哭闹、硬往大人床上爬等。因此，家长要考虑用孩子能接受的办法帮助他习惯独睡，打消分床给幼儿带来的消极心理变化。可以先给他讲道理，为什么要和父母分床，分床睡有哪些好处。要让他明白分床睡是很自然的事，就像小动物长大后总要离开父母去独自觅食一样，独睡是一个人成熟、长大了的标志，而不是父母从此不再爱他了。

家长在孩子分床的最初阶段，要比平时更多地关心和爱抚孩子。入睡前多加爱抚，夜里常去照料，晚上可适当多陪孩子一会儿，讲些好听的故事，让孩子愉快入梦。等养成了习惯，不用陪了，再让孩子独自入睡。第二天起床时，别忘了说些鼓励的话，以强化孩子的独立心理和行为，这样可以减少孩子由最初分床带来的孤寂情绪。另外，家长这时也要注意自己的言行，不要当着孩子的面表现出过分的亲昵，以免孩子产生妒忌。

有的家长分床后一见孩子哭闹，就坚持不下去了，让孩子又回来和自己睡。这样的家长往往太溺爱孩子，下不了决心。事实上，孩子和父母分床而居并巩固成习惯，不是一夜间就能顺利完成的，反复也是难免的。但家长只要决心已下，就不要因为幼儿的抗拒或抵制而轻易放弃，只有持之以恒，好习惯才可能日趋巩固。

另外，家长还可以和孩子一起动手布置一个儿童天地，充分利用孩子的想象，比如把小床布置成一条小船或者军舰；在墙上挂上各种五颜六色的图案，如小星星、月亮、小鸟等；再把孩子平时喜欢的玩具挂在床边，激发孩子的兴趣。还可以带他参观别的小朋友独睡的小床，当孩子清楚每个小朋友都有自己的床后，会想“我也应该有自己的床”。还可以根据孩子的需要，不断变换小床的布置，让孩子总是充满新鲜感。

以上是冯德全两个生命同时养育的实操案例与论述，下面我们再看几个冯德全两种语言同步发展理论的实操案例。

案例四：我和儿子玩汉字。望子成龙之心人皆有之，但在教育孩子方面，我从来不强迫孩子去做他不愿意做的事，特别是对幼儿。但为了让儿子早“慧”，我又不得不做点什么。为了让儿子认字，今天上午我就当着儿子的面将一张张大的卡片裁成小卡片，儿子看了便问我在干什么？我说：“我在玩一种游戏啊！”儿子说：“我也要玩。”我说：“你太小了，先看爸爸玩吧。”于是，无论我去拿笔还是取墨，儿子都一直跟着我。当我用毛笔写下一个“李”时，儿子问我：“爸爸，你画的啥呀？”我说：“这是‘李’。”“哦！这是‘李’。”等儿子认完了后我又说：“儿子，你帮爸爸把这个李字放在大桌子上晾干。”儿子很乐意地按照我说的去做了。而后，我每写一个字，儿子都要问是什么字，同样也帮我拿去晾干。过了一会我又让儿子按照我说的字把字收回来。就这样，儿子认得了自己的名字。为了巩固儿子所学的字，晚上，我又将这个“好消息”告诉了孩子他妈。儿子听了很得意，乘机我又鼓动儿子去教妈妈认这几个字，儿子高兴地当了一回小老师。没想到今天儿子在玩中学会了三个汉字。看来玩知识比学知识要快乐些，效果也要好一些。

玩汉字是冯德全教授视觉语言开发的要点，注意是玩汉字，而不是学汉字。家长借助了孩子的好奇心来实施有效的教育，这是非常好的一种方法。好奇能够带来兴趣，有了兴趣就有了求知的内动力。爱因斯坦说过：“兴趣是最好的老师。”只要有了兴趣，就不是你要孩子学多少东西，而是孩子要学多少东西。所以，请各位家长充分地利用孩子的好奇心，让孩子在知识的海洋里遨游吧！

案例五：玩字的游戏多样化。前两天我和儿子玩汉字玩得很有成效，几天的工夫儿子就认识了近二十个字，可随着时间的过去，儿子对这种游戏慢慢地不感兴趣了，到了今天他对玩汉字的游戏就彻底说“不”了。我从来都不会强迫儿子去做他不愿意做的事，于是，我就想了另外一种游戏来激发儿子学习汉字的兴趣。我首先将一个纸盒子密封起来，再给盒子开个细长的口，然后我又开始写汉字，字写好了后就让儿子把汉字从密封盒的口扔到密封盒里去，扔一个认一个，最后又将字取出来重新认、重新扔。就这样，我们又在新的游戏中学会了不少新的汉字。面对新的教学成果我感到很有成就感，儿子更是感到自豪不已。

这位家长总能想出一些新的花样来激发孩子的求知兴趣，这是很可贵的，也是值得大家学习的。在对孩子实施教育的过程中为什么要不断地变换花样呢？因为孩子的初期学习完全是靠兴趣支撑的，没有了兴趣就没有了求知的欲望。对于孩子来说，这兴趣就来自于孩子们自己的好奇心。而一旦这一好奇心得到了满足，他就不会再有兴趣了。因此，我们实施教育的人就要不断地想办法让孩子产生新的好奇心，这样他们就会有用不完的求知的内动力，从而产生事半功倍的效果。

> 案例六：五彩海洋球。这两天我一直在琢磨用什么新的游戏来激发儿子的学习兴趣。因为前一段时间玩的游戏儿子已经不感兴趣了，所以我必须“开发”新的游戏来吸引儿子。昨天我想到了一个新游戏，就去买了五十个海洋球回来给儿子玩，还专门给他配了个塑料箱。今天我也和儿子一起坐在地上玩海洋球，玩着玩着我就用水彩笔在球上写一个字母“A”，儿子看见了就问：“爸爸，你在球上画的啥呀？”我说是个“A”，便装作不在意的样子将写有“A”的球扔在了地上。这时儿子赶紧去拣起那个球，嘴里还发着“A”的音。后来我问他这读什么，儿子准确地读出了“A”的发音。我又用同样的方法试着在海洋球上写了“B”“C”“D”三个字母，他也准确无误地读出了它们的发音，他还要我继续写。看到儿子这么有兴趣地“玩知识”，我感到了胜利的愉悦。

不断地给孩子更换新的游戏，可以激发孩子的学习兴趣和求知欲。一种游戏玩得时间长了，容易产生大脑皮层的疲劳，这时孩子对游戏的形式和内容就产生不了兴趣。因此就需要新的刺激来让孩子的大脑达到兴奋，这样孩子就又会主动地对游戏的形式和内容感兴趣。本日记中有一个新的提法叫“玩知识”，我认为这不仅是个提法问题，而是将寓教于乐的理念具体化、形象化了。如果我们把所有的基础知识都能拿来玩，并玩出名堂来，那我们的孩子该多幸福啊！

以上案例展现了两个生命同时养育的方法，同时也很明显地说明了两种语言同步发展的理论不是要教育者去教孩子识字，而是在玩中体验感悟知识，即：生活中教，游戏中学；教在有心，学在无意。冯德全就是这样亲临一线或培训家长（研究员）共同观察实验，最终使自己的早教理论形成了体系。三十八年来“0岁方案”在海内外发展一百多万父母和早教师，培养出大批早慧儿童和卓越青少年，同时在实践中锻炼出一批早教专家。

冯德全的《0 岁方案》不仅具有科学、前卫、完整的理论体系，而且拥有自然、朴素、高效的方法体系；不仅吸收了国外众多科学家、教育家的理论精髓，符合国际早教发展的时代潮流，而且融合了国内著名早教专家的方法要领，颇具中国本民族的特色。其意义远远不止为家庭带来成功育儿的欢乐，更重要的是为国家、民族的明天带来希望的曙光；其影响也不仅仅是在国内带动了早期教育思想的百花齐放百家争鸣，掀起了探索早期教育的高潮，而且已经延伸至海外各国，使外语环境中的华人孩子在 0~6 岁间学好中国文字、中国语言成为可能，从而有望消除千万华人后裔与中华文化脱节的危险；其作用不仅可以从源头上带动素质教育，促进国内教育体制的改革和教育质量的提高以及教育理论的完善，而且可以从根本上普遍提高全民族的人口素质，甚至为人类文明、进步做出重大贡献！

“0 岁方案”的诞生填补了中国早教理论的空白，因此也引起了当时诸多媒体的关注报道，下面是关于“0 岁方案”的部分新闻媒体报道的摘抄，以此我们可以了解到当时社会对“0 岁方案”的反响。

中国儿童智力开发的新路——“0 岁方案”

新华社记者　唐卫彬

（新华社 1992 年 2 月 10 日播发的通讯稿，刊于香港《大公报》、美洲《华语日报》等国内外报刊）

近年来，中国儿童早期教育成就斐然，已引起海内外教育界、心理学界和社会学界的广泛瞩目。其中，以武汉冯德全教授为代表的一批拓荒者的实绩尤为突出。他们一九八四年起创办中国最早的儿童早期智力开发研究所，打破了中国传统教育模式，首创的“0~6 岁方案”，在中国掀起了一股早期科学育儿的新潮流。

拓荒者出身贫寒

冯德全教授出生于浙江绍兴农村一个贫困之家。一九五三年，他从湖北实验师范学校毕业后，长期从事教育实践，深深感到中国传统教育模式的弊端。80年代初的中国，百废待兴，人们呼唤多出人才，早出人才。而严峻的人口现实却又令人深感忧虑。一项人口素质调查表明，中国15岁以及15岁以上文盲、半文盲多达一点八亿，智能低下者也在1000万左右，中、高级人才却仅占劳动人口的千分之零点四，不到发达国家的1/20。

冯德全认为，90年代的青少年是跨世纪的一代，要改变中国人口现状，必须从早抓起。而中国长期形成的封闭心理、成人的“学前偏见”等，却严重束缚了孩子们的发展和心理成长，必须另寻新路。

“0岁方案”独特新颖

1984年冯德全在湖北省武汉市创办了儿童早期教育研究中心，并提出了他研究设计多年的“0岁方案”。他认为，每个生理发育正常的孩子经过早期优教，均可培养为健美、早慧、性格品质好的创造型人才。这个早期，应该从0岁开始。

这个被称作“0岁方案”的构想，共设计了简便易行的15个方面、100多项教育活动，通过生活中教、游戏中学、环境濡染、积极暗示等方式，可使孩子在有说有笑、有动有静、有问有答中不知不觉地进步。婴幼儿还能像学认人、识物、说话、走路、听音乐、模仿行为一样，毫无负担地识字，甚至三四岁便可识字2000个，做到脱盲，进入广泛阅读阶段。

“0岁方案”理论问世之初，受到社会上一些人的怀疑甚至讽刺，但却受到了许多年轻父母、爷爷奶奶和儿童工作者欢迎，甚至还得到了著名学者于光远、费孝通、钱学森等人的热情关注和支持。

刘××是株洲市一普通家庭的孩子。望子成龙的母亲对他实施了“0岁方案”教育，奇迹出现了：刘××一岁半就识字200多个，4岁多时已识字2500个，会使用标点符号，进行四则混合运算，8岁时上了高二，并破格参加了全市成人英语演讲比赛获得优秀奖。

福建漳州的吴×,3岁脱盲,5岁能写5000字的游记,从出生时起,她爷爷就按《0岁方案》同时教她中、英两国语言,逐渐加学法、日两门外语。吴×八岁那年,中央电视台及有关专家前往测试时,她用掌握的四国语言对答如流。

在武汉一些采用"0岁方案"的英语试点班里,孩子到十岁左右,在课堂上已基本上不用汉语。

至今学员逾十万

自研究中心创办以来,冯德全和他的同事已应邀到18个省、市、自治区讲学,并建立了函授学校、函授站和实验基地,至今学员已逾12万。美国、菲律宾、法国、前苏联的一些家长闻讯后也纷纷来信、寄钱、索取资料,报名参加函授学校。日本幼儿开发协会会长井深大还专门派员来访,双方交流日益频繁。

目前,冯德全的"0岁方案"理论和方法仍在不断完善,事业也不断扩大。……明年他们还准备组织召开儿童早期教育国际研讨会。

冯德全和他的"0岁方案"

中新社记者　章敦华

(中国新闻社会编的《中国新闻》1992年11月16日第12853期的报道,香港《大公报》同日刊登)

同腰缠万贯的"款爷"相比,他几乎是一介赤贫。然而,他却非常富有。他的财富是闪烁着中华民族未来希望之光的小太阳。他是中国早期教育专家、中国优生优育协会理事、武汉大学智力开发部顾问、“0~6岁教育方案”的创立者冯德全教授。

采访时，他随手抱出几尺厚的来信：“我每天都要收到百余封全国各地的来信。每当读这些信时，我便感到自己变得年轻。”

受惠的不仅仅是儿童

来信都是接受冯先生“0岁教育工程方案”指导，对孩子进行早期智力开发的家长们写来的。信上除了贴有受教儿童天真活泼的彩色照片外，就是报告孩子不断进步的情况，以及对冯先生的感激之情。

山西省太原市儿童吕×，其父母在《0岁方案》指导下对其施教，4岁上了小学，7岁学完全部课程，并进入重点中学得到特殊培养。

辽宁抚顺蔡×报告：她按照《0岁方案》提出的方法教儿子识字，1岁后便能识几百字，2岁半时，已能独立阅读《365夜》上下集。

山东冠×，其父母接受《0岁方案》指导，对女儿进行早期智力开发，到5岁时小冠×会熟练计算成千上万的加减法及相应的应用题，能熟练运用乘法口诀计算二位数乘三四位数及应用题。更使其父母欣喜的是，小冠×能一字不差地背诵圆周率小数点后面600位。

湖南长沙高×之子2岁能说出全国各大城市和省会名称，并能在地图上快速准确地找到它们的位置，能背诵百余首唐诗。熟记100余个英语单词，能分清直线、曲线、折线，辨别三角形、圆形、梯形、方形、圆锥体、圆台、圆柱、三棱柱等。

湖北宜昌3岁儿童吴××，不仅能读写3000左右的汉字，而且还能解一元一次方程式。

武汉幼儿学英语实验班50名3岁至5岁的儿童,经过一年的学习,英语的讲说能力已达初中学生水准。

似这样的例子不胜枚举,这些幸运的儿童,都是冯先生创立的“0岁教育工程”的受惠者。

“0岁教育工程”的意义远远不止使儿童早慧,为家庭、为其父母带来“望子成龙”的欢欣,而更重要的是它为国家、民族的明天带来希望的曙光。北京朝阳区胡玉进来信说:“‘0岁工程’的意义绝不亚于三峡工程,绝不亚于阿波罗计划。”著名学者于光远来信称之为关系“我们人自身进步的一个大问题”。著名社会学家费孝通来信评价:“开发儿童智力是提高民族文化的基础工作。”

“为了中国也有诺贝尔奖获得者”

谈及为何钟情于儿童早期教育,冯先生说:“为了中国也有诺贝尔奖获得者。”

出生于浙江绍兴这方中华文化沃土的冯先生,因家庭贫困,1949年读完小学后只念了一年初中。后考入湖北省实验师范学校,毕业后先后教过小学、中学、大学。

冯先生说,“文革”结束后,中国百废待兴,呼唤早出人才、快出人才、出优秀人才。正是在此背景下,他开始步入早期教育领域。另外,中国人口数量多、素质低,亦是促使他潜心研究早期教育的重要因素。有资料表明,全国15岁和15岁以上的文盲、半文盲多达1.8亿,残疾人达5000万人,智力低下者占人口总数的3%。而全国高级人才只占劳动人口的0.4‰,还不到发达国家的1/20;尖端人才更少,世界上第一流的科学家拥有量,美国占17%,前苏联占13%,而中国和第三世界国家加起来还不足1%。到目前为止，英国有六十四人获得诺贝尔奖，而美国一所大学就有六十三人获此殊荣，中国内地却无一人获得。

“只有坚决控制人口数量，提高人的质量，中华民族才能真正牢固屹立于世界民族之林。”这正是冯先生致力于人的早期智力开发的初衷和愿望。

自1978年以来，冯先生广泛收集研读了八百余册中外有关早期教育的理论资料，跟踪调查了全国20多名“神童”的成长全过程，到中国科技大学少年班座谈，访问著名社会学家、心理学家、生理学家和教育学家。他坚信人有巨大的潜能有待于在最佳期开发。于是，他潜心研究，不断实践，逐步形成了独具特色的“0岁教育工程”。并在经费窘困的情形下，编制印刷了“0岁工程丛书”共140万字的教材。自1985年开始，办起了武汉智力早期开发函授学校。

大有前途的工程

“0岁教育工程”的内涵是什么呢？

冯先生介绍说：“0岁教育工程方案”的范围是从胎儿到6岁儿童，其性质不同于中小学系统教育，为人生的奠基教育，是人才素质教育。其目标是培养健美、早慧、性格品质优秀的人才幼苗。其方针是不仅要全面发展，而且要充分发展，具有个性特长地发展，极大地开发人的潜在智能。其理论依据，一是生理学“脑先成熟论”“信息刺激发展论”，二是心理学“胎儿寄生适应性、婴儿无意识适应性、幼儿兴趣适应性”和“独立趋向”，三是教育学“教育促进发展而非发展等待教育”“略超前教育”“环境濡染、生活课堂”，其内容包括训练感觉器官、发展交往能力、教会观察提问、培养语言能力等15个方面109项参考活动。其原则是0岁起步，激发兴趣、积极暗示、化难为易、生活课堂、家（庭）园（幼儿园）并重。其方法是生活中教，游戏中学；教在有心，学在无意；玩中有学，学中有玩；环境濡染，榜样模仿；积极暗示，严格要求；讲究爱态，控制情绪；培养习惯，形成定势。

冯先生表示，从其十余年的研究和实践中，他确信，“0 岁教育工程方案”如果运用得好，家家都可出早慧儿童。

神童从这里起步

——记“0 岁教育方案”的设计者冯德全教授

王志章

（香港《紫荆》杂志 1993 年 1 月报道）

世界著名教育学家蒙特梭利说过：“人生头三年的发展胜过以后发展的各个阶段，胜过三岁以后直到死亡的总和。”此说，虽是一家之言，但毕竟是专家之言。时下研究人类的早期教育，开发婴幼儿潜能，培养早慧儿童，已引起教育界的普遍重视和越来越多的家庭的关注。

已有 40 年幼儿教育经验的中国武汉儿童发展研究中心主任冯德全教授，近 13 年里潜心钻研，不断试验。在中国早期教育园地里，率先打破传统教育模式，首创了“0 岁教育方案”。如今，在以“0 岁教育方案”为教材蓝本的“试验场”，已培养出近千名早慧儿，在冯德全那狭小的书房内，堆着数千封来自全国各地的赞誉信和咨询信，中国大陆众多传媒，先后报道了冯德全的事迹。“0 岁教育方案”已被社会广泛认同。

深沉的民族忧患意识

年近六旬的冯德全先生，生于浙江农村一个贫困的家庭。在 30 年代的中国，百业凋敝，民不聊生，根本谈不到发展和振兴国民教育事业。像许许多多那个时代出生的儿童一样，冯德全直到 8 岁那年，还从未曾见过书本，如今，作为一个教育工作者，每当他看到今天的儿童无忧无虑的幸福生活，对比自己的童年时光，他都会激动不已。但是他明白：丰厚的生活并不能替代培养高素质人才的工作。何况这并不富裕的祖国正需要大量的人才去创业、去开拓。作为一名教育工作者，应该充分利用现在有利的社会环境去造就一代又一代新人。

冯德全有一个厚厚的笔记本。在上边记录着这样一些数据：中国土地面积占世界陆地面积的十五分之一，但却养育着占四分之一的人口，尽管中国实行了“计划生育”，但在未来的30年内，每年仍将净增1600万新人口，到下个世纪20年代，今天的婴儿将成为中国社会生产力的重要组成部分；今天，在中国15岁及15岁以上的文盲、半文盲还相当多。冯德全认为：要增强国力不仅要降低人口出生率，更重要的是要提高人口素质。正是这种深沉的民族忧患意识，使他决心把全部心血献给中国的早期教育事业。

跋涉在“早教”理论和实践的海洋里

冯德全有着幼儿教育的理论修养和丰富的实践，但要潜心探索早期教育的模式得靠多学科的理论积累为基础。从着迷“早教”那天起，他就一头埋进了美国、日本、前苏联、欧洲等等“早教”专家的学术专著里，从儿童生理学、心理学、教育学的角度对前人的理论研究成果进行了系统的分析归纳。

他得出了这样的结论：胎儿是宇宙间最具有生命力的物质，从肉眼看不见的精卵单细胞合子，仅仅9个月就成为世界上最高级的精灵，是何等伟大的创造。胎儿2个月，大脑皮层开始出现，有触觉；4—5个月产生听觉和嗅觉；7个月脑神经元数目接近成年人，听到外界声音有喜厌感，具备发声功能；8个月有睡眠和清醒的区别和开心的区别，能感觉母亲的高兴和悲伤；9个月以后就能脱离寄生生活而生机勃勃地成长。正是根据这一分析，冯德全提出了他多年设计的“0岁方案”：利用婴儿巨大的潜能，从奇妙的“无意识适应性学习”和“兴趣适应性学习”出发，全面发展，充分发展，多方培养，性格第一。生活中教，游戏中学，教在有心，学在无意。在孩子浓厚兴趣的前提下，早教不分学科，不讲系统，不顾深浅，不求甚解，使稚童毫无负担地达到三四岁脱盲。

“0 岁教育方案”的理论基础和实践方案形成后，冯德全就在他家里、朋友中建立起了广泛的试验场，让小精灵从出生那天起就接受“0 岁教育方案”。一支笔杆一张嘴，一张月票两条腿，常年奔波于他联系的一个个实施这种教育的家庭，一次又一次地完善自己的理论和实践体系。“路漫漫其修远兮，吾将上下而求索”正是冯德全不顾一切，执著追求的真实写照。

1 年、2 年、3 年……当他设计的“0 岁教育方案”由小范围的试验到全社会的广泛认同，当一个个小“神童”茁壮成长起来，当感谢信、汇报信从祖国四面八方发来之时，冯德全开心地笑了。一九八三年，他正式调入湖北大学，组建了武汉儿童发展研究中心，从此其科研成果步入了全面实施推广的新阶段。他在全国 20 多个省建立了函授、面授站，其业务范围也由单一的早期家教发展到综合性、多形式的全面教育阶段，中心聘请的一大批早教研究员活跃在祖国大、中、小城市，培养出了更多的健美、早慧、性格品德好的创造型儿童。

十几年的汗水，十几年的创业，冯德全除繁重的教学、演讲任务外，还完成了《神童之谜》《高素质人才的摇篮》《小鸟腾飞的一翼》等多部著作和数十万字的演讲稿。辛勤的创业，不断的追求使冯德全成为名副其实的中国“早教”专家。

辛勤教育的早慧花朵

“0 岁教育方案”全面推广以来，以其令人信服的魅力引起了社会广泛的关注，指导千家万户培育出了一朵朵耀眼的“早慧花朵”。这些成功事例证实，“早教”园地有着巨大的开发潜力。中华儿女蕴藏着奇才智慧。他们还以其生动的事例向“0 岁教育方案”呈交了一份份满意的报告。

报告之一：七岁幼童感动副市长

1983 年，太原化工厂职工医院的医生吕××夫妇生下了他们的独生子——吕×。这时他们正好接触到了“0 岁教育方案”。从此，他们与远在武汉而又互不相识的冯德全建立了联系。在冯德全的具体指导下，将“0 岁教育方案”实施到吕×的身上，而且出奇地有效。吕×4 岁时，入了小学，今年7岁，已跳级参加小学六年级的毕业考试，每门功课均在 80 分以上。7 岁的年龄，正是中国大多数人家的孩子刚刚步入小学的年龄。而吕×即要迈进中学。这与中国现行中学教育的有关规定相悖，自然遇到了困难。为此，冯教授向太原市副市长写信举荐，这对夫妇携子登门陈情求助。副市长亦出面过问，中学老师对吕×现场考试提问，电视台记者实地采访，吕×一下成了当地的新闻人物，吕×终于提前上了中学。

报告之二：丰富姥姥退休生活的外孙女

1988 年，在黑龙江安达市工作的屈老师当上了姥姥，作为一名老师，她带给外孙女的礼物就是“0 岁教育方案”。5 年过去了，外孙女在姥姥的教育下，已从 3 岁开始掌握熟练阅读。1992 年，上了小学五年级，而且成绩一直名列前茅。她先后参加过齐齐哈尔市教育系统的作文和智力比赛。最近，她正忙于准备参加 1993 年 3 月中国奥林匹克数学竞赛。

教育外孙女取得的成功，使屈老师也焕发了青春的活力。退休后，她再次走向社会，在安达市建立了“0 岁教育方案”函授站，并受聘担任了市关心下一代委员会的成员，还被评为市“三八红旗手”。

为人类文明的新觉醒

——记早教专家、“0 岁方案”的设计者冯德全

阿　部

（《中国青年报》1993 年 6 月 5 日报道）

1977 年，“文革”结束后全国恢复高考的第一年，本来不怎么出名的江

西赣州一下子名扬天下：13 岁便上知天文、下知地理的“神童”宁铂，成为中国第一个少年大学生。新星升起，引起了武汉一位名叫冯德全的教育工作者的特别注意和兴趣。

“神童不神，早慧儿的出现，必有规律可循。”这位在教育战线上辛勤耕耘了几十年，一直以抓“升学率”为己任的中学教导主任，突然间觉得自己的眼光穿过历史的隧道向前投射了很远很远，尽头处是人类文明新觉醒的曙光：重视儿童的早期教育。

现代文明社会与传统愚昧社会一个巨大的差别在于，人能够理性、自觉地把握社会发展的方向，把握自己行为的目的。冯德全开始有目的地转入对儿童优生、优育、优教的理论研究和实验研究，花全力来做认识早期教育重要性的启蒙工作。

“0 岁方案”从零起步了。

那时候早期教育的理论还没有达到今天这样的普及程度，在相当多人的眼中，早期智力开发，算不上什么科学研究。

当一个人为自己认定的某个希望目标奔走时，他所表现出的那份执着、坚毅简直是非凡的。在“一支笔杆一张嘴、一张月票两条腿”的创业条件下，冯德全不停笔地给几十位专家、学者写信谈自己对早期智力开发重要性的认识，联系了几百家单位，希望他们对这一造福子孙的事业予以支持。直到 1984 年，他才筹集到 4000 元资金，才在湖北大学找到了一块立足之地，创办起中国最早的儿童智力开发研究中心。说来也寒碜，号称开发研究中心，一间旧房子，一台打字机而已。

严峻的生存条件，逼得冯德全一开始就不得不走一条以科研养科研的路子。他把集自己心血而成的早期教育思想开发成具有实用性、可操作性的产品——《0岁方案》。方案共涉及德、智、体、美、生活能力、创造性思维等15个方面，简便易行的100项早教活动，同时还可以让孩子像自然认人、识物、说话、走路一样，毫无负担地学习识字，达到三岁识字，四岁脱盲，提前进入广泛阅读阶段。

著名学者于光远对冯德全的研究工作做了充分肯定："早期教育是一件意义非常大的事情……因为这是我们人类自身进步的一个大问题。"

《0岁方案》已经获得1992年全国优生优育优教展览会优秀奖、中国专利新技术新产品博览会银奖、海南特区科技成果及名优新产品展览展销会金奖，最近又荣获全国著名高校科技成果博览会金奖。

如今，《0岁方案》在全国的函授学员已逾18万，美国、加拿大、法国、澳大利亚、菲律宾的一些留学生家长闻讯后也纷纷来信邮购资料。冯德全每天都要接到上百封学员的来信，阅读学员的来信、听他们汇报、听他们提问给他带来极大乐趣。他手里还藏有上百张天真活泼的儿童照片，每一张照片的背后都写着：献给冯爷爷。那每一张笑脸，都是一份早期教育成功的喜悦报告。

尽管已经两鬓染霜，可对民族、对后代的责任感使冯德全不敢有丝毫懈怠。日本著名早教专家铃木镇一先生说过，"孩子出生就开始的育儿国策，若能在世界各国实行的话，世界在30年后就会变成一个新的世界"。像我们这样一个拥有12亿人口的"超级大国"，唯有重视人口素质的提高，使人力资源转化为人才资源，中国才可能有真正的出路。

"今世无悔，来生更待。"已经看到人类文明新觉醒的冯德全将全力为自己倾心的事业奋斗。

人类要重新认识婴幼儿

——世界人口日访“0岁方案”设计者冯德全

刘汉俊

（《光明日报》1995年7月12日报道）

光明日报6月25日头版头条《热点问题点评》栏目中推出《婴幼儿教育：正在滑坡》后，引起社会各界关注。7月11日是世界人口日，恰值第二届人口文化博览会开幕，记者就婴幼儿教育问题专门采访了著名早期教育专家、武汉大学《0岁方案》设计者冯德全。

“前些天，读了光明日报《婴幼儿教育：正在滑坡》一文，我认为刊发得很及时，也很严肃。”冯德全说，“科教兴国的实质是人才兴国，国际竞争的实质是人才竞争，而人才培养必须从娃娃抓起。人类，要重新认识婴幼儿。”

冯德全分析说，一般人只注重中国人口数量多这一现状，其实人口素质问题同样严重。中国人口存在“三多”现象，即文盲多、残疾人多、智障者多；而中高级人才特别少，仅占劳动人口的0.4‰。就世界范围而言，美国的杰出人才占世界总量的16%，前苏联占13%，中国与其他第三世界国家加起来还不到1%。而要提高人口素质，早期教育非常重要。

但是我国早期教育存在不少问题，冯德全归纳有三：一是“小学化现象”，即把婴幼儿教育性质与中小学教育性质相混淆；二是“照看化现象”，即一些单位把婴幼儿教育当作福利事业，主要用来解决职工上班的后顾之忧，对婴幼儿只是单纯照看；三是0~3岁的早教几乎无人过问，不懂3岁前教育的重要性。

1978年起，冯德全开始研究早期教育问题，11年后才将课题命名为“0岁方案”，主要包括从胎儿到6岁时期的优教问题。为什么要选择这一时期呢？冯德全认为原因有四：一是通过对胎婴幼儿进行精神、信息、营养等作用能促进人脑的发达，提高完善脑功能。二是能开发人的巨大潜能。目前世界上公认的结论是一般人的脑功能只开发了3%~10%，大部分脑细胞仍处休眠状态，如注意早期培养，功能开发就多得多。三是0到6岁是智力发展的最佳期，是人脑迅速生长且基本成熟时期。人的其他器官成熟要15~18年，而人脑成熟只需6年。冯德全举例说，一些著名棋手、杂技演员大多在婴幼时期就开始学习了。从小学音乐的，长大后起码在音准方面不会有问题。如把幼儿放在一种语言环境里，只要四个月他就能学会一种成人40年都可能学不准的语言。四是早期是人的优良性格的养成期。快乐活泼、安静专注、勇敢自信、勤劳善良、有独立性、有创造性这些优良性格都是在0~6岁间就养成了。

冯德全的《0岁方案》选择教育内容的原则是：在孩子、生理、心理承受范围内，极大地丰富精神生活；在激发孩子兴趣的前提下，教育要“不分学科、不讲系统、不顾深浅、不求甚解”，主张“对牛弹琴”。方案设计出15个方面的教育区和109项参考活动，可操作性都较强。

冯德全的《0岁方案》有一整套严谨、科学的理论依据：人的巨大潜能和最佳期开发的学说是其人类学依据；人脑优先成熟论和信息刺激发达论是其生理学依据；胎、婴、幼儿的适应性发展及其特具的形成敏感、印象记忆、情境领悟、本能模仿、无意识探求等心理特点是其心理学依据；教育促进发展论，而非等待成熟再教育，以及素质教育和因材施教论是其教育学依据。

17年来，冯德全刻苦研究，著作甚丰，同时又东奔西走，振臂呼号，以引起社会各界对早期教育的重视。全国妇联、国家教委、国家计生委等部门有关人士鼓励他，程思远、于光远、钱学森、费孝通等热心支持他。到今年7月，他创办的武汉儿童智力早期开发函授学校已届10年，受惠者遍布50多万个家庭，200多名智力超常者引起当地关注，两名幼儿实绩被载入世界吉尼斯纪录，两名学生成长为全国十佳少年。

问及打算，冯德全说有“四想”，即想继续以科学的理论和实事求是的成果引起各级有关部门领导和全社会对早期教育的重视；想求得有关部门和有识之士的帮助，建立自己的“0岁方案”教育实验基地；想与有关大学合办早教专业；想继续扩大“0岁方案”在海外华人中的影响，尤其要让西语环境中的华人孩子在0到6岁间学好中国文字、中国语言。

以上各报刊的报道从不同角度介绍了当时人们对“0岁方案”的推崇，同时也在为中国的早期教育呐喊。但冯德全的早教梦并没有一帆风顺，他还会遇到种种的坎坎坷坷、平平仄仄。这正是：

孤独实践行万里，重重困难腰不躬。

上下求索路漫漫，创新早教育神童。

第十章

布道穿行荆棘路　换来稚童可睿聪

冯德全教授在讲学

冯德全在三十多年的早教研究中得到了如此多有识之士的肯定和鼓励，但也遭遇了很多坎坎坷坷，这给冯德全带来了很大的困惑和伤害。

20世纪90年代初，在国家计生委的关心下，冯德全的“0岁方案”函授站已发展到五百多个，他们通过函授站使广大的年轻父母掌握了科学育儿的理论和方法。就在此时，北京几个学院的几位教育专家在冯德全缺席的情况下开座谈会讨论“0岁方案”，认为0岁开始早教是急功近利、拔苗助长，是掠夺性开发，摧残儿童，把晚饭提到早上来吃，把孩子投入水深火热之中……座谈会后还把会议纪要整版刊登在《中国人口报》上。就这一下，一夜之间摧毁了冯德全“0岁方案”四百多个函授站，研究所无可奈何、不知所措。这时冯德全不能沉默了，因为《中国人口报》是国家计生委主办的，而国家计生委是支持他的。所以他带着针对“座谈纪要”写的反驳文章到国家计生委去找彭珮云主任，接待他的是彭珮云的秘书王夫棠同志，王夫棠知道此事后很重视，便和冯德全一起去了《中国人口报》社询问情况，社长和主编表示此事是有不妥，但冯德全的反驳文章不能发，建议冯德全写一篇正面介绍“0岁方案”的文章，他们可以安排发表，此事就这样结束了。

到了2009年，在冯德全的早教研究取得阶段性成果时，由于研究所研究资金是自筹，所以有人劝冯德全赶快将研究成果转换成产品，以科研养科研。研究所寻求合作的信息一经公布，各路公司商家纷纷上门洽谈。最后吉林的一家文化传媒公司获得了“冯式早教”成果的推广和销售权，合同规定冯德全对书的学术内容负责，公司对销售过程负责。之后，该公司按合同约定交付了少量前期合作资金后，便开始在各地卫视为冯德全的《早教革命》一书的发行播出大量广告，在广告的播放过程中，合作方又经常对广告做一些微小的改变，其中有一句广告词超出了事实，说“《早教革命》一书是教育部委托冯德全写的”。2009年11月20日，中央电视台《经济与法》播出了“家有‘神童’是梦吗？揭秘冯德全《早教革命》骗局”的节目。

节目对《早教革命》一书广告中提到的早教成功典范儿童孙××及其家长进行了实际走访；在此基础上，节目对《早教革命》广告的宣传形式进行剖析，并采访了广告中涉及的著名主持人。从这些采访能够明显看出广告片和宣传的内容存在诸多不实之处，而在节目的采访中，多位专家也对《早教革命》资料中的“立体早教法”能够帮助孩子在很小的时候就能认识很多字的教育方法提出了质疑。针对广告中超出事实的广告语“《早教革命》一书是教育部委托冯德全写的”，节目中发布了一则教育部办公厅的声明：教育部从未聘任过儿童潜能开发顾问和科学教育课题顾问，从未组织、授权任何单位和个人编写《早教革命》，更未鉴定、推荐和倡导《早教革命》。

此节目本是打击虚假广告的范畴，可当时社会上和学术界一时出现了对伪科学伪学术的声讨活动，后来发展到电视频道和网络对冯德全的学术理论进行质疑，甚至对冯德全本人进行质疑。就在媒体播出此片后不几天，七十六岁的冯德全教授就及时发表了自己的声明，更正报道中的不实之处。下面我们来看看冯德全教授的声明是怎样写的。

我的几点说明

一、我从事教育实践和研究56年，近31年专攻0~6岁胎婴幼儿早期教育，写有30余本著作。除“0岁方案”系列为我研究所函授、邮购用书外，其余“冯德全早教方案”系列、“新编0岁方案”系列、“早教革命”系列及配套光盘都由合作单位负责出版、印刷、宣传、发行。按与合作单位协议，我本人只负责撰写内容，接受拍摄，不管出版、发行的事，只管“文责自负”“言责自负”。

我30多年的书稿、论文、文章、光盘、讲课录音、录像从来都是公开的，我的讲学任人摄像、录音，从来诚挚欢迎各方专家和广大读者对我所有著作、言论批评指正，今天仍然如此，欢迎各方批评、研讨、切磋、争鸣！

二、我拥护11月19日教育部办公厅《关于〈早教革命〉一书冒用教育部名义进行虚假宣传的声明》。教育部办公厅称：他们“从未组织、授权任何单位和个人编写《早教革命》，更未鉴定、推荐和倡导《早教革命》。《早教革命》一书的编写、出版发行和推广行为均与我部无关”。说得非常正确，有关《早教革命》的虚假宣传应由《早教革命》经销者负完全的责任。是《早教革命》部分销售商的行为，我也是他们虚假宣传的受害者。

三、我受聘于教育部“科学教育·儿童潜能开发”课题组顾问是完全属实的。大约五六年前我居住深圳期间，教育部“科学教育·儿童潜能开发”课题组正在南京（课题组所在实验基地）举办全国加盟培训班，课题组负责人徐文怀同志急邀我前往南京培训班讲学，我的义务讲课受到与会者（大约100多人）的热烈欢迎。讲课后徐文怀同志征得我的首肯后高兴地宣布，特聘我为教育部“科学教育·儿童潜能开发”课题组高级顾问，全场又爆热烈掌声。徐先生说要给我发聘书，后来也许工作忙忘记了，我也并不在意顾问一纸，因为我担任全国机构顾问太多，怎会记得去要此证书呢？当时在场开会的，我认识的大约有陈慧、格日乐、胡军、曹博、熊燕、扈鸣等同志，我想他们和100多位与会者都可以作证。

以后一段时间，教育部“科学教育·儿童潜能开发”课题组一个子课题负责人曹博同志，又来请我任子课题顾问并送来了聘书。此聘书目前在我武汉家里存放，如需查证，我愿意公布于众。

四、几点不同意见，供参考：

1.关于学术问题需按“百花齐放，百家争鸣”的方针来处理，才利于持有不同学术观点的同志取长补短，科学创新；何况我提倡的“视觉语言”理论指导下的环境濡染识字、生活游戏识字，像宝宝学认物、说话、走路、听音乐一样，孩子们非常快乐，毫无负担！个别家庭可能实施有偏差，我们应当满怀热情帮助他们才是！

2.我的早教理论不论是正确也好还是谬误也好，但“视觉语言和听觉语言同步、相似发展论”只是其中的一个部分，我发表的《0岁方案》到《早教革命》中，还有其他许多非常重要的部分（如“人类重新认识胎婴幼儿论”“两个生命同时养育论”“性格培养放在首位论”“早期教育方法论”等）。

3.我研究早期教育整整31年，当时国家教委（初教司给我来信）、全国妇联（来信，当时康大姐也很关注）、国家计生委（有信，请我多次出席早教示范区会议，给我发有两项高级聘书）、湖北省科委（对我项目有专家团评估报告书）以及许多国家领导人和科学家、教育家（程思远、费孝通、钱学森、于光远、彭珮云、王夫棠、薛焕玉、李成文、张徽之）等都关心这项目，这项目又有我们专家团队艰难困苦走过31年的奋斗历程……

五、民间教育研究的艰苦和辛酸是很多人都想象不到的。想起30年的经历……我经常想哭！但在软科学领域里不用国家一分钱，凭着“一支笔杆一张嘴，一张月票两条腿”起家，坚持31年漫长岁月，初步完成一个创新的早教理论体系，这在当今学界恐怕也是绝无仅有的，我渴望教育部办公厅领导同志们的关爱！

六、我和我的研究团队的最高理想是：变沉重的人口负担为无穷的人才资源；变艰辛的养儿育女为无限甜蜜的天伦之乐；并希望改变千古流传的“可怜天下父母心”，建设“快乐天下父母心”的中华科学育儿新文化！

为了早日实现这一理想，我更渴望教育部办公厅大力号召教育界百花齐放，百家争鸣，发展科学的早教事业，带领我们前进，包括支持民间早教研究机构！我研究的项目，早已获得中国早期教育最具影响力品牌证书，我热望教育部办公厅大力支持我们，让中国早教品牌走向世界！最近我的著作（其实是30年来广大会员育儿经验的结晶）在国外翻译出版就是一个好兆头。

我们一定要响应党中央号召，建设创新型国家！社会的进步离不开创新型人才,而创新型人才离不开创新的教育。我寄希望于国家教育部的领导同志鼓励教育创新,重视人才的"根系教育",也帮助我,一个从事教育56年的老教育工作者实现早教创新梦想之心愿!

谢谢耐心看完本说明的读者们,真诚欢迎各位批评!

2009年11月22日于杭州

此事在媒体曝光后,网友们纷纷发表了自己的看法,并有文章对报道中的一些片段提出了质疑。下面是一篇从事早教理论研究和实践的工作者发表的文章,文章的作者为杭州人士何振,是"0岁方案"的实践者,同时跟报道中的孙家也颇有交情。这样我们就可以从另一个侧面全面客观地辨析事件的曲直是非,也不难看出事件的一些端倪。

关于《经济与法》评《早教革命》,我有话要说[①]

何　振

在发表我个人看法之前,备注一下:本人与冯老(我习惯于称呼冯德全为冯老,总觉得对一个75岁的老人,直呼其名有些不敬)有过多次近距离的交流与接触,对他的《0岁方案》一书有过七年的阅读经历和不低于30遍的琢磨与思考,是"0岁方案"的受益家长之一。但由于在某些事情上的观点分歧,即使他经常与我同在一个城市,至今天,笔者与冯老本人已半年没有任何联系。

关于对冯德全早期教育的看法,我在去年12月冯德全早教30周年庆典讲话时就谈到了。近日来,随着11月20日《经济与法》栏目播出"早教革命虚假宣传"专题节目以来,网上最热门的教育话题莫过于评论与冯德全的

①何振:《关于〈经济与法〉评〈早教革命〉,我有话要说》,何振—教育无科的博客(新浪),2009年11月28日。

有关事情了。熟悉我的人都知道,以往我有每天或每周写博客的习惯,这一次已停了3个多月没有更新,主因是工作忙,手头的事情多,还有书的手稿也还没有完成。如今看到这么多人因关注"早教革命与冯德全"而大放厥词时,我不得不再次更新博客出来说说我眼中的《经济与法》这期节目和我对冯德全本人的一些认识与看法。也希望大家能抱着客观与理性的思维来看待。

首先,我们从整个节目来看,采访的人员里除了孙××父母看过冯老的著作外,里面任何一个人都没有认真读过冯老的书籍或专门研究过冯老的理念,而作为一个专家或者任何一个教育工作者对没有认真钻研过的东西发表评论都是欠妥当的,由此做出的评论很大程度上也会误导大众。尤其是节目中一位幼儿教师说孩子认了很多字变得不会与别人交流和游离于群体之外,我相信这位教师讲的事例是真的,但这只是她所看到的,是个案,没有普遍意义。但这种说法给家长的感觉就是孩子认字了,喜欢读书了,语言思维就差了,就会不合群了,如果是这样,我们倒过来想一想:那是否没认过字的孩子语言思维和与人交往的能力就一定好了呢?这是非常片面的看法,里面没有直接对应的因果关系。

如果真要争论"冯德全的教育理念正确与否",应该先研究和实践他的理念,应当采访一些在冯德全教育理念下成长起来的孩子和受益家长的看法,这样的评价才会客观些。

节目里,孙××父母在采访当中说孙××的教育没有受益于冯老的教育思想,不知是节目制作时剪去了其余的部分,还是其他原因。很多人都在说孙××爸妈没说真话,我是知情人,这里补充一句:孙××的成长确实受益于冯老《0岁方案》一书的启发(备注:是《0岁方案》一书,而不是《早教革命》一书),但教育孙××所使用的方法确不是冯老所授,而是他们根据冯老的理念在现实中实践,自己钻研与琢磨出来的方法。但假设我站在他们的立场,谈

《早教革命》虚假宣传的事，我也会那么说（这确实是虚假宣传），甚至与《早教革命》承包发行商打官司打到底。因为这事带给了他们很多苦恼，在前年《早教革命》一书刚出版时，孙××家人在与我一起聊天时就表达了强烈的不满（孙××与他爸爸妈妈一家三口在去吉林长春做节目之前就来浙江我家游玩了半个月）。他们一家人都是善良的人，没为名也没为利，是别人太对不起他们了，出于帮助别人的心思到头来却出坏事。所以对于孙××爸妈的说法我是很能理解。

其二，电视节目中把《早教革命》的广告定义为虚假宣传，这是没有异议的，就是冯老本人也承认这一点。经销商在进行产品推广时确实涉嫌夸大其词和虚假宣传，说什么“孙××的大脑与别人不同”，“受教育部委托”，等等。虽然这些夸大的广告宣传不是冯老所为，但也脱不了关系，因为作者是他，间接地说冯老也是受害者。据我所知，冯老只是负责写作而拿了一定的稿费，包装、宣传推广与发行是产品出版商与发行商做的，尽管这事他是委托给别人做了，他本人亦要尽监督责任。现在很多人把这个虚假宣传的帽子扣在了冯德全身上，我个人认为，虽然是冤，但这个冤还得他挺起老迈的脊梁来承担。只能说自己委托错了人，本来一本挺好的书却成了人人喊打的虚假宣传。

其三，凡读过冯老相关著作的读者都应知道，他的书中没有任何强化和强迫孩子识字的文字内容，相反，他极力反对当今幼儿园和各种培训班强化和小学化的强迫识字教学，反对这一违背婴幼儿的学习心理与教学方式。没有读过他书的人可以去书店买来看一看，估计他出版的任何一本书里你都看不到他提倡强迫强化识字的内容。记得有一句话这么说：任何早慧儿都是自然教育的结果，你无法强迫婴幼儿学会任何他不感兴趣的东西。这句话对于任何一个婴幼儿教育工作者和家长都要明白，不然你永远无法了解婴幼儿学习成长的秘密，并会在教育的过程中吃尽苦头。冯德全的早期识字阅读理念，与其说是强化识字，不如说是潜移默化更为恰当。

冯老的教育理念摘录如下，64个字：生活中教，游戏中学；教在有心，学在无意；学玩结合，兴趣第一；环境濡染，榜样诱导；对牛弹琴，只管耕耘；积极暗示，注重鼓励；施教育爱，不可溺爱；讲究爱态，控制情绪。大家去琢磨他倡导的理念，你找不到任何强迫教学和功利心的影子。认为他的这些理念是对的，你就继续去学习。作为父母来说，别管官方、媒体和某些专家说什么，孩子教得好不好，你心里清楚，对我们好的就拿来用，不要被别人的看法左右你的信仰。

不管冯老在《早教革命》虚假宣传事件中应担当什么责任，他都会去担当。对于他的理念和冯老这个人，虽然现在我与他已无联系，就是以后有一天他会把我当作仇人，我也会说一句话：冯老是个好人！他的教育理念绝对值得教育工作者去钻研，值得家长去学习借鉴。就算你不认可他的教育思想，可为了成立国内最早的民间教育研究机构，他辞去大学教授的公职，几十年来没要国家一分钱，坚持早期教育研究31年，如今75岁的老人不辞路途艰辛还赴各地讲学，单凭这一份执著的信仰和对事业的干劲，我们都应该尊敬他！

如果你是冯德全教育思想的受益者，你站出来说句话，力挺他！这对他是最好的一种温暖。如果你是冯德全教育思想的反对者，你去实践研究与推敲他的理念，有确实错误的观点，你也站出来大胆说话，这对一种教育思想的完善也是一份促进，即使措辞严厉，相信冯老也会感谢你。

当冯老百年老去的时候，我相信很多的人会缅怀和想念一个如此执著的老人。他带给人的不仅是思想，他像蒙特梭利一样用他的一生执著耕耘在他的信仰与追求中。这份毅力与执著，都值得我们教育工作者用一生去学习。

在网友们纷纷发表文章和帖子的同时，湖北冯德全儿童潜能开发研究所也针对媒体报道的一些片段，及时发表了关于孙老师家与冯式早教《0岁方案》《早教革命》的关系的说明，说明如下：

孙老师一家培养了一个非常不错的少年，可以说他是全面发展，充分发展，有个性特长地发展；学会生活，学会学习，学会关爱，13 岁考上中国科大少年班。我们为他们一家感到高兴，祝贺他们家庭幸福，孩子出类拔萃！

孙家孩子的成长最主要受惠于他的爷爷、奶奶、爸爸、妈妈有高度统一的早期教育新理念，是用科学的早期教育方法培养的结果，其中重要的一条是孩子从小发展"视觉语言"，早期识字阅读，孩子 3~13 岁读了 4000 本书，连许多中小学功课都是自学的。这说明他们家长集体付出了"快乐的辛劳"。孙家后来又办起了昌乐之家幼儿园，我们为他们感到无限欣慰！

孙老师一家培养出了那么优秀的孙子，家庭是最主要、最长期、最落实的教育力量，这是毋庸置疑的。任何好孩子首先都是父母、祖辈养育的功劳，是孩子努力的结果。但是另一方面，孙家孩子的早慧又是受"冯式早教"的启发、教育、帮助的结果，这也是毋庸置疑的。请看以下事实：

一、十多年前，大约那孩子两三岁时，冯德全教授到山西阳泉市讲学。孙家当时住在阳泉，他家家长来听课，课后一家人找冯教授谈话，拿着《0 岁方案》并把那二三岁的小孩也带去了。当时冯教授见他们一家对早期教育如此热心，家长素质高，孩子又教得好，父母家人都是知识分子，于是在征得他们同意后，把他们全家介绍到省城太原宏昌学校早教实验班，请他们专做早教研究及教学工作（当时冯教授任宏昌学校顾问）；尔后冯教授又与他们共事研究，相互学习、开会讨论、指导实验半年之久，冯教授还亲自带孩子们（包括孙家孩子）玩学（有录像为证），又给实验班家长上课，直到后来因南方开展业务需要，冯教授离开太原为止。

二、冯教授离开太原后的多年中，还常与宏昌学校早教实验班孙先生（孙家爷爷）联系。孙先生实施冯式早教非常执著，一家人创造了许多教学法，也常向冯教授汇报实验情况，发给冯教授实验班资料，后来冯教授还数次前往太原孙家基地学习与指导，实验班的孩子普遍发展得都很优秀。

三、几年后，宏昌学校因故停办了，孙家把实验班搬出校外，自办“昌乐之家”，实际仍沿用“0岁方案”名义、理论办学。2008年12月，“昌乐之家”作为“冯式早教”圈内基地，发资料刊登在《0岁方案—早教革命30年庆典特刊》上；孙家崔老师作为冯式早教基地——“昌乐之家”的代表出席广州冯式早教“0岁方案—早教革命30年庆典”大会，当时出席庆典的全国园长、老师、家长近千人，崔老师到会很受欢迎。

四、崔老师对外宣传孩子的成绩，从来都称她家是受《0岁方案》启发，吸取冯式早教理论和方法而教好孩子的；在广州30年庆典大会上，她作为冯式早教专家发言，受到满场代表的热烈欢迎，她也是这么说的。而且会前会后她与到会众多代表的交谈，都毫无例外表示对冯式早教的感谢；在其他场所，崔老师接受采访的录像或文字都是同样的口径，并且能一套一套地说出《早教革命》中的教学法。

孙家儿子夫妇在《0岁方案—早教革命三十周年庆典特刊》上，发表了题为《怎样激发孩子的阅读兴趣》的经验文章，又引用了冯教授《阅读点燃智慧》的论断和方法。

五、孙家孙子考上科大少年班后，在《山西晚报》、山西新闻网等许多媒体的报道中，也不难看出孙家与冯式早教的渊源。例如《山西晚报》报道：

1993年，母亲崔老师在怀孕期间得到了一套《0岁方案》，认真读过后，崔老师将早期教育的理念讲给丈夫和公公婆婆听，全家人对此高度认同。

1994年3月，宝宝出生了，妈妈将汉字贴在墙上，让孩子认物与认字同步进行；孩子会走路了，通过每天上下楼梯，学会了数数和加减法；孩子会说话了，家人给他一把尺子，他在家里到处量，给他一个弹簧秤，他在家里到处称，由此懂得了度量；飘在脸盆中的纸船让他了解了什么是浮力；下雨打伞，他知道了伞还有另一种说法叫“umbrella”；生病住院时，认识了“儿科”“眼科”“急诊科”；家里喝完的饮料桶变成了他认识圆柱体的教具；家中四壁贴满了诗词歌赋，包装盒、硬纸片全做成了识字卡……生活中的点点滴滴成了孩子知识积累的源泉。

教者有意，学者无心，孩子居然在不经意间就学到了很多，到2岁时，孩子能认识2000多个汉字，并开始自主阅读……

看以上这段《山西晚报》的文字报道，从点题到理念，从理念到操作，从操作到文句……处处是“冯式早教”理论、方法的传承。从这一点说，孙家学“冯式早教”确实是比较深入而有效的，我们深深感谢孙家三代人早教实验的成功案例为“冯式早教”所做出的贡献！冯德全教授《早教革命》一书的首篇案例就是摘录于《山西晚报》、山西新闻网对孙家早教的报道文章。

六、前几年孙家应邀作为“0岁方案”“早教革命”专家成员到长春录像和到长白山旅游，孙家父母和孩子都高兴赴约了。到会的有成果的“冯式早教”专家与积极分子都写了《早教革命可用他们肖像和案例进行宣传的承诺书》，孙家也不例外是签字同意的。

而后孙家出了一本关于早期教育的著作，书内也写了他家受益于冯式《0岁方案》……

后来冯德全补充道：“以上是四年多前《经济与法》播出批判早期识字阅读节目后，我研究所发的文章，现在我重发它，基本没改动，只有意隐去了家长名字和孩子的姓名，我想读者会理解我这样做的心情的。”

马克思说过：“在科学的入口处，正像在地狱的入口处一样，必须提出这样的要求：这里必须根绝一切犹豫；这里任何怯懦都无济于事。”“视觉语言”与“听觉语言”同步、相似发展，是儿童巨大潜能开发的一个崭新科研领域，是一项伟大的创造，是教育文明的新觉醒，我们不入地狱谁入地狱？真正解答“钱学森之问”，要从国民的科学育儿开始！

今天冯德全教授重发其研究所四年多前的文章，目的是：

一、为了表明冯德全教授毫无盗用他人教育成果之意，《0岁方案》《早教革命》《冯德全早教全书》三十五年来教育的成功案例数不胜数，无须盗用任何他人的理论和案例成果。

二、冯德全教授再一次肯定孙家的成功案例确很出色，也来之不易，要倍加珍惜；同时认为孙家孩子的优秀，也再一次证明“视觉语言”与“听觉语言”同步、相似发展理论是正确的，因为语言是思维和想象的工具，与丰富孩子的实践、感受同等重要，两者相辅相成。

三、繁荣民族文化务必要遵循党的百花齐放、百家争鸣的方针，要相信人民群众的思考、鉴别力！不过这里冯德全教授也要感谢《经济与法》的节目中播出了他断然否定教育部委托我编写《早教革命》图书的那句话。

最后冯德全教授还要强调一下：孙家孩子早慧的显著特点不是早期发展视觉语言（早期识字阅读也是他们昌乐之家幼儿园的最大特色）三岁前阅读而学会学习，品学兼优，出类拔萃的吗？怎能用你们认为早期识字阅读成功的案例来批判早期识字阅读的理论和方法呢？

早在2009年11月22日，冯德全教授便于杭州发表了声明，作了正面回应。从事早教的知情人士也纷纷发表文章对此事件作了客观的叙述。但时隔几年，此事件造成的负面影响仍未完全肃清，时常有不明真相的网友直接在网上问起此事，于是，冯德全教授又再次发表了几点说明，以正视听。

在这次事件中，由开始的打击虚假广告，进而延伸到学术批判。那么在关于

“视觉语言与听觉语言同步发展”(也就是早期识字)这个学术问题上究竟如何论高下呢?我们不妨再来看看另外一些专家对开发视觉语言的看法。

北京国际汉字研究会常务副秘书长徐德江先生曾针对幼儿早期识字问题说:“长期以来,人们形成了一个观念:幼儿识字会影响身心健康发展。然而社会的进步,科学技术的发展,开始使我们认识到:两三岁的幼儿不识字,就像两三岁的幼儿不会说话一样,是发育不正常的表现;规定只有入小学才可以识字,就像规定只有入小学才可以说话一样,是违背人的发展规律的愚蠢行径。”

美国著名生理学家、幼儿教育家格伦·多曼博士率领百人研究团队,经过长期研究认为:开发智力的训练越早开始越好。教三岁幼儿认字、学外语,比教七岁的幼儿容易,两岁又比三岁容易。多曼博士甚至建议刚出生的婴儿学习识字。发展大脑神经的最好方式是教儿童阅读。孩子学习阅读,起步越早越好。幼儿在学说话之前学会阅读,有助于幼儿大脑神经网络建立越来越多的联系,从而加强大脑的智力功能。

格伦·多曼博士长期从事治疗脑伤残患儿工作。他和另外一百多位儿科医生及心理学、教育学专家共同创办了著名的美国费城人类潜能开发研究所,专门研究儿童的早期教育问题。他们认为:幼儿的大脑就像大海一样潜力无穷。每个正常的婴幼儿都有难以估计的潜力。从出生至六岁所装进去的东西,常常是终生抹不掉的。

关于人类视觉语言开发(早期识字)的对错这里就不再多加赘述了,总之,在2009年,冯德全又一次遭遇了重大的挫折,这也让冯德全又一次元气大伤。为了不让中国的早教理论毁于一旦,一年后冯德全又坚强地站了起来,他带着研究所人员来到北京继续寻找发展的道路。

因为冯德全总想找一所高校建一个早教师培训基地,取得丰富经验和成果后进而升格成为大学的一个新学科和专业,这样,科学育儿就真正进入科学的殿堂了，这也是人类具有划时代意义的进步啊！然而他一次次失败了。2010年，冯德全在北京奔波筹备了一年，成立了一个教育科技有限公司，集中了六七位专家，与北京师范大学培训中心谈妥了合作并签约，他以为这次大有希望了。谁知在签了合同当天就有人收走了所签的合作协议书。就这样，冯德全在北京筹备近一年的努力又化作了泡影，其稿费、讲课费全花光了，另外还欠了些债务，他不得不于2011年带着研究所的研究人员回到武汉重整旗鼓。几十年来，冯德全在没有政府资金支持的情况下，屡挫屡战，一直坚持着科学育儿的研究，为了实现自己的全民科学育儿梦，他还将在这条布满荆棘的道路上继续前行。这正是：

前行路途非平坦，初衷不改忍负重。

布道穿行荆棘路，换来稚童可睿聪。

第十一章

心怀社稷何惧艰　福泽苍生桃李红

2012 年冯德全教授在全国早教高峰论坛上演讲(北京)

冯德全的早教研究和推广之路是坎坎坷坷，曲曲折折的。几多羁绊几多辛酸，可他都坚强地挺过来了，特别是2009年后，他又在早教理论研究和推广的路上艰难地向前走着、走着……就像一峰忍辱负重的骆驼在一片没有绿洲的沙漠上向着胜利的黎明迈进。这么多年来，他默默地耕耘着、奉献着，因为他知道自己所做的事业是提高整个民族素质的大业，是实现民族复兴大业的基础事业。他说："我要做中国的'木村久一'。"三十八年来，他不知做了多少场免费的早教理论推广讲座，不知免费送出去多少自己用心血和汗水写成的早教著作，也不知给多少早教人铺路成就了他们的事业。好多人利用冯德全的早教理论赚了大钱，可他自己却依然是两袖清风寒士一介。以至于好多冯德全的崇拜者在见到他时不禁感慨道："没见到您之前我还以为您是一位亿万富翁呢！没想到您是如此的清贫，您图的是啥？"每当冯德全遇到这类的感慨和不平，都会淡定地笑着答道："三十八年来，我通过《0岁方案》培养出了成千上万的优秀儿童，这还不够吗？"是的，三十八年来，冯德全通过《0岁方案》培养出了成千上万的优秀儿童，这是多么巨大的财富啊！就连中国妇女出版社在出版冯德全的《0岁方案》一书时也曾这样写道："数百万人的超大型实验，成千上万孩子的成功案例，三十年无可匹敌的普及推广……哪里有华人，哪里就有《0岁方案》，哪里有出色的孩子，哪里就能看到《0岁方案》的影子。"

是啊！哪里有出色的孩子，哪里就能看到《0岁方案》的影子。无数家长运用《0岁方案》把自己的孩子培养得非常优秀，他们大多三四岁脱盲阅读，五六岁博览群书，拥有广泛兴趣和个性特长，其智力品质和非智力品质均得到良好的发展，有的已成为国际高级白领，有的已在高科技领域崭露头角……三十八年来，通过冯德全的早教理论研究、实践和推广，培养出了数以万计的优秀儿童，为中国早教事业的发展奠定了坚实的基础。下面就让我们来看看在"冯式早教"理论的指导下培养出来的优秀人才的成功案例吧！

张先利是千万普通家长中的一员，她的女儿成成就是她运用《0岁方案》培养出来的杰出儿童。成成出生四个月时，张先利就开始用《0岁方案》对她实施早期教育。到了三岁两个月，成成聪明好学、健康、性格品质优良，是个活泼可爱的孩子。这里摘录一些她的施教方法与体会，以见证《0岁方案》的魅力。

1.胎期教育。孕期，我读了一些胎教方面的书，在保证营养的前提下，每天听世界名曲（如《爱和乐》），使心情快乐平静。到胎儿五个月时，我每晚躺在床上边轻轻抚摩腹部，边唤着早已替她取好的乳名，然后和孩子说话；清晨睡醒后就讲故事，像孩子完全能听懂一样。我经常读书、画画、写文章，还制作了许多色彩斑斓、生动有趣的吹塑纸贴画，用最美好的感情迎接小宝贝的降临。我越是专心胎教，我的内分泌越利于宝宝健康、聪明。

2.新生期教育。成成一出生就不甘寂寞，头来回转着，嘴一动一动地哼。我把她放在我的枕边，轻轻对她说："你哼什么啊，我的小宝贝？"谁知她真的不做声了，静静地看着我，眼睛一眨一眨，似乎听懂了我的话。人生初期的智力潜能是无限的，抓好这一时期"对牛弹琴"式的早教，将对孩子的成长起重大作用，我深信这一点。

所以在产假期间，孩子一醒来，我便给她讲故事、唱儿歌、听音乐、听《母子英语》，跟她说话。出生四个月，她就已能分辨熟人生人，认一些实物了。能竖起来抱的时候，我就指着室内各种实物告诉她，这是门，那是窗……而且让她看、让她摸，刺激她的感觉神经。六个月成成已能随音乐节奏跳跃。有趣的是，成成十个月时，她竟把我常常念给她的一首儿歌《小佳佳》自编了一套动作。我一念，她就手舞足蹈地表演给我看。我说"小佳佳光脚丫"，她就抬起小脚左右晃动，我说"海滩上面捉鱼虾"，她两只小手一抓一抓……直念到最后一句"别哭啦，别哭啦，送你们回家找妈妈"，她就一下扑到我怀里，搂住我的脖子亲个没完。没有谁教她，她把我10个月来教她的动作全融进了这首儿歌里。

3.早期识读教育。六个月零八天，我写了"爸""妈""碗"三个字试着教成成认。每给她看一个字，就指给她看相应的人或物，清楚地告诉她字的读音。只见她一边看字一边又看实物，似乎对这些新“玩具”发生了兴趣。开始我并没有把握，不知道她是否能够认字。可没想到几天后发生了奇迹：我把一个“碗”字递到成成面前，有意不念字音，观察她的反应。我发现她看了看字卡，马上转头去看常常放碗的地方找碗了。虽然这仅仅是一个不易察觉的眼神，却给了我莫大的鼓舞——我的女儿会认字了。从此，我带着成成走上了早期识字阅读之路。我先选择一些孩子已经会认的事物的名词，孩子已经会做的动作的动词，写成字卡收集起来。家中各种物品上也都挂上相应的字卡。教学时为了吸引孩子注意，我拿着字卡，口里学飞机飞的声音哼着“呜——呜——”并让字卡在她面前飞来飞去，然后把字卡藏在背后，引得成成马上来抢字卡。这时我再把字卡给她看，教她读音。她兴致上来了，要求再认一个，再认一个。复习时，我把字卡摆成一排，让她手拿着一块饼干。我说“猫饿了”，她就会把饼干送到“猫”的字卡前，给“猫”吃饼干；我说“兔”，她又马上把饼干送给“兔”吃。这样每个字都成了她的“宝宝”。

我告诉她“泥”娃娃困了，要睡觉，她立即找出“泥”的字卡来，抱在怀里哼起摇篮曲哄“泥娃娃”睡觉，样子可爱极了。我们在散步时会和孩子学“树”“鸟”“虫”“草”，到河边玩时学“水”“河”“桥”“岸”等字，使认物与识字同步，我教得有心，孩子学得也轻松。

到一周岁时，成成已经形成了冯教授说的“识字敏感”，每次看到不认识的字，都会指着要我教她认。认识500个字之后，我把孩子熟悉的儿歌、古诗用毛笔写出来，贴在墙上，用小木棍指着读给她听。开始她不适应眼前一下子出现那么多字，不愿意看。我没有气馁，仍然不间断地每天指着那些诗歌念，久而久之，孩子渐渐被这些熟悉的诗歌吸引了。就这样，我引导成成进入了阅读识字阶段。利用阅读的方法教孩子认字速度特别快，仅两个月的时间，成成的识字量猛增到1000以上。这时候，成成两岁半，阅读的兴趣已经培养起来了，能背古诗、儿歌100多首，读些低幼读物。一年之后，她识字2000以上，已阅读过小学语文一、二册，《365夜故事》《新编趣味童谣》等书籍几十本。大量的识字阅读提高了成成的语言表达能力。她词汇丰富，用词准确，不仅会用“灯火通明”“东躲西藏”这些成语，会用“怀疑”“美滋滋”等动词和形容词，有时还会用“终于……”“因为……所以……”“如果……那么……”这类副词和连词了，且感情丰富。

一天，成成正在外婆家的鸡圈边玩耍，一只鸭子走过来“嘎嘎”大叫，一只鸡走过来“唧唧”了两声。成成静静观察了一会儿，说：“小鸡走过来对鸭子说：‘别哭啦！’小鸭说：‘不，要哭。’”说完，自己也被自编的故事逗笑了。平时，大人眼里很平常的一景一物都会引得她情绪激昂、诗兴大发。有一次带她去山林里玩，看到云雾间的山里人家，她情不自禁地道出一句：“白云生处有人家。”走近树林，她还作诗：“一只小鸟飞呀飞，小鸟们儿在唱歌，小鸟们儿飞呀飞，小鸟们儿多快乐！”

前不久，带她乘火车去外婆家，她第一次听到农家院舍的公鸡啼鸣，即兴编了一首《叫妈妈》的儿歌：“小公鸡，喔喔啼，清早起来叫妈妈，妈妈妈妈快回家，妈妈说，我来啦！”

4.早学地理。成成六个月，我买来了中国地图和世界地图。我们常抱她到地图前指指讲讲。一周岁，她已经能在世界地图上准确地指认中国、日本、加拿大、阿根廷等十几个国家。两岁半对我国政区已十分熟悉，能快速地在图上找出各省的位置以及说出省会和首府名称。

前不久，姥爷送了她一套中国、美洲、欧洲、非洲的塑料拼图，她着魔似的拼这些图，有时甚至不拼完就不吃饭。她拿着中国拼图的模块说：“内蒙古和黑龙江像一条龙和一只天鹅亲吻，甘肃像天女下凡，青海像只小猪，山东像只小乌龟向着黄海爬去……”

5.及早建立数概念和认识几何形体。成成会说话前喜欢坐在我怀里玩我衣服上的纽扣。利用这个机会，我把着她的小手数我的扣子，她觉得很有趣，就数了一遍又一遍。以后我们常数家里有几口人，手里有几颗糖果，桌子上有几只碗，还数楼梯，数车辆。通过训练，成成对5个以下的实物一眼就能看出。她知道了“0”的概念，能按照纸上写的数字取出相应数量的实物来，还知道按序数往上数一个比一个多，倒过来数一个比一个少，会用数字积木拼出1000以内的数，计算5以内的加法。一岁半，成成已认识十几个平面几何图形。两岁半，我用橡皮泥做成正方体、长方体、圆柱体、球体、圆锥体教她认，并让她拿着模型与我画在纸上的立体图形对号。这时候她会说奶奶家的床头柜是长方体，日光灯是圆柱体，外婆家的小跳棋是圆锥体加球体，我们家的弹子跳棋是球体……

6.培养动手能力。成成会坐时，我就常给她一块饼干，让她自己喂到嘴里去吃，给她一张纸让她撕着玩。还让她往小盒、小瓶里装东西，学开关灯，拧瓶盖，垒象棋子，搭积木。后来又教她穿珠子、捏橡皮泥，充实她的精神生活。

她两岁半的一天，读《乌鸦喝水》的故事之后，向我要小石子做抬高水位的实验。我看她用小瓶子装了半瓶水进房间去了。过了一会儿，她端着瓶子出来给我看，石子装进瓶子，水升到了瓶口。她说："妈妈，我成功了！我们可以请乌鸦来喝水了。"小脸上挂满了成功的喜悦，我连连向她祝贺。

两岁十个月，成成会用两个全等的直角三角形拼出长方形、平行四边形、等腰三角形来，还会用几块三角形拼出"帆船""鸽子"等图形。几天前，我做包子，她把包子摆成一个圆圈，说是"包子项链"。她自己还做了一只"青蛙包子"和两个"小鞋包子"，生动形象，令我这个家庭主妇自叹不如。

7.学习音乐绘画，培养爱美的感情。成成从小爱音乐爱唱歌，节奏感好。一天我带她去赶集，不知从哪里传来的节奏明快的乐曲声吸引了她，她竟笔直地站在那里像一位小小的乐队指挥，上下挥动胳膊，专注的样子像忘记了周围的一切。

成成开始涂鸦，我买来24色水彩笔让她涂。尽管她乱涂一气，但我从不给她泼冷水，常表扬她："这个大气球画得多好！""这像两只小兔在吃草。"以后我又引导她画弧线、波浪线、圆圈，她也慢慢有目的地画画了。第一次画想象画，她画了一幅《乌太太吃土豆》，后来还画了梨、香蕉等静物写生。近段时间她又喜欢上山水画，每次总是兴致勃勃地将身边的纸全画完才停笔。

8.培养独立能力和自制。成成五个月，让她自己吃饼干；九个月断奶后，让她自己捧奶瓶喝牛奶；一岁半单独睡小床，起床后自己取衣服；两周岁教她自己洗脸、洗脚、刷牙、洗手绢、袜子。随着各方面能力的发展，她常常说这样一句话："妈妈，我是大孩子了，我能行。"现在她会做的事情越来越多：独立盛饭，吃饭，自己脱衣睡觉，自己起床，独立读书、玩耍……

独立的生活使她养成了良好、规律的生活习惯，她懂得脱下的鞋子要放整齐，玩过的玩具要放归原位，看完的书要收好，饭前要洗手，饭后要擦嘴、洗手漱口。

一天晚上，小舅舅来做客，给了成成一块糖。本来成成有睡前不吃东西的习惯，可这次她把糖块的包装纸剥开了。我知道她最喜欢吃这种糖，就提醒她说："睡觉前吃糖，牙齿要变黑，还会痛呢。"她忙把剥开的糖纸重新包好，放到桌子上。之后，她两次爬起来剥开糖纸看那块糖，同时眼睛看着我说："妈妈我不吃，看看。"最后终于忍住了"馋"，静静地睡了。

成成两周岁的一天，我带她逛商店。在玩具柜前，成成请售货员阿姨拿来长毛狗。她抱着长毛狗亲了又亲。我对她说："我们家已经有好多玩具了，今天不买了，好吗？"她马上把长毛狗还给阿姨，并礼貌地与阿姨道"再见"。我们听到背后传来赞叹声："这孩子多懂事。"

9.培养爱心和同情心。出生仅几个月，我就有意识地训练她把好吃的东西先送到爸爸妈妈嘴里。上托儿所后，又教她把好吃的分给小朋友。

一次她的小手抓破了君子兰的叶子，我说："君子兰受伤了，多痛啊，快给她揉揉。"时时有意识地引导孩子从小懂得关心别人。外出走路多了，我要抱她，她会说："成成不太累，妈妈累了。"下雨天，爸爸要去值夜班，成成取来一把伞说："爸爸，带着伞，外面下雨会把你淋湿的。"

有一次见我蹲在地上洗菜，成成给我搬来小凳子拉我坐下，还一边念着刚学会的儿歌："好妈妈，你累啦，我搬小凳子，请你快坐下。"孩子懂事的行动和稚嫩的声音深深打动着我的心。同时，也感到欣慰和自豪，更为早期教育的巨大作用所折服。

10.培养坚强和自信。成成第一次摔跤是她刚刚学会走路不久。摔倒了,她坐在地上张着小手等我扶她起来,我没有伸手扶她,而是热情地鼓励她扶着墙自己站起来。她果真自己扶着墙站了起来。我现在还记得当时她战胜困难的高兴神情:她一只手扶着墙,另一只小手上下舞动着,嘴巴张得好大地笑。这应该是孩子最初的成功感体验,我心里明白,这是十分重要的开端。从那以后,她摔跤从来不哭,也不需要别人来扶。有一次手碰出了血,还自我安慰:"没事的!"她不怕虫子,不怕黑暗,对猫、狗、小猪等小动物都不怕。她不怕陌生人,见生人有问有答,落落大方。她自信好胜。有一次听我们讲"方案"早期学员长沙杨老师的女儿小刘媚被大学录取的事。她问我:"妈妈,刘媚姐姐读了好多书就能上大学,对吧?"我点点头。她又说:"我也读了好多书书,小书架上的书我都会读了,我也能上大学。"这时,我才发现她歪着头望着我,一副不服输的样子,说得那么激动,那么认真。我连忙鼓励她:"成成当然能上大学,但现在还要读更多的书,学更多知识,将来要上最好的大学!"我相信,勇敢自信像一只大鸟,能驮起孩子飞向成功的彼岸。

11.培养热爱劳动的习惯。成成劳动习惯的培养是从她蹒跚学步时开始的。起初,她两只小手伸进洗衣盆来帮我洗衣服,拿起饭勺来给我盛饭,抱着扫帚扫地。尽管她常把衣服弄湿,洒了一地的饭粒,可我不责怪她,而是耐心地教她操作。次数多了,她小手灵活了。

现在她已经是我做家务的小帮手了。饭前端碗、饭后抹桌,都成了她的自觉行动。这些力所能及的劳动充实了她的精神生活,让她感到快乐。在喂养方面,我们注意少给孩子吃零食,而各种味道的菜(甜、酸、苦、辣)都给她吃。所以成成从小不挑食,食欲旺盛,身体很结实,连感冒也很少。她喜爱运动,走得稳,跑得快;荡秋千、爬攀登架、走平衡木、骑童车、溜旱冰……样样都喜欢,好像有使不完的劲。

当年的成成今年刚进入十五岁的华龄,已经是高三年级的优秀学生,班上的英语科代表。妈妈张先利已是早期教育专家,经常发表早教研究和育儿文章。多年前“方案”专家组将她推荐到冯德全教授家乡的一家幼、小、中“一条龙”学校任教研员。

下面让我们再来看看任玲(《0 岁方案》研究员)的实践过程与心得。

体会:现在有些报刊、电视中常讨论“小神童”究竟对孩子一生的成长好不好？有一种观点就是一听两岁多的孩子认 1000 多个字,就认为是对孩子的强制灌输,是不叫孩子过快乐的童年,是弄得孩子不像孩子的样。或者说,这只重某方面的片面训练,是一种急功近利之举,拔苗助长,违背了儿童生长发育的规律;它有时能获得眼前的辉煌,但往往好景不长,它经不起时间的考验,培养良好的性格和习惯更重要。我听了这些就觉得很可笑。为什么他们对学字就有这么深的误解,总认为幼儿学字多就不好,我女儿轻轻松松每天十分钟就认这么多字,对她有什么不好的。她不仅认字多,而且性格好,对音乐特喜欢。我认为女儿不仅不比别的孩子少了快乐,而且多了很多快乐,更充实。她每天都在唱歌,都在蹦蹦跳跳个不停,很纯真很可爱,怎么认了几个字就没有儿童的样了？他们之所以这么说,都是因为:一、不了解孩子发展了“视觉语言”就更丰富了认知生活、情感生活,认认读读的游戏生活比单一的“听觉语言”接触的生活丰富多了;二、不了解婴儿能像学会认物、说话、走路一样,不知不觉学会识字阅读,从半岁左右开始这是很平常的事。如果他们和我女儿接触几天,他们就明白我的早期教育有多么好。我女儿的成长,非常有力地打破了那些认为识字不好的旧观念。

我不明白为什么要说“好景不长”,多一个器官掌握语言有什么不好的,起点比别人高一点,将来比别人差的可能性应该就少一点吧。早期教育是一种成才的捷径,能给孩子一个很高的起点。享誉全球的幼儿教育家蒙特梭利告诉我们:天赋优越的婴幼儿,长大以后不一定能成为卓越的精英,而那些有成就的人却都在婴幼儿时期受到过良好的早期教育。

我知道有些报道“小神童”,上了大学后又辍学是因为自理能力不行,还有一些孩子心理素质很弱,受到一点打击就垮了。这都是因为早期教育不全面，父母只注重片面智力开发，不注重性格培养所致，真正的早期教育是如冯教授所说的“两个生命同时养育”。

还有的人说，你的孩子是“小神童”，自己总感觉与众不同，长大了会给她心理压力。这就要看家长对她的教育了，如果总是想让她高人一等，又不给她勇于接受挫折、谦虚、乐观、向上的性格，又不让孩子跟别的小朋友玩，也不培养她的自立能力，那样结果当然不会好。

我培养女儿学习的动机，绝不是为了出名、增光什么的，我最不在乎这些。我也不是为了女儿将来一定成个什么杰出的人，望子成龙。我其实对她最大的希望是她能健康而快乐，喜爱阅读和思考是健康快乐绝不可少的。我之所以对孩子进行早期教育，是因为我对她一种负责的态度，三岁前是黄金时段，我不能耽误她。卡尔·威特的父亲之所以把孩子培养成一个这么杰出的人，也不是为了名利，他只是希望孩子更有智慧洞察人生，让他成为一个更完美的人。

下面是《0 岁方案》特约研究员，也是育儿成功的家长尚家富的育儿经验和体会——《神奇的早教，神奇的“0 岁方案”》。

一个偶然的机会，朋友给我介绍了《0 岁方案》。即将有孩子的我一口气将这三本书看完，并对《0 岁方案》赞不绝口。正好妻子在怀孕期间，于是我们决定按照《0 岁方案》介绍的方法进行胎教。孩子出世了，除了中年得女的喜悦外，更让人惊喜万分的是刚生下来几天她就迷上了识字和听英语。在孩子 4 个月之前，我们也不知道她是否真的认识那些字卡，突然有一天在教她几张卡片时，她认出了一张曾经教过的卡片，我们这时才知道她已认识字了。她对《美式英语会话》特别感兴趣，每当她在哭闹的时候给她播放这盘录音带，她就会停止哭闹，安安静静地听。她高兴的时候会用小手去指各种感兴趣的物体、文字、图片，动物的鼻子、眼睛、耳朵等，5 个多月会用双手表达10 以内的数，养成了爱学习的习惯。6 个月时用了一周时间学完了 10 以内的圆点计数，8 个月时认识的汉字及英语单词接近 500 个，能分辨左右、大小、颜色及几何图形，能分清妈妈、爸爸和家里的电话号码，四川大学某外籍专家称她为“神奇的宝贝”。

每次外出时，她喜欢看大街上的各种广告词，见到熟悉的字和事物会兴奋不已。喜欢招呼人，能与家人进行简单的沟通，还有点幽默感！现在孩子已经10个月了，表现出超常的记忆力、注意力，不断地带给我们全家惊喜。

上面说的尚家富是一家早教机构的首席专家，同时也在实践着冯德全教授的早教理念。

下面我们再立体地剖析一个十五岁研究生刘俊杰的成长过程。

我想到了“中子星”。去年9月，一向寂静的清华园突然爆出一则新闻：15岁的刘俊杰，成了现代应用物理系凝聚态物理专业研究生！听到这个消息，我的第一反应是不信。15岁读研，那大学什么时间读？按常规12年的小学、初中、高中，又什么时间学？一连串的疑问使我的心里充满好奇。我见到他，目光里满是“探索”，仿佛站在一百宝箱前，极欲知晓里面究竟藏有何等奇珍异宝。一份成长记录，似乎拨开了少许云雾：刘俊杰1981年5月出生于湖南株洲一个普通家庭。母亲为初中数学老师，父亲在市电厂上班。1岁识字，2岁阅读，3岁前学完小学一、二、三年级全部课程。4岁破格上小学三年级，已识字2500多个。8岁上初中，10岁上高中，破格免试入株洲市二中（重高），读高一。12岁考取华中理工大学少年班。15岁提前一年毕业，免试读研。

我在清华园里见到了他：大头大脸，粗胳膊粗腿，1.70米开外的帅小伙。一头浓密的黑发，未经仔细梳理。裹一件半新的紫色皮夹克，灰裤子，旅游鞋，与一般大学生无二。仔细看，眉宇间还带有一丝稚气，一说话，露出憨厚的笑，笑容里挂着些儿腼腆；在生人面前，额头没准会沁出点细密的汗。如果一定要寻出点特征的话，首推嵌在眼眶里那双黑黑的眸子，清幽明亮，透着灵秀，仿佛每一转动，都会射出智慧的光来。他的背后是清华园主楼，气势颇大。站在楼前，心灵会被一种莫名的伟大与崇高所震颤。正值开饭时间，学生、老师三三两两走出大楼，然后或步行，或骑车，向食堂或家里赶去。我感到，他与这一切是那么融洽、协调。

看着“小小”的他，我突然想到中子星，宇宙间体积极小，密度极大的一种天体。但不知，他，是如何“凝聚”成的？

“一生之计在于童”

刘俊杰的早慧，除了天资聪颖以外，更重要的，缘于良好的家教，在俊杰身上，不知“凝聚”了他父母多少的心血和汗水。他的幼教开始得很早。出生后，父母就注意把各种信息通过孩子的眼、耳、鼻、舌、身等感觉器官输入他的大脑，不断地跟他说话、讲故事，给看色彩鲜艳的图片，听音乐，玩带响的玩具，还常把他发出的咿呀声录下来，再放给他听逗他乐。刚会坐时，就让他玩图片任他撕，撕坏了再给，有意锻炼他手指的灵活性。这样，俊杰 1 岁就学会翻书。

为了教他识字，父母做了许多卡片。起初一天识两三个字，后来每天识 30 个左右的字，上街时认招牌，买东西看商标，走路读路边的广告牌。2 岁多，母亲午休起来要上班，他还没醒来，母亲随手写一张留言条放在他枕边。他醒后会自动看“信”，按信上的要求玩耍和学习，等妈妈下班后再向妈妈汇报。识字、阅读对口语能力的培养产生了意想不到的好作用。刘俊杰 10 个月开始说话，2 岁多能说完整的长句，吐词清楚，词汇生动。有一次跟妈妈到公园里划船，他说：“妈妈，小船弯弯在水上，树叶弯弯在头上。”

刘俊杰是独生子，但父母从不娇惯他。随着年龄增长，父母积极鼓励他上进，好胜，自信，培养他的思考能力，自学能力。为了锻炼他的拼搏精神，10 岁时曾让他考过一次大学。现在身为硕士生的刘俊杰，一提到过去，对父母满怀的感念之情。他深知，是父母的不辞辛劳，为他日后的腾飞打下了良好基础。

“顽强的毅力可以征服世界上任何一座高峰”

自从刘俊杰从老师、父母那儿知道,中国大学里还有一种少年班时起,考少年班的信念便在他幼小的心灵里扎下了根。后来,一名比他大两岁的高二学生易力考取了少年班,让他受到很大激励。他说:“……赶超别人,也超越自己的奋斗,我在较短的时间里学完了全部高中课程,然后集中深入学习数学、物理、化学、外语、语文。这么多任务向我压来,真有些吓人。可是,好强而年幼的我不甘心居人之下……苦干加巧干……终于,那张分量重而重量很轻的大学录取通知书来了。”

“少年大学生是中国的神话。”首开少年班的是中国科技大学。几经摸索,现有十余所大学办有少年班。华工大少年班创建于1985年9月,截至刘俊杰入校那一年,已招收了142名15岁以下的大学生。

少年班制订了极严格的培养计划,完不成就要被淘汰。这使少年班形成了一种你追我赶、竞相冒尖的竞争机制。而令人不可思议的是,刘俊杰竟然提前一年毕业了,而且成绩优秀。他这三年是怎么过来的呢?

少年班的老师们都记得,刘俊杰每个学期都获得奖学金,并且挤入少年班前三名。二年级就通过大学英语六级统考,获校级英语征文竞赛二等奖,后来他翻译了大量的英语科技文献。1995年10月,荣获华工大华为奖(校级)。

转入电子工程系后,刘俊杰感觉自己学有余力,开始超前学习,除顺利通过93级本科全部课程外,又修完了92级的全部课程并取得好成绩,于是由93级跳到92级毕业班。经过由5位教授组成的考核小组考试,名列第一,被批准为1996年优秀本科毕业生,免试攻读硕士学位研究生。1996年5月,参加了第十二届全国激光学术会议,并宣读论文,后来论文刊登在《激光与光子进展》第7期上。在推荐免试书“系评选意见”一栏内,系主任杨坤涛写道:“该学生非常刻苦,智力超常……”一语道破天机。

有这样一个故事：刘俊杰曾经一个学期学完22门课程，其中有门《物理光学》。任课教授说："如果他能自学过关，我今后就不再教这门课了。"因为以前还没有人自学过关的。不料，刘俊杰却考了86分，令教授赞叹不已。确实，他的自学能力太强了，有时真令人难以相信，但他的考试成绩之优却使你不得不信服。

"拿下诺贝尔奖"

告别少年班，刘俊杰来到另一个更尖端、更富挑战性的学术殿堂：清华大学现代应用物理系。该系创建于1926年，曾经是许多早期著名物理学家如叶企孙、吴有训、周培源等教授任教的地方。该系培养出了不少著名科学家，如王淦昌、钱伟长、钱三强、王大衍、周光召等等。诺贝尔奖获得者李政道、杨振宁博士都在此学习过；现任系主任、凝聚态物理博士生导师顾秉林教授，去年曾获得诺贝尔奖提名。该系下设六个专业，刘俊杰攻读的凝聚态物理是其中之一。他的导师便是顾秉林教授。

所谓凝聚态物理学，是研究物质凝聚状态(主要是固体和液体)的物理性质、结构及其内部规律的一门学科。固体物理学是凝聚态物理学的主体，此外还有非晶态物理、高分子物理等多种分支，它的研究同许多技术应用有密切关系。因此，这方面研究所取得的进展会受到科学界的广泛重视。

刘俊杰特别喜欢物理,他曾说过："我为数学纯理性的美而撼动，为物理世界的多变而叫好。"报考大学志愿时，老师劝他学计算机、自动化等实用性强的专业，他不听，说："我就要攀登高而尖的领域，我不怕难，只要与物理学有关的学科都行。"

他现在已喜欢上了凝聚态物理。一谈起"凝聚态"，话就多起来。他兴奋地告诉记者，这两年的诺贝尔物理奖都是凝聚态方面的。这使人想起三年前，他刚入少年班，有人问他最终奋斗目标，他一笑，说："拿下诺贝尔奖！"凝聚态，你"凝聚"了这个少年多么深沉而执著的梦啊！

他原来并不是学这个专业的，所以现在他必须先补修该专业的本科课程，才能和本专业其他人站齐。在实验室，记者看到他正在读的一本书，厚厚的，全是英文。问他感觉如何，他回答："比较轻松！"导师顾秉林教授说："我对他挺满意的，基本功扎实，思维敏捷，目前主要任务是学习，同时每周参加一次学术讨论会，尽快熟悉环境，明年更多的将是参加科学研究了。"

刘俊杰很谦虚。宿舍隔壁是电视房，为集中精力学习，他搬出清华园，在外租了一间斗室。他说，清华大学是能人荟萃的地方，一不小心就会掉队。他说："请不要写我，我在这里还没有什么成果，请多写一写我的老师，没有他们，我不会有今天。"他坦率承认，报道给他的压力很大，他不想出名，只想默默无闻、踏踏实实地搞研究，争取早日拿下诺贝尔奖，为国争光。

本文原载于《跨世纪人才》杂志 1997 年第一期，作者李魁领。当时的编者按曾这样写道："刘俊杰是《0 岁方案》函授教育跟踪最早的幼苗之一，他十五岁读清华硕士生，十八岁去美国斯坦福大学攻读博士学位，著名科学家、诺贝尔物理学奖获得者朱棣文教授任其导师，现仍在斯坦福学习。"为了让读者理解早期教育和早慧与后续发展的关系，我们在此把他二十年前的早教记录与后续发展情况的几组文章编辑在一起发表，或许有更大的启发性。

俊杰的妈妈徐老师和俊杰本人都反对宣传自身，原因之一，俊杰还在学习，并未实现远大的理想；原因之二，宣传出去压力太大；原因之三，怕有自我标榜之嫌。这些顾虑我都能理解，但我从另一角度考虑问题：为了呼吁社会重视早教，研究早教，把俊杰从胎儿到青年的成长经历告白于天下父母，从中让人们获得非常清晰的启示，甚至走进一个全新世界考虑教育问题，这不也是妈妈和俊杰对社会的一份贡献吗？于是我尽力说服了徐老师和俊杰同学：放下包袱坦然面对！

再说，人的成功总是相对的、阶段性的，只要某一个阶段好，某一方面相对出色，就值得人们借鉴和学习。至于人生最后会怎么样，那是另外的事，主客观形势变幻莫测，谁也不能为自己一生算命！即使是世界级英雄人物也需要最后论定。但现阶段实事求是肯定自己，也是对未来的自我激励和鞭策，当事人尽可平静地对待！我们在此要感谢徐老师和小俊杰用自己二十余年的努力进取给广大父母、广大读者深深的启发，给我们早教事业最为热情的支持！我们也祝愿俊杰同学一如既往，勇敢自信，快乐进取，早日实现自己远大的理想！

其实刘俊杰这个案例并非是偶然的成功，早在 1987 年刘俊杰六岁和1993年刘俊杰十二岁时，冯德全教授就跟踪写过系列文章来印证《0 岁方案》的实践效果。《一生之计在于童——小杰杰早慧的秘密》一文，就是冯德全教授发表于刘俊杰六岁时的一篇文章。

株洲电厂子弟学校有一个 4 岁读小学三年级的孩子——刘俊杰，我与他母亲徐明老师早有书信来往以了解研究这个孩子。上月我趁去株洲讲学之机看到了这个孩子，果然不错。杰杰天真烂漫，礼貌大方，时而安静看书，时而嬉笑跳跃，在学校里与比他大一倍的孩子相处得很好，极为快乐。见到我，他说："伯伯，你考我吧！"我向他提问，考他走迷宫，他思维十分敏捷。我随手翻开他的作文本，孩子的童心跃然纸上——《梦》：

"昨天晚上，月亮悄悄地爬上了树梢，我渐渐地进入了梦乡……

我坐着宇宙飞船上天了。我看到了牛郎织女，他们在天河上嗒嗒地骑着牛儿来往。我看到了孙悟空在天空里和阿童木打架，他们气喘吁吁，孙悟空的金箍棒啪啪直响。我看见了嫦娥阿姨坐在弯弯的月儿船上，她问我是从哪儿来的，我回答是从地球上来的。她说：'我考考你，地球的年龄有多大了？'我说：'有 50 亿至70 亿岁了，在宇宙中还是个小弟弟。'于是她表扬了我。我就说让我坐坐月儿船吧！她说，你不能坐，月亮上没有空气呀！我说我带来了空气，我是到天上做实验的。

突然有人推我，我一下子醒了。睁开眼一看是爸爸，他说我差点掉下床去了。原来我做了一个甜美的梦。"

作文好，数学呢？他已经在母亲指导下自学完小学六年级课本，酷爱思考和计算。至于身体状况，更是活泼健康……我被他的早慧之光所鼓舞，回武汉后翻开他成长的记录。

1岁半：识字200多个。桌上放3个苹果，4块饼干，问他多少都能回答；一盒糖要他拿出几粒，能正确按吩咐做。

2岁：进入阅读。爱读《干干净净身体好》《365夜》等书，遇到不认识的字会问大人；能区分上下、前后、大小、左右、高矮、厚薄、宽窄、远近、轻重、长短等意义。

2岁半：识1100个字，能辨别形近字，背乘法表。

3岁：掌握拼音，能算百以内进退位加减法。

3岁半：掌握汉字偏旁部首，会查字典，会计算多位数加减和乘除。

4岁：识字2500多个，会用标点符号，能写短文，算术进入四则混合运算。被破格录取上小学三年级了……

真不一般，这孩子一定是天生神童了！不，早慧并不神秘，杰杰只是一朵早期教育之花。恩格斯曾把脑的功能称作是“地球上最美丽的花”。只不过杰杰这朵花，经过家庭早教的阳光雨露，开得分外鲜艳罢了。用杰杰母亲的话说：一生之计在于童啊！

一早百早

俗话说：“一早百早”“早起三光，晚起三慌”，我们对孩子的教育更是这样。

小生命降生时带来了人类亿万年遗传下来的潜在智能，他本能地“追随感知”，喜欢交往和模仿，自然地去适应环境，求得生存和发展。从零岁开始的早期教育不但能开发这种潜能，还能促进脑的生长发育，就像肌肉在发达期内运动中发达一样，人脑要在生长期内使用中生长。婴儿的学习是大脑发展不可缺少的精神营养。

杰杰出生后，母亲不断跟他说话、讲故事，逗他快乐，给他看色彩鲜艳的图片，听音乐，玩带响的玩具。还经常把孩子发出的声音录下来，又放给他听。每当这时，他用手摸录音机，很高兴。墙上贴一些画，抱起来看时，他会用小手去摸，高兴了还会“说”出大人听不懂的话来。总之，父母注意到了要把各种信息通过孩子的眼、耳、鼻、舌、身的感觉器官输入他的大脑。孩子刚会坐就让他玩图片，撕坏了再给，有意锻炼他手指的灵活。这样，杰杰一岁就能翻书了，有时哭闹起来只要给一些书画，他就安静下来了。看，还不会说话的孩子也需要丰富的精神生活啊！

如果认为孩子说话以前是什么也不懂的，教育是“对牛弹琴”，那就大错特错了。其实所有孩子通过五官的吸收，1 岁前就开始了五大学习任务：认人，识物，学会交往，发展动作，学习说话。其中学话的智力要求最高，难度最大。由于母亲总创造孩子学习的机会，杰杰 10 个月时就开始说话了。心理学认为后一段智力是在前一段智力的基础上发展起来的，起点早就一早百早，智力的朝霞将照亮孩子的前程……

识字魔力

人们都以为识字难，自古以来就把它排斥在婴儿学习之外。实在说，识字并不比认人识物难，比起学话，识字要容易得多。如果孩子生下来就生活在一个看字、听字的环境中，他会像认识爸爸、妈妈、奶瓶、衣服、眼、耳、鼻、口等等一样，不会说话就认识许多的字，你一说字音，他就会把那个字指给你看。

杰杰识字不算早，但他 1 岁 3 个月时母亲就试着教他认字了，把大字块贴在墙上、家具上，一天认几个。不料孩子认字跟认图一样有兴趣，什么“书”“笔”“鸡”“猫”“床”“碗”等字他很快就记住了。这极大地鼓励了父母的积极性，从此用多种方法每天几分钟、十几分钟不间断地跟孩子玩识字游戏，上街时认招牌，买东西看商标，读路边的广告牌，看书就认封面上的大字。父母还做了许多识字卡片。我访问他们家时，看到了塞得满满的几大包识字卡片呢！

婴儿识字，奇怪吗？说穿了毫不奇怪。原来1岁多的孩子没有明显的兴趣倾向，他们对世界万事万物的探求几乎是无选择的，他们的好奇心表现为获得一切印象的需要，你给孩子看什么、听什么，只要色彩好看，语言好听，他情绪好时都会觉得新鲜有趣，并一股脑儿烙进自己的脑海。就像常见的许多物体，不知不觉就认识了，孩子到了3岁认物数以万计是不足为奇的。

杰杰的母亲认识到识字比认物更重要，因为物无处不有，生活中不教自会；而识字是要提供学的环境的，不教就不会。而更重要的，如果孩子放任自流到3岁以后，他玩野了，知识面宽了，兴趣已趋向各种活动，唱歌、跳舞、奔跑、喊叫、搭积木、画图画、无目的地玩……他再也难以静下心来喜欢这枯燥的字块——不像样的“图”了。3岁以后直到小学认字，孩子都会感到苦的。

杰杰1岁多开始识字，试验大获成功。起初一天识两三个字，在鼓励、表扬中孩子见字就问，识字逐步增多加快，到后来每天能识30个左右的字了，还能用小手指着有画有故事的书读呢。而更重要的，早期识字不仅能达到“3岁脱盲”，而且极大地发展了孩子的注意力、记忆力，培养了他活泼好问、安静专注的良好性格和从小爱书的美德。

杰杰注意力越来越集中，1岁半前认一个字，注意力只能集中一两秒钟，1岁半后就能两分钟连续认字，玩玩学学能持续一个半小时，记忆力强，对字、图很敏感。2岁多时，他祖母去世，一家坐火车去老家奔丧。在车站，杰杰看到窗外一列货车开过，他大声地读车箱的编号（编号不是顺序排列的），从第一节读到最后一节车厢的号码，旅客们听了都非常惊奇。母亲教他一遍几何图形，他就能指着家中梯子说是梯形，指着窗玻璃说这是正方形，拿着铅笔说是圆柱体，指着一分钱的硬币说这是圆。杰杰特别懂事，从不无故吵闹。2岁多时，母亲出门前只要写一张留言条放在他枕头旁就行了。孩子醒来会自己看“信”，按信上的要求玩耍和学习，等妈妈回家向妈妈汇报呢！

人们都认为说话在前，而后才有可能识字，而杰杰的口语和文字学习几乎是并行的，尤其是识字、阅读对于口语能力的提高产生了意想不到的好作用。杰杰说话吐词清楚,2岁能说完整的长句,还常常把书本上看来的话吸收到自己的口语里,词汇丰富生动。一次父母带他到公园里划船,船到湖边树下,他说:“妈妈,小船弯弯在水面,树叶弯弯在头上。”又一次家中来客,客人谈起自己自学的事,杰杰的母亲说:“要订个计划,要抓紧。”没想到杰杰在一旁听了说:“计划生育工作一定要抓紧。”客人和母亲听了哈哈大笑起来。原来孩子在街上看过这样的标语,储存在脑子里,一听到妈妈说“计划”“抓紧”,阅读来的话就冒出来了。杰杰2岁以后喜欢自言自语,每晚上床后总要小声地自言自语几分钟才慢慢睡去。他在自己不知不觉地讲句子呀,故事呀,儿歌呀,谜语呀,起初父母还以为孩子用脑过度了,但日子一长,孩子仍然健康活泼,语言丰富,常讲故事谜语给大人听。这才知道,自言自语是识字阅读促进口语发展的表现。

知海拾贝

杰杰2岁开始读图文并茂的书,父母常买些画册给他。母亲先问上面的字,再讲一部分书上的故事,然后孩子用手指着连起来读,他常常快乐得笑起来——孩子由识字游戏过渡到阅读游戏了。

两三岁的孩子能读懂书吗?一天一位老师叫杰杰读小学第一册一课写蜻蜓的课文,杰杰读了。于是那老师指着书上画的蜻蜓说:“这是飞机,飞机飞得高。”杰杰马上纠正说:“这是蜻蜓,蜻蜓飞得低。”惹得那位老师笑起来。

阅读与生活相联系,书本知识与生活常识结合,孩子的视野顿时宽阔起来,思路就活了,联想丰富了。杰杰几乎一天到晚漫游、奔跑在知海之滨,成了一个知识大海的弄潮儿。

一天,杰杰听到正在看报纸的父亲说,数学家华罗庚逝世了。他抢来报纸看了一会,然后稚气地说:“妈妈,那么天上只剩下九亿九千九百九十九万九千九百九十九个星星了。”父母被说糊涂了,他又说:“你只要算10亿减1

就知道了。”母亲还是不明白,孩子又说:“书上(幼儿童话)写的地上有一个人,天上就有一颗星,华爷爷死了就要减去一,十亿减一。”父母这才恍然大悟,就告诉他那是童话,不是科学。

从自由阅读和生活中汲取的知识,虽是零星的、不系统的,但它产生疑问,激发求知欲,使孩子展开想象的翅膀。零星知识积累到一定程度,就能连成一片,不但打下厚实的知识基础,而且能锻炼分析、综合、比较、抽象、概括、判断、推理等能力,学会举一反三等思维方法。

快乐学习

世俗偏见认为,学习总归是苦事,是有精神压力的,从来就说“十年寒窗苦”嘛!岂不知学习并非一定是苦的,训练“小不点”就是在有趣的活动中,获得有益的经验,建立良好的行为。

婴幼儿是分不清什么是学习什么是玩的,只要有趣的事物他就看、听、想、做,没有趣就一概拒绝,强迫孩子学只会使孩子获得痛苦的经验,建立逃避学习的行为,“学会不想学习”。所以有效的早期教育必须是快乐学习,并且随着孩子知识、智慧的增长,这种快乐的水平将不断升华和提高,成为一种精神享受。

杰杰妈妈经常挤出时间同孩子做学习游戏,或者在孩子自发的游戏中有意撒上智能的“味精”,让孩子玩得更有趣。一次,家里来了客人,母亲拿出广柑招待,杰杰跑过来把柑橘绕着糖果盒放了一圈,母亲说这是请客人吃的,不要玩,杰杰说要“砌围墙”,妈妈就“撒味精”了:“你围了一个什么图形呢?”杰杰说:“正方形。”妈妈又问:“这围墙有多长呢?”孩子想一想就去拿尺绕四边量一遍。这时母亲趁机告诉他说,只量一边就可以啦,正方形周长=边长×4。说得客人和孩子都笑了。

妈妈经常编故事激发杰杰的学习兴趣和好胜心。例如妈妈讲,有一天,杰杰、杜鹃、齐静、赵健（都是杰杰熟悉的好朋友的名字）一起上公园去玩，走到公园门口，看门的阿姨说："小朋友，你们比一比，谁最聪明，解答出我的问题，我就请他先进公园去玩。"杰杰听到这里就高兴地叫起来："妈妈我会！"于是妈妈出一个语文或数学题给孩子做，杰杰很快做出来了，故事又继续往下编……

杰杰从小不受娇惯，父母都是和蔼可亲、严肃认真的。1 岁以后只有当杰杰表现能干、学习出色时父母才抱一抱，用亲热表示奖励。时间一长，孩子的智力兴趣不断提高，爱作各种各样的思考。

谁说学习一定是呆板的呢？谁说学习是苦事呢？世界上大概没有比思考、探索和创造更幸福的了，孩子也不例外。如果早期教育提高了孩子智力兴趣的水平，加之中小学改进教法，人的一生都可能获得快乐的学习和创造，长大了即使"静思灯下"，也不再是"寒窗苦读"了。

快乐学习引导下的杰杰，人小志不小，精神生活可丰富了。在 3 岁半时，看了小学语文第三册上一篇课文后说："妈妈，给我纸和笔吧，我要写信。"于是他写了一封可笑的信："亲爱的达·芬奇，你好！400 多年以前，你在贺家土小学读书，你的老师总是教你画鸡蛋。你画得准不准确？第三册 14 课说你什么都画得出，那么你就给我画一只狗熊，画在一张照片上。祝好，孩子俊杰 3 月 10 日。"

这虽然是一封逻辑上荒唐的信，但表达了他自由的思想和情趣。爸爸抱起他表示称赞，妈妈表扬他会写信了，并又引导他提高认识水平。妈妈问："四百多年前的达·芬奇能活到现在吗？他还能给你画狗熊吗？""达·芬奇是哪个国家的人，他会到贺家土小学（杰杰家附近的一所小学）来上学吗？"问得大家嘻嘻地笑。

杰杰 4 岁多已经投入知识之海学习游泳了，他开始考虑进取，自觉寻找美好的生活。一天晚上，他一只手里拿着一张纸，另一只手在抽屉里东找西翻，父亲问他找什么，他说要找糨糊把纸贴到墙上。爸爸拿过纸一看，上面写着：

聪明者——利用时间，求知者——抓紧时间；
愚蠢者——等待时间，自满者——放弃时间；
勤劳者——珍惜时间，有志者——赢得时间；
懒惰者——丧失时间，无为者——消磨时间。

这是杰杰从书上抄下来的。问他为什么贴在墙上，他说："我要做这里面的聪明者，求知者，有志者；把愚蠢者，自满者，懒惰者，无为者送给你吧！"

一生之计在于童，童年是人生的春天，祝愿天下父母抢在春天里播种吧！

为了完整地了解和印证《0岁方案》的理论和方法对人的早期教育所起到的作用，下面我们把冯德全教授跟踪研究刘俊杰的另一篇文章呈献给读者——《初生之犊不畏虎——成功的早期教育为后续自我发展奠基》

从刘俊杰4岁前的成长记录中看到，他的早期发展是非常好的，基本素质高，这就具备了高的起点和发展优势，为后续"自我发展素质"的提高做了充分准备。

时间过得真快，一晃又6年过去了。现今杰杰12岁，今年高考他一举考上了全国著名重点大学之一——华中理工大学光电子学系，他是经过全国统考和学校复试、面试而录取的年龄最小的少年大学生（或者说是儿童大学生）。

为什么能创造如此奇迹呢？最近我们又向刘俊杰的母亲（一所中学数学教师）徐明老师作了调查，秘密就在经过早期教育后，在很高的"基本素质"

起点上，又尽力培养他的“自我发展素质”。他上的小学和中学也给了他一个非常宽松而促进自我发展的条件，并与家长取得密切配合。他们是这样教育、安排孩子的：

（1）培养他的远大理想，积极鼓励他的上进心、好胜心、自信心，所以杰杰始终乐观向上，决心长大了要研究尖端科学。当报考大学志愿时，老师说：高而尖的学科，要么上去了成为著名科学工作者，要么很难有成就，发展的路很狭窄，实用性不强。劝他学计算机、自动化等实用性强，应用面广的专业。杰杰表态说：“我就要攀高而尖的领域，我不怕难，只要与物理学有关的学科都行。”多年来他一直保持着“初生之犊不畏虎”的精神。为了锻炼他的拼搏精神，10岁时父母曾让他考过一次大学，让他经经风雨，见见世面。

（2）给他有规律地安排生活，保证游戏、锻炼、上课、自学课外读物、劳动、下棋等都得到落实，使他的生活、学习都很愉快。教育他的原则是启发上进而不给精神压力。

（3）充分发挥他早期识字、广泛阅读后发展起来的自学能力，自学习惯。杰杰5岁以后不仅爱看故事书、史地书、《十万个为什么》等科普读物，而且父亲和老师培养他读教科书，自做练习题，听收录机自学英语。在理解和兴趣的基础上鼓励他往前自学，日积月累。这样他养成了一日都不能离开自学和思考的良好习惯。他想过各种各样成千上万的问题，做过各种各样成千上万的习题，知识面很宽。

（4）母亲特别培养他的思考、心算能力，不要他事事动笔而要求他一题多解，多方思考。杰杰说：“我喜欢标新立异。喜欢想，在头脑中解决问题。”

（5）中、小学老师给了孩子一个十分宽松的环境，这一点株洲电厂子弟学校做得很好：1.只要学有余力就允许杰杰提前上学和跳级，所以杰杰4岁上了小学，在中、小学只各读了4年。中学的前两年已学完中学的全部课程，后两年转到省重点中学株洲二中进行“知识系统化和深化”学习。2.学校允许孩子在家自学，或半天自学不到校，只要孩子来考试，参加重点集体活动即可，不强制按部就班地听讲。3.允许不做重复的作业题，允许不抄题目，允许心算不写计算过程，在计算机上验算结果即可，以节省许多时间。4.允许某些学科（如史、地、生物等）基本不上课，相信孩子的自学能力，参加定期的考试就可以。5.允许自选各学科的自学读物，自选大量的作业题……这样做的效果非常好，孩子学习非常主动。正如大教育家苏霍姆林斯基所说："拥有可以自由支配的时间，是个性发展的重要条件。"只有让儿童、少年、青年每天都有五六个小时的自由支配时间，让他们按照自己的愿望（当然这些愿望是需要加以培养的）和选择去活动，才能谈得上孩子的全面发展，充分发展，有个性特长的发展。否则，任何关于发展天赋和才能，培养爱好和愿望的议论，只是空谈一通。

刘俊杰的早慧是培养孩子"基本素质"和后续"自我发展素质"的结果，是"因材施教"的结晶，他的中小学生活里只有快乐轻快的步伐，没有疲惫的情绪，沉重负担和艰难的脚步声。

以上是早期教育超常发展的必要条件，那么为什么应创造这种积极、宽松的条件让孩子的发展尽量争取早呢？（条件不许可时不必勉强，可走充实、特长型发展的路）这并不如某些人想的，早上学、早毕业、早工作、早赚钱、为国家节省几年学费等等，这样理解就太贬低早期教育和超常发展的重大意义了。

在有可能的条件下争取早，一是为了从小培养孩子的积极进取精神，在最佳期开发人类潜能，提高大脑功能，充分发展求知欲、自学能力和研究能力，真正获得优良素质，获得"高起点"和"强优势"。二是为了少年期能进入深造，进而在精力最充沛、脑活力最高的青年时代进入科学前沿阵地和尖端领域，造就高素质、高层次研究人才，有利于进入发现、发明和创造的精神世界。三是为适应现代世界高科技发展的需要，使孩子在排山倒海般涌来的知识爆炸、新领域开辟、研究手段日新月异的情境中，不至于迷失方向、手忙脚乱、穷于应付。他有足够的智力、精力和时间去思考、辨别、融会、吸收、实验、创新，早日走进现代化实验室，使用各种高级实验设备，充分利用现代化科技的成果，进行探索和发明。我们国家科技和教育相对落后，奇缺这样一批能“冲刺”的小将,我们要把培养世界第一流水准科学家的希望寄托在他们身上。

当然,孩子的超常发展,跳跃前进,主客观条件达不到的决不要拔苗助长,但是孩子确有潜力者为什么不加倍地爱护、扶植,给他一个自由成长、勇往直前的环境呢?而且对智力确实超常者不可面面俱到,平均要求。什么都要求“完美”,就没有杰出人才了。而且我们还要承认人的素质在不同方面的差别,有的孩子体育素质好,有的孩子艺术素质强,有的孩子数理能力特优,有的语言文学出众、情感细腻……大千世界是那样复杂的无穷无尽的集合体,为什么要求人才是一个模式,千人一面呢?所以我们的“人才观”不是“平均发展”,而是全面、充分、具有个性特长地发展。我历来反对要求孩子“门门100分”或“门门90分以上”,那完全是孩子发展的“牢笼”,我们要的是有个性特长的劳动者和专家。假如教育能让孩子跳出“牢笼”,用新的人才观对待孩子的发展,人类就会有更多的牛顿、达尔文、爱迪生、爱因斯坦等巨匠、大师了。达尔文小时候不是常受到校长斥责吗?小爱迪生不是被老师赶出了学校吗?不是有人说爱因斯坦小时候“笨”“不怎么样”吗?但是他们真正的“天才”或许正在某些“调皮”,某些“缺陷”,某些不“十全十美”之中!我们要告诫人们,对高素质孩子不可苛求,“十全十美”的人并非一定优秀。应多看孩子充分发展的可能性与兴趣特长,发展势头和后劲而因材施教。

好了,现在还是再讲刘俊杰,听他自己谈怎样走进重点高等学府,请看他最近写的一篇短文:《我的路》。从中我们可品味出他的精神风貌来。当然我们不知他最后能走出怎样的路,能否走进科学的皇宫,摘取王冠上的明珠。这些,现在都远未定论。不过他现在已优于大多数同龄孩子的发展,是铁一般的事实。

我的路

刘俊杰(12岁写于华中理工大学)

我,身高1.54米,体重41公斤,圆圆的脸,结实的身体,在人生的道路上刚走过 12 年。我中小学生活随着我的童年离去了。我告别了湘江边上的故乡湖南株洲，来到了华中理工大学少年班。逝去的往昔将成为永恒的记忆。

我有一个懂得教育的母亲，她信奉“一生之计在于童”，对我实施了早期智力开发。我出生后母亲就注意把各种信息通过我的眼、耳、鼻、舌、身的感觉器官，输入我的大脑。我 1 岁开始识字，2 岁独立阅读，4 岁破格读小学三年级。入小学后，天真好奇的我在学习上无忧无虑，不费力气也能得九十多分，一百分。我做作业、上课、搞劳动、做实验、体育锻炼，几乎总在知海之滨漫游着，玩耍着。我家里有中国地图、世界地图，还有地球仪，它们指引我展开想象的翅膀，周游世界；《上下五千年》《世界五千年》伴随我飞越时空，了解古今。《小学生作文》《作文通讯》《语文报》《少年文史报》《少年科学》《英语画刊》《英语园地》《奥秘》《半月谈》等等，我都爱看。对我吸引力最大的是那套《十万个为什么》，书中一派深奥莫测的峡谷，古怪耀目的星空，变幻不定的分子，耐人寻味的数学和引人入胜的物理，使我获益匪浅。我浏览了数以千计的厚厚薄薄、大大小小的书。我成了一个知识大海的弄潮儿。

随着时间的推移，年龄的增长，我从老师、父母那儿，从报纸杂志上，知道了少年班。它是一个中国少年的梦想。一些并不比我大多少的少年大学生掌握的知识比我的深奥得多，广泛得多。他们远远地跑在我前头。我也有精力，我也可以干我的同龄人没做的事。我要超前自学，考重点中学，上重点大学，当科学家。这种考少年班的信念，如一轮硕大而永恒的太阳，照耀着我生命中的一块块荒原，让我拥有多姿多彩的季节！

经过一番奋斗，我以优异的成绩进入了初中。初中的课程虽然很轻松，可要腾出时间自学高中课程，却也不易。我就像爬楼似的，负着大摞大摞的书本不懈地爬梯。老师为我指点迷津，鼓励我深入自学。

当时的株洲城里还没有少年大学生。为了对得起那么多老师的关怀，为株洲城增光，我深入地学习。我为数学纯理性的美所撼动，为物理世界的多变而叫好。很快我就初步熟悉了高中课程。

后来,我市比我大两岁的高二学生易力同学考取了大学少年班。赶超易力同学又成了我的新目标。我开始了超越别人,也超越自己的奋斗。我在较短的时间里学会全部高中课程,然后集中精力深入学习数学、物理、化学、外语、语文。这么多任务向我压来,真有些吓人,可是好强而年幼的我不甘心居人之下。我只能通过提高效率而不能通过开夜车考取少年班。我充分发挥自己的特长,苦干加巧干。力争自学方法好,学习效率高,富于创造性,解题讲技巧。我不满足于课本知识的范围和深度,而致力于追求更深层的理解。从已知求未知,从浅知求深知,努力拓宽知识视野。我有计划地阅读了关于竞赛方面的书,做了大量的数学、物理、英语竞赛题。积极参加学科竞赛,多次在赛中获奖。自学取得成绩,增强了我学习的兴趣,浓厚的兴趣又促使我深入钻研,形成良性循环。

"顽强的毅力可以征服世界上任何一座高峰",这是我在一篇作文最后一段的结语,也是我放在自己书桌的玻璃板下时时激励自己奋发向上的至理名言。

终于,那张重量很轻而分量很重的大学录取通知书来了。面对这来之不易的录取通知书,我想起泰山的挑夫们来了。他们负着千斤重担,就这么无人帮助地攀登着。而在我前面呢?有开道的师长为我建扶栏,像挑夫般帮我背包袱。我从心底感谢那些高尚的人类灵魂工程师们,感谢在我人生的起点激励我不懈攀登的《0岁方案》的设计者冯德全教授。

我还不是成功者,不能因此而陶醉。我深知,进了少年班不等于进了保险箱。我将万分珍惜这来之不易的深造机会。在大学校园里,我将在少年班宋文芝老师及众多的老师们的关怀、教育下,在新的起点上迈出更坚实的步伐,走我自己感兴趣的,有特色的人生之路。

路漫漫其修远兮,吾将上下而求索!

1993年10月

以上是教育者和受教育者对这一个案的真实反应，社会对这一早教成果的反应又是怎样的呢？接下来我们再来看看媒体对这一案例的反应吧！

12 岁的大学生刘俊杰

杨宏武

（《株洲日报》1993 年 8 月 22 日报道）

稚气的脸庞，甜甜的童音，活泼的举动，这就是他在我脑海里留下的形象。他叫刘俊杰，今年 12 岁，株洲市二中学生，今年参加高考，已经被华中理工大学录取，是株洲有史以来年纪最小的娃娃大学生。

“一早百早”，教育孩子更是这样。小俊杰出生后，父母就注意把各种信息通过孩子的眼、耳、鼻、舌、身的感觉器官，输入了他的大脑。孩子刚会坐就让他玩图片，撕了再给，有意锻炼他手指的灵活，这样，杰杰 1 岁就能翻书了，有时哭闹起来，只要给些书画他就安静了，杰杰 2 岁独立阅读，4 岁破格读小学三年级。他在电厂子弟学校打下扎实基础，在市二中开始腾飞，所以同学们亲昵地称他为“小鸟”。

那是幼儿时的一天下午，小俊杰房里突然传出“啪、啪”两声巨响。爸妈冲到儿子面前，看到吓呆了的小俊杰耷拉着脑袋。原来是他边做几何作业，边听录音机朗读英语课文时，拔出插头，用圆规量插座距离时遭到电击，幸亏脚上穿的一双胶鞋，没发生事故。爸妈没有责备他，而是引导他提出一连串有关电的问题，爸妈耐心地讲解，把知识种子播进了他的心田。

良好的家教养成了俊杰良好的学习习惯。他精神专注、毅力坚强，经常在书桌前一坐就是五六个小时，客厅里人声喧哗，对他毫无干扰。他比一般同学早 6 年学完了初、高中课程。他人小“野心”大，有一辈子、一年、一月的目标，他说将来要考研究生、攻博士。

刘俊杰近况：

1996 年 15 岁，在华中理工大学光电子工程系获工学学士学位。

1999 年 18 岁，在清华大学应用物理学系获工学硕士学位。

1999 年初，他分别收到美国斯坦福大学、哈佛大学、耶鲁大学、麻省理工学院、普林斯顿大学、伯克利大学、布朗大学等 10 所著名学校攻读博士学位的全奖录取通知书。

1999 年 9 月，刘俊杰留学美国斯坦福大学，师从诺贝尔物理奖获得者朱棣文教授。现已完成全部博士课程学分，并发表了几篇研究论文。另外，刘俊杰又获得了斯坦福大学电子工程系工学硕士学位。

刘俊杰只是冯德全教授亲自指导的众多早教成功案例之一，除了冯德全教授亲自指导的案例外，还有的是不相识的家长按照冯德全教授的《0 岁方案》中的方法进行家庭实验，最终也取得了不凡的效果。他们有的在国内，有的在海外，还有的已失去了联系正在寻找。下面就是来自大洋彼岸的学员给冯德全教授的一封汇报信。

冯老师，您好！

新年即将来临之际，特向您表示节日的问候！

我们全家尊重您的事业和开拓精神。在近一年左右的时间内，我先后将《0 岁方案》等作品及其影响介绍给了我在日本、北京以及芝加哥的朋友们。她们是即将成为妈妈又很望子成龙的人，但愿更多地了解您的早教理论，传播您的教育思想！

我们全家去年 8 月离开了芝加哥，现住新泽西州普林斯顿——爱因斯坦的故居。我先生在一个高等研究院做访问学者，只呆一年，今年7月底8月初就要转移地方，可能去美国南部的德克萨斯州呆三年。

我小孩吴胜今年3岁半，汉语能阅读低幼读物。图书馆里的中文书有很多老字，因为都是台湾出版的，阅读起来比较困难，不过很繁的字他也记得住。每天上午9点我们送他去托儿所，主要是希望他学习讲标准英语。这所学校比较好，每天教他们做花样百出的手工，也教唱歌、跳舞、讲故事。有一些户外自由玩耍时间，可以捡叶子，玩各种儿童游乐器具。下雨天时会请音乐家为他们弹钢琴。另外学校比较注重实践课，教室里有厨房，老师烤一些饼干或面包给小朋友作点心，一般让他们参与和面、操作、观察，饭前饭后训练自己洗手，擦嘴，扔垃圾，将杯盘放进洗碗机等。小朋友们也轮流给窗台上的花浇水，给小刺猬喂饭，并数颗粒状食物，给笼里的小鸟喂水喂食。有时老师带他们去湖边观察水里的野鹅，去树林边看小松鼠爬树、吃坚果（美国野生动物保护很好，白天到处看得见松鼠、鸽子、野鹅等，晚上周围有大群兔子、梅花鹿在活动，一般不伤人）。3个月后，我小孩讲英语标准得很，所有小朋友的名字记得又准又牢。会用身体摆26个英文字母、唱改编的英文歌曲了，现在他会写自己、爸爸、妈妈的英文名字，还会写家庭住址、电话号码。每天从托儿所回家后就会从家中打电话到办公室找爸爸，告诉爸爸今天玩了什么，学了什么，受到老师表扬，很高兴等。最后还加一句："爸爸别忘了5点回家吃饭，再见。"近一个多月孩子每天去他爸爸办公室玩电脑，时间长了知道很多功能，会增、删、空格、大写小写；电脑键盘上的符号、数字、字母都记得清楚。

孩子的想象力是奇特又丰富的。父母对小孩无形中有很大的影响。由于我们搬了新家，大人经常拿出地图看方位，我找买食物的商店或购物中心，孩子也对地图发生了深厚兴趣。家中有张美国地图，他在大人指导下知道了芝加哥，知道我们从中部的芝加哥搬到了东部的普林斯顿，一年后还要搬到南部的德克萨斯州的奥斯汀市去。同时他也了解了美国有50个州，明确了东西南北方位。住址所在地有张小图，我们曾带他去纽约，记住了自由女神，中心公园，中国城。家附近的一些地方他也相当熟悉，能从地图上准确指出托儿所、铁路、爸爸办公室、1号公路、购物中心的方位及行走路线。我们买了地球仪、电脑记事簿,又丰富和扩大了吴胜对地理知识的学习。他了解了地球一直在转,地球上有七大洲、四大洋。知道我们从中国来,他出生在北京,坐飞机越过太平洋来到美国,中国有他的爷爷、奶奶、外公、外婆及小姨、姑姑等,中国人讲汉语,习惯用筷子吃饭;美国人讲英语,用刀叉吃饭……孩子喜欢大自然,又爱问为什么,他注意到妈妈有时叹气,就问妈妈为什么这样?让妈妈别这样,还故意做怪样子逗妈妈笑。他经常问树叶为什么会掉下来,路边为什么有石头,干什么用,电杆干什么用,为什么有白天与黑夜,小孩子为什么要上学等等。通过动脑筋,大人与小孩讨论,他的生活知识丰富了。看见下雨了,就自言自语:"树喝了雨水好长高,人喝了水才能活着,长大。"雨后出现彩虹,他知道是太阳光折射产生的,自己画了赤橙黄绿蓝靛紫的模拟彩虹,让妈妈贴在墙上。知道阴天看不见太阳,是因为云遮住了,形成阴影投射在地球上。我们拿手电筒做模拟太阳照射地球仪的实验,太阳照到地球上的中国是白天,美国正好是夜晚。因为晚上无阳光,所以能看见天上的月亮和星星……知道望远镜是看那些远得肉眼看不清的东西用的,显微镜是看肉眼看不见的微生物用的。也知道轮胎、球、橡皮筋有弹性,给予作用力后变形,作用力消失后恢复原状……小孩子反应力也很强,一片面包吃剩下的奇形怪状,他会想象出是梅花鹿在奔跑;很多土豆条放在一个杯状盒子里说像一盒笔;一张明信片放在笔头上说像路标……有时他会用积木或小汽车摆数字、字母、汉字。美国地图有40多块连在一起的拼盘,他边唱歌边拼图几分钟就完成了。有一次来了兴趣,他两小时内连续拼好12块各种形状的拼盘。走迷宫的书买回来后1小时就全走完了,走对了。对钟表也十分有兴趣,会认时钟。会结合实物计算10以内的加减。总之,小孩子每天不停地学着,玩着,给父母带来了极大的欢乐和满足,他自己也充实了经历。每当看着小孩有进步时,我们做父母的总是非常惊奇与兴奋。在此代表我们全家对我们的老师——您致以衷心的感谢和崇高的敬意!谢谢您指导我们进行早期教育!

现在我们小孩独自睡一间房,白天午睡2小时左右,晚上睡9~10个小时，如果白天不午睡，晚上能连续睡10~12个小时中间不醒。吃饭情况良好，会自己进餐，穿衣服拉上拉链。性格十分活泼，又唱又跳，从不把看书学习当苦差事，好像吃饭睡觉一样天生需要学习似的。看过的书也都记得。孩子的识别能力超过了大人，有时弄得我们不好意思得很。老师说他有种幽默感，识字、数数都很好，是一个不错的小孩，用英语讲是“He is such a great boy!”小朋友也都很喜欢他。

有关我们孩子的情况，也许比不上您书中的“早慧儿”，望别见笑。可我说的全是事实。您若有更宝贵的经验与指导，请别忘了给我们点信息，深表感谢。随信附张小孩的相片。

祝您元旦、春节快乐！事业兴旺！

学员：吴家宏、颜霁及吴胜敬上

12月4日

（写信者为《0岁方案》函授学员早慧儿吴胜的妈妈）

下面是十一年前，湖北冯德全儿童潜能开发研究所寻找《0岁方案》受惠家庭和早慧儿的公告——《马××你在哪里》

马××你在哪里

《0岁方案》研究25年、推广18年以来，在广大函授学员——年轻父母、爷爷奶奶、外公外婆及婴幼儿教师的指导下，已培养出大批早慧儿童和超常少年，千万家庭受惠于《0岁方案》。

由于函授学员遍布五湖四海、国内国外，覆盖面大，难以交流；又因孩子大了，家庭搬迁，电话易号等等原因，大批学员家庭已与我们失去了联系；更因为数年前函校总部闹一场大水，淹没了大部分函授资料和学员来信，导致许多受惠家庭和《0岁方案》培养的早慧儿童与我们断了联系，许多优秀学员已音信全无，我们感到严重的失落和无限的惋惜！

《0岁方案》受惠家庭和早慧儿是我们事业最宝贵的教育成果，他们的通讯录是万金难求的最佳信息，他们的育儿经验和早慧儿成长足迹，凝结着《0岁方案》研究员、专家与家长、幼师的心血，是社会共同的财富，我们一定要尽可能找到他们。值此《0岁方案》研究25周年，研究所成立20周年"双庆"活动之际，我们广泛寻访受惠家庭和早慧儿，为了事业，也希望他们主动与总部联系，并积极参加"双庆"活动，研讨、推广优生优育、科学育儿的宝贵经验。

如像马××这样的孩子，我们怎能不寻访呢？看看她五年前的来信吧！当时她还不到7岁。

冯教授：

我叫马××，原名马婷婷，1989年11月出生在湖南，现在是昌平县沙河镇三水小学三年级学生。小的时候因为按《0岁方案》进行过早期智力开发，四岁零九个月就破格录取读一年级。为了获得更多知识，爷爷奶奶把我带到北京昌平，同学们都亲切地叫我"小不点"。

奶奶说我小的时候可聪明啦！因为经常听录音磁带，不到两岁我就能背诵三本古诗和儿歌。

三岁的时候，五六百、六七百字的故事读三四遍，就能全部背下来，还会表演出来。有一次，妈妈参加幼师讲课比赛，我当梅花鹿，经常和妈妈一起练习，讲课的内容我早就记住了。比赛当天，在台上我和妈妈争着讲，结果搞得妈妈非常为难。

有人问我："你不到五岁就上学了，准是走了后门吧？"才不是呢！南方人口密，学生多，每个年级4个班，每班60人还不能满足需要，眼看我提前上小学就要变成泡影了。妈妈急着要我自己去找老师，我大着胆子走到报名老师跟前说："老师，我要报名读书，我什么都会。"我又是唱歌又是跳舞，又是背诗又是讲故事，在场的家长和老师都感动了，异口同声地说："这孩子真聪明。"校长当即拍板："收！"就这样我凭着自己的努力上了小学。

别看我小，可我学什么都有浓厚的兴趣，上课时我专心听讲，积极回答问题；回到家里又像老师一样把老师讲的一五一十讲给爷爷奶奶听。我给爷爷起名叫"小东"，管奶奶叫"小兰"，讲完课还要提问，看他们听懂了没有，可神气啦！我的成绩在班里名列前茅，有时能得个100分，有时粗心一点丢个单位或少写个字，错个数，总要刨去一两分或三几分的。一到双休日，我可就忙了，要到离家八里地的沙河少年之家去学英语和电子琴。我们学校的老师知道我会读一点英语，跟我奶奶说："别丢啦！"当时我读一年级，学校要到四年级才有英语课，但是少年之家也只收三年级以上的学生，没办法我只好跟奶奶坐在最后面当旁听生。英语老师见到这么个小孩坐在后面，就走过来问我，还用英语问我的名字，我也用英语回答，老师特别高兴，把我安排坐到最前面，就这样我由一个旁听生成为一名正式学生了。在那些大哥哥大姐姐面前我一点也不害怕，领他们读26个字母，老师第一次教了十个单词后，问："谁敢站起来领读？"我第一个举起了手，读完以后老师又一次表扬我胆子大读得准。有的人不会读还来问我，我也毫不客气地当起小老师来！两年来，无论刮风下雨冻冰，我从不缺课，现在学完第四册了。电子琴我也学两年了，去年寒假，我已获得中央音乐学院电子琴证书，现在学第五级了。去年我参加沙河镇朗读比赛得第二名，今年参加昌平县作文比赛。我从一年级开始写日记，经常在班里朗读，那篇"看日食"的日记还到四年级读过呢！

在这些学习和活动中，我认识了不少的同学，每当我走在街上总有人叫我，有的亲切地称我"小不点"，不少人还向我投来羡慕的目光。有人问我："你怎么这么早就上学呀？你怎么这么聪明呀！"我会骄傲地告诉他们："因为我接受过早期智力开发，是冯教授爷爷的教育法，使我聪明，让我快快长大。"

这封信好不容易保留下来了，叫人百读不厌。一个六七岁的孩子，有心写1200字的汇报信，思维是那么流畅，感情是那么真切，语言是那么丰富，用词是那么贴切，写得如此生动感人，这完全是《0岁方案》视觉语言的理论和提倡丰富多彩的生活感受而凝聚起来的，也是她奶奶用《0岁方案》和自己的爱心教育孙女结出的花朵。更使人欣慰的是，这孩子性格品质特别优秀，她快乐活泼，积极上进，勇敢自信而又安静专注的形象跃然纸上。她还不怕困难，具有独立和创造精神，勇往直前。提前上学的事，连妈妈都畏葸不前，她却勇敢地走到报名老师跟前去争取，又是唱歌又是跳舞，又是讲故事又是背古诗，结果感动了所有在场的人，她成功了。她学英语，由一个旁听生转为“小老师”也很感人，并且无论刮风、下雨、冰冻，从不缺课，电子琴也大有长进。她热爱生活，喜欢学习，待人友好且特别开朗和关心人的性格，必将决定她前程远大，人生幸福美好！但是像她这样的好多孩子都与我们失去了联系，这对我们的研究是多大的失落啊！算起来她今年已有十三四岁了，该读初三或高一了吧，或许是一位少年大学生，快成为出类拔萃的大姑娘了。孩子，你近况怎样？你奶奶好吗？希望更多受惠《0岁方案》的孩子及家长能与我们联系。

寻找《0岁方案》受惠家庭和早慧儿的公告发出后，不少家庭有了回信，但更多的家庭因为不知寻找《0岁方案》受惠家庭和早慧儿公告这事，所以也无法联系。如去年我在老年大学给学员上古典文学和古诗词课时，就有一位五十来岁的徐女士在无意中知道了我正在写《冯德全教育理论与实践》一书，便主动找到我说她的女儿就是受惠于《0岁方案》的。随后便讲述了她们受惠于《0岁方案》的经过。

那是二十多年前的事了，一天，徐女士带着一岁多的女儿去少年宫玩，这时她看见一位妈妈手上拿着一本名为《0岁方案》的书，正在与另一位妈妈谈学习《0岁方案》的体会。于是她凑了上去，看了看很受启发，也想去买一本，但当时她生活拮据，无法购买。于是她与那位妈妈交上了朋友，然后借书学习、抄录，并按照《0岁方案》的理论与方法去做，最后，她的女儿也成了《0岁方案》的成功案例，现在她的女儿在北师大任教心理学。

《0 岁方案》的受益者确实很多，可以说哪里有《0 岁方案》，哪里就会有优秀的孩子出现。下面我再附录一些已找到的《0 岁方案》受益者的情况简介以飨读者。

张千书，一岁多开始接受冯式《0 岁方案》早教，三岁识字 2000 多，能自主读书看报。四岁上小学，学习成绩一直优秀。六岁获哈尔滨青少年游泳锦标赛幼儿组亚军。七岁读完四大名著，性格开朗、活泼、兴趣广泛。

于苗，《0 岁方案》早慧儿，全国百佳童星，武汉市少先队总队委，体育运动、舞蹈、书画、写作等方面获省市级大奖，钢琴通过十级。中学时出版著作，后就读华南理工大学，一直品学兼优。

袁园，活泼健康，四岁博览少儿群书，后随父母去美国，半年即适应异国生活，在幼儿园建议下她直接上了普林斯顿小学。参加全美十四岁以下少儿华语演讲比赛，六岁的她荣获冠军，讲演题是《奶奶用“0 岁方案”养育我长大》。

杨戈，八个月开始实施《0 岁方案》，四岁脱盲阅读，酷爱数学，打破“8 阶密码完美幻方”课题世界纪录，获全国十佳童星奖。

李卓，《0 岁方案》早期学员李守民之女，北师大硕士毕业，现攻读加拿大多伦多大学博士学位。

吴燕，《0 岁方案》早慧儿，全国首届“十佳”少先队员，自学英、日、法三国外语。共青团十三大最小代表，毕业于浙江大学。二十岁任暨南大学教师。

刘博思，出生前接受过自发的胎教。一岁八个月送到曹国兰老师的“0 岁方案”实验婴幼园，开始接受“冯式早教”，两个月后形成了识字敏感，两岁多开始半独立阅读，五岁开始博览群书，并开始写日记，六岁开始在报纸上发表文章，七岁开始阅读中国四大名著的原著，七岁半上小学三年级，各方面仍在迅速发展，综合素质非常优秀。其优点主要表现在：独立能力强，接受能力强，讲道理，爱学习，善于思考，擅长表达，有长大后干大事的气概。

朱德睿，不到两岁进入世纪早教婴幼园开始学习识字阅读、书法和钢琴。五岁进入小学一年级，是个小书迷、小书法家、小钢琴演奏家。

朱婧，湖南郴州冯德全早教文化传播中心主任曹国兰的女儿。四岁半开始接受全面的“冯式早教”，半年见到成效，到六岁时，识字超过 2000，进入广泛阅读，并开始独立写日记；能熟练演奏电子琴；热爱劳动。六岁半直接上了小学三年级，在校成绩优秀，兴趣广泛，还拥有音乐、舞蹈、英语以及诗歌朗诵等多项特长。十四岁入读高中，入学一个月后，当选为校学生会干部、校广播站播音员和班上的学习委员，乐观自信、活泼开朗、热心集体、乐于助人，最可贵的是勇于挑战困难，敢于追求卓越，发展态势十分好。

笑笑，21 天开始按《0 岁方案》施教，82 天能看一百多张字卡，七个月会爬，九个月能自己走路，一岁多会读中文书，能编儿歌，三岁会读英文书，能口述日记，2~3 岁期间共计看了 391 本书。笑笑妈妈已著有《双语小天才养育实录》一书。

谷文雅，出生四个半月会应答，六个月能区分色彩。一岁会唱歌，一岁半会数数，背唐诗、儿歌，认识各种蔬菜、水果和海鲜。两岁三个月开始自学英语，现已达到小学六年级水平。自学能力强，专注，自己记录成长日记。

张雪晨，六个月开始接受“0 岁方案”的培养，周岁识字，两岁开始阅读，三岁创编儿歌、诗歌，四岁进行口头作文，五岁博览群书，七岁在报刊上发表文章。自六岁上小学后一直担任班长，学习自觉，成绩优秀，而且兴趣非常广泛，游泳、篮球、轮滑、萨克斯、唱歌、朗诵等样样精通。现在十一岁，是校篮球队的主力，还是学校唱歌明星，萨克斯已过了八级。

陈思，河南新密市函授站陈彦福之女，一岁半开始用“冯式早教”，经过一年多的教育，各方面都发展得比较好。一是较好地建立了识字敏感，在生活中见到熟悉的汉字会高兴地指认；二是记忆力得到较好的锻炼，能背诵很多古文经典、唐诗、儿歌；三是语言能力也得到了好的发展，现在能用比较完整的语句复述生活中的一些场景；四是专注力比较强，能坚持40多分钟；五是爱好广泛，如写字、弹琴、听音乐、跳舞等都非常喜欢。

《0岁方案》的受益者层出不穷，下面我们再展示一个九岁的小诗人写的诗：

放　　假

今天是放假的第一天，我随父亲来到了他的办公室看书、谈诗、做手工，回家后我又弹琴，一天很快乐的就过去了。最后我就把这些写了出来。

学堂归来心舒畅，
琴棋书画皆欢忙。
玩学合一陶陶乐，
来日定比他人强。
李昱儒 2016.6.30

小作者李昱儒出生后五个月就开始进行视觉语言的开发，在游戏中学习识字，到两岁多就能认识千余汉字，五岁就能自由阅读。在此基础上，由于家长的影响和熏陶，孩子逐步开始读古诗，进而发展到创作古诗。这个过程孩子是在快乐中实现的，就像认识万物一样，没有任何负担。这有别于那些“学龄化”的机械的、枯燥的“早期识字”，而“学龄化”的早期识字不符合《0岁方案》所倡导的视觉语言开发的原理。从九岁的昱儒出版自己的诗集我们不难看出，《0岁方案》对幼童视觉语言的开发是成功有效的，并进一步证明了视觉语言的早期开发理论是科学的、可行的。

以上案例只是用冯式早教《0岁方案》培养的成千上万优秀儿童中的极小部

分，通过他们的成长过程和多角度的展示，不难看出冯德全教授在中国早教领域所做出的杰出贡献。

为了提升中华民族整体素质，冯德全用他的生命践行着自己“要做中国的木村久一”的誓言，并取得了举世瞩目的成果。2014年，我去香港中文大学与著名幼教专家叶国洪博士交流时，他说：“冯教授的理论水平与实践精神令人敬佩，你能不能介绍一下冯教授的理论特点；他的早教实践意义又何在呢？”我说冯教授的理论基础是源于他对丰富的童年生活的感悟；源于三十多年长期坚持的观察实验研究，因此，它有很强的指导性和实用性。至于说冯教授早教实践的意义，用冯德全教授的话说就是，中国早教的意义在于：它是孩子的快乐工程；家庭的幸福工程；社区的和谐工程；国家的人才工程；教育的根系工程。是人类文明的新觉醒！我想这就是冯德全教授孜孜不倦坚持研究的力量源泉，这也体现了冯德全教授心系国家，造福苍生的高尚情怀。这正是：

心怀社稷何惧艰，福泽苍生桃李红。

万家萌童开心智，慰藉早教第一翁。

第十二章

壮志未酬身已老　报国无尽情不终

2016 年冯德全教授在绍兴早教学院筹备大会上演讲

“老骥伏枥，志在千里；烈士暮年，壮心不已。”冯德全教授现在已是八十二岁高龄的耄耋老人了，可他依然怀着美好的梦想，并为了这梦想不懈地去追寻着。

他希望科学育儿能成为亿万家庭和谐生活的主旋律，“让《0岁方案》走进千家万户”；他希望儿童潜能开发与科学早期教育成为高校毕业班学生的必修课之一，也成为准父母们的必修课程；他希望在有生之年，能够创办一所早期教育师范学院，以培养出大批优秀的早期教育宣导师和早教师；他还渴望创办一大批社区微型早教园，创办大批幼儿园的“园中园”（园中婴儿园），创办大批社区父母学堂，使早期教育家庭化、社区化、生活化、平民化、个性化；他更渴望普天下的父母都能够意识到：时代不同了，你已经有过童年的遗憾，但你不能再给孩子遗憾的童年，你可以不是天才，但你能够成为天才的父母和老师。

为了实现这些愿望，冯德全教授不顾八十的高龄，策划起草了《中国特色早期教育“星空计划”（草案）》并为此奔走于大江南北。为了展现冯德全教授“壮志未酬身已老，报国无尽情不终”的情怀，下面我们奉上冯德全教授的《中国特色早期教育“星空计划”（草案）》，以窥冯德全教授献身我国早教事业的拳拳之心。

中国特色早期教育“星空计划”（草案）

湖北冯德全儿童潜能开发研究所是湖北省科技厅、湖北省民政厅特批的民间研究机构，其前身是湖北大学儿童发展研究中心，是冯德全教授于1985年创立的中国第一个早期教育研究所。

冯德全是我国“0岁方案”“早教革命”到“中国式早教”的创始人，他从教60年，前25年由小学教到中学、大学，还在教育局、教科所任职；后35年专攻“0~6岁早期教育·婴幼儿潜能开发”，在长期的教育实践中，深深认识到儿童早期发展是人生幸福之源、优质人才之根。

1985年，冯德全同时创办我国首家家庭早教函授学校，前后发展一百多万家长会员，与广大会员共同培养出大批早慧儿童、卓越青少年；又在长期的家庭早教实践中锻炼出数十位早教研究员、专家。在此前提下，他创造了“冯式早教”理论、方法论体系（绝大部分名词术语都是中国创造），出版了30多本著作，获得全国12个大奖，“冯式早教”被评为“中国早教行业最具影响力品牌”。所以“冯式早教”实质是本土化早教的创新体系，故也被民众和国家关工委称为“中国式早教”，已承担起中国儿童早期发展指导师的培训任务。

研究所现在面临着“二次创业”，二次创业的主要任务是在国家关工委领导下实施、推广中国式早教的“星空计划”。什么是“星空计划”？即科学早教在广大幼儿园、早教中心领导下，走低龄化、家庭化、社区化、个性化、普惠化、混龄化、班组小型化之路，让婴幼儿获得最自然、最丰富、最快乐、最有效的生活、游戏大课堂。普及这一早教发展的新路就是中国早教的“星空计划”——让家庭和社区早教像夜空中的繁星一般璀璨而美丽！

“星空计划”的意义

早期教育是婴幼儿巨大潜能的最佳期开发，是儿童成长过程中“基本素质”的培养。提高人口素质务必把“原生态”早教提升到科学早教的创新层面上来。

数千年的中外人才史证明，家庭是杰出人才成长的摇篮，父母是孩子人生的大河之源；家庭环境、父母修养、生活情趣、小伙伴自由交往是早期教育的“主教育场”。这个“主教育场”对孩子的影响像日光、空气、磁场和地球引力一样时刻作用于婴幼儿身心健康成长。这方面的研究我们做了30余年的实验，取得了重大的科研成果。

改革开放以来，经济大发展使社区高楼林立，这本是大好事，但社区很难有土地建设大型幼儿园了；同时，因为公寓式套房隔绝了邻居的自由往来，也带来邻里生疏，世交不复存在，加之独生子女家庭使孩子实在太孤独了！缺乏邻里小朋友的自由交往，这是早期教育的严重缺失之一。孩子从小没有伙伴，哪来的团结友爱、协作精神、换位思考、分享意识、主持正义、同情弱者、领袖能力、团队精神、民主意识、遵守游戏规则等等为人品质？而中小城市和农村又因办园条件所限，婴幼教普及率很低。在世界早期教育大潮中，难道我们能再等一百年吗？

时代在呼唤中国早教的“星空计划”，它能把0~6岁早期教育引向正确、规范、优质、快速发展和普及之路，让每一个孩子都受到良好的早教，使亿万宝宝快乐成长，家庭幸福美满，社区文明和谐，使教育公平最大化。

“星空计划”的办学形式

一、创办社区父母学堂

发动和帮助广大幼儿园、早教中心、居民社区筹备成立正规的父母学堂，带领家长学习科学育儿，组织讨论，交流经验，结交朋友，使家长们的教育素养达到或接近以下8个目标：

1.懂得科学早教的重大意义，抓紧最佳期的养育，掌握日常生活游戏中的早教内容和方法，体验早期教育的快乐和有效性。

2.让家庭建立科学的亲子关系：父母对孩子是亲密的朋友和监护人；懂得实施教育爱，升华血缘爱，杜绝溺爱。

3.懂得胎、婴、幼儿的营养和保健常识，使孩子养成良好的生活、卫生、锻炼和注意安全的习惯，使之健康成长。

4.懂得怎样进行“潜教育”，主要用潜教育培养婴幼儿的良好性格、气概，使之快乐活泼、安静专注、勇敢自信、积极向上、文明礼貌、落落大方、热爱劳动、关爱他人、没有依赖心理，使孩子有理想和将来做大事的气概。

5.懂得怎样培养孩子有规律生活，养成各种良好习惯；怎样使孩子有多种快乐的智力活动；怎样在多种游戏活动中培养孩子朝气蓬勃，积极向上，帮助孩子发展多元智能，形成兴趣特长。

6.让家长懂得怎样培养孩子的好奇心和求知欲：喜爱观察、提问、思考、讨论；通过发现和提问，丰富社会常识和自然知识；喜欢看地图、听新闻，关心国家和世界大事。

7.懂得怎样发展孩子的视觉语言，使孩子特别喜欢字宝宝，5岁前识汉字3000以上，进入广泛阅读，为自学打好基础。英语认识词汇500~1000个，会短文阅读和日常会话，能与外宾大大方方作简单交流。

8.建立起社区邻居和谐的朋友关系，并带动孩子们友好交往，结成亲密的小伙伴关系。

二、创建早教师事务所，让早教师入户服务

目前许多家庭都有老人带孩子，只要求早教师上门指导，同时带几个邻居孩子玩学，每个家庭只花请保姆的费用就可获得早教师的服务。入户服务的目标是帮助家庭建设“主教育场”，其标准是：

1.正确的亲子关系；

2.丰富的生活情趣；

3.良好的环境影响；

4.优秀的楷模诱导；

5.邻里的友好往来；

6.伙伴的快乐游戏；

7.有趣的学习活动；

8.积极的心理暗示。

同时早教师与2~4个孩子一起玩学，培养孩子达到或接近以下的发展标准：

1.家庭三代人关系融洽，充满双向关爱，特别喜欢早教师，建立起师生深情，听老师的话，行为文明礼貌。有好的生活习惯：家庭内外都习惯运用礼貌用语，孝敬父母和祖辈，会做力所能及的事，能独立地玩，不缠人、不任性。

2.培养起快乐活泼、安静专注、勇敢自信、爱心美感、有独立性、有创造性、有长大做大事的气概的七大优秀性格基础。

3.身体健康,喜爱体育运动,会与小伙伴自由交往和集体游戏。

4.爱提问、思考、讨论,动手操作,爱做科学、数学游戏。

5.视觉语言发展好,爱识字阅读,5 岁前普遍脱盲;爱记英文单词,读短句短文,7 岁初步进入英文阅读。

6.孩子兴趣广泛,四五岁以后有某项爱好、特长的倾向。

三、创办社区早教屋(或幼儿园办卫星早教园)

有的家庭没有老人照顾孩子生活,或不便让早教师入户服务,那么孩子可送到社区早教屋(微型早教园)接受教育。早教屋只要租赁社区的一套住房(要求附近有社区小花园),投资数万元即可创办。早教屋同样实施个性化教育,使早期教育快乐、灵活、自然、优质,玩中有学,学中有玩,生活中教,游戏中学……每个幼儿园都可以办。

早教屋一般有一二百平米,收亲子班、半日班、全托班;一位早教师带三五个孩子玩学(双休日父母学堂也办在其中),配合家庭早教,孩子同样可以达到上述早教师入户服务的发展水平。

四、与地产商合作创建中国早教度假村

0 岁开始右脑开发的早期教育已形成世界潮流, 一部分先富起来的人们想让孩子出类拔萃地成长。为了满足国内外这一部分人的消费需求,中国早教度假村是大受欢迎的教育模式。

在山清水秀的区域投资建设“早教度假村”,吸引国内外的全职妈妈来居住,接受对两代或三代人的教育服务,教好成人怎样当优秀父母,怎样培养出色孩子;又让孩子生活丰富快乐,出类拔萃地成长。

由于有这种消费要求的人在海内外越来越多，大家都希望教好孩子，同时让生活回归自然。这一趋势会带动房地产业向特色房地产方向发展，其社会效益和经济效益都非常可观。早教度假村需建设如下配套设施：

1.娃娃科技馆、美术馆、陶艺馆、棋类馆、音乐馆、歌舞厅；

2.昆虫养殖体验场；

3.汉字宫或汉字公园；

4.儿童游泳池、钓鱼池、溜冰池、游乐场；

5.儿童体验种植园，种粮食、蔬菜，饲养家禽、家畜；

6.中草药种植、采集基地；

7.中、英文阅读、绘本馆；

8.早期教育博物馆等。

“星空计划”的师资

国家关工委、人力资源部已推出育婴早教师新职业，进行系统培训、考核、颁发证书，拓宽创业、就业，这是造福千家万户和子孙后代的大事，也是大批青年创业、就业的金光大道。

一、父母学堂校长和讲师来源

在大、中学校内出色青少年的成功家长中挑选兼职师资，经“星空计划”总部专门培训，由具备以下素质者担任：

1.热爱早教事业，对早教事业有很高的认识，热心为社会服务；

2.非常热爱孩子、喜欢孩子，对孩子和家长有很强的亲和力；

3.有丰富的育儿经验，自己的孩子培养得特别优秀甚至出类拔萃；

4.表达能力强，说话有感染力；

5.精通“星空计划”理念和早教方法，有很强的教育创新意识；

6.其中一部分师资对小学、中学课程能够融会贯通。

二、早教屋主任和早教师来源

1.建设全国早教师资培训中心，有计划地培训全国父母学堂校长、讲师和各类新型早教师；

2.启动女大学生创业、就业工程，进行系统培训和实习；

3.挑选幼儿师范学校毕业生，进行中国早教“星空计划”理念和方法的特别培训；

4.在报纸和网络上公开招募一批中国早教“星空计划”的有志者进行特别培训；

5.在全国孕、婴、童机构中挑选人才进行素质提升培训；

6.通过共青团系统招募一批发展中国早教“星空计划”的高素质青年志愿者，服务一二年，建成“中国早教第一村”，把农村的孩子也培养得十分出色，用一个“星空计划”的大样板向全国和世界证明“星空计划”之伟大，引起国家领导人和联合国有关机构的高度关注。

对中国早教“星空计划”的青年志愿者的回报，除了她(他)们应得的荣誉外，中国早教“星空计划”还把他们培养成早教创新、创业人才，其中一部分人成为早教专家。

“星空计划”组织保证

关心下一代健康成长务必从娃娃抓起，最佳方案是实施中国式早教的“星空计划”。它是童年的快乐工程，家庭的幸福工程，国家的人才工程，社区的和谐工程，还是教育的公平工程和后续小、中、大学的根系工程。这一工程是建设创新型国家的重要尝试，也是早期教育低龄化、普惠化，让孩子全面发展、个性发展的创新实验(请读者注意：在清华大学百年校庆典礼上，胡锦涛主席提出了全面发展和个性发展)，对我国创立世界级早教品牌有划时代的重大意义，一定会得到党和政府有关部门和各方公益机构的大力扶植。

为保证中国早教“星空计划”获得预想的成功，定要做好教育实验，向国家关工委等有关部门做学术汇报，取得关工委系统直到广大社区管理部门的大力支持，并走市场发展之路。

以上就是冯德全教授的早教“星空计划”的初步设想，这个计划若能完善并实施，中华民族的整体素质定将大幅度提高。

2016年，冯德全在党中央国务院提出的大众创业、万众创新和理论创新、制度创新及供给侧新思维的激励下，对中国的早期教育如何进入服务创新做出了新的思考，并连续撰写了《用供给侧结构性改革打造早期教育现代服务业》七篇文章，为当今中国的早期教育做了更加科学的规划。下面就将这七篇中的两篇展示以飨读者。从中我们也可以了解冯德全心系中国早教已经到了何等地步。

用供给侧结构性改革打造早期教育现代服务业（一）

在中华大地数千年的文明史上，唯有以习近平同志为核心的党中央政府提出了大众创业、万众创新的庄严号召，提出社会发展要理论创新、制度创新、科技创新、文化创新。这是划时代的变革，是一次全民族的思想大解放，研究者的学术大解放，创业者的视野大解放，总之是社会生产力的大解放！当今社会迫切需要创新的各大领域中，帮助父母养儿育女，把人类“原生态”婴幼儿养育提升到科学育儿（即早期教育）的层面上来，这是国家和民族的头等大事。养儿育女绝不是所谓的“小儿科”，说它是头等大事，因为经我们37年的实验研究证明，它能使孩子童年快乐成长，早教师职业开心，家庭幸福和谐，邻里文化得以复苏，在起点上实现教育公平最大化。高质量的科学育儿，能直接使后续小、中、大学的教改顺风顺水，国家各类优秀人才层出不穷；大幅度提高整个中华民族的人口素质，又节省大量办园资源，普遍解决找不到园址办园难的困境；还能让中国早教师和汉字文化在较短时间内走向世界。总之，科学早教、右脑优势带动全脑发展，极利于“两个一百年”内实现民族伟大复兴的中国梦，我们有把握培养出大批优秀下一代，靠他们去实现民族的伟大复兴！

中国科学育儿事业要达到以上的伟大理想，就要充分发动和依靠民众，驱动创新机制，改变传统观念，坚持进行调结构、转方式，实行供给侧结构性改革，稳步建立早教现代服务业，那么我们的目标便可在2022年基本实现。到第二个一百年之中期，约2036年前后，中华民族人口素质将呈现社会主义核心价值观所要求的全新面貌（社会主义核心价值观集中反映了中外优秀文化之大成），随后顺利地圆我中华民族共同的中国梦。

那么什么是早期教育现代服务业的供给侧结构改革呢？它不是老式早教之现状，如家庭数千年养儿育女的“原生态”早教；小保姆带孩子的早教；“小件物品寄存处”似的托管式早教。这些，令多少孩子成长在错误的道路上，多少父母随宝宝长大而在焦虑、失望中度日，又使后续教育、教改困难重重！因为老式需求侧育儿存在很多误区。

误区一：只求生理养育：吃饱、穿暖、不出事故、入园豪华，而心理养育：孩子的爱心、美感、安全感、快乐感、好奇心、自信心、合群心、是非感、责任感、成就感、良好习惯、意志品质和优秀性格等都忽略不管，这就是育儿史上千万年来的失落！

误区二：混淆概念，否定早教。有人说，凡是养儿育女最怕一个“早”字，你看早恋、早婚、早孕、早产、早上课、早学习，都是拔苗助长，必然早衰。他们混淆概念，不知道科学育儿与传统教育观风马牛不相及。早期教育是0岁开始在右脑优势发展期的全脑潜能开发，是生活中教，游戏中学，教在有心，学在无意，培养良好习惯，形成优秀性格的养育，远非传道、授业、解惑的大班制编班教学那么简单。

误区三：婴幼儿无能。人们认为婴幼儿只是一个玩玩闹闹的“宠物”宝宝，孩子长大了才可学习，年龄越大学习越有成效。殊不知新生儿生来就会用右脑进行“适应性学习”，孩子是人世间最善于学习的能手，婴幼儿个个都是学习的天才！（右脑功能的发现者于1981年荣获诺贝尔生理学或医学奖）

误区四：说教即教育。人们顽固地误认为教育就是说教，是大人讲、小孩听，或者编班上课。孩子不听话就喋喋不休地唠叨，反复说教。实际上说教是“反教育”“负教育”，这种错误的“消极暗示”不知毁掉了多少孩子快乐上进的童年！

误区五:关门养宠。如今的孩子,在家关进斗室,入园关进教室,社会剥夺了孩子太多太多的生活体验,他们严重失落大自然教育,严重失落自主生活体验,必要的“抗挫”生活被抹煞,尤其缺乏与伙伴的自主游戏。这就失落了团结友爱、协作精神、换位思考、感恩意识、同情弱者、主持正义、讲究诚信、主张分享、领袖能力和遵守游戏规则等等高情商品质,还谈什么教育质量!

误区六:享受即幸福。大家庭中六位成人的爱流注入一个孩子身上,他会幸福吗?他只会享受和吵闹。人们不知道孩子真正的幸福在于丰富的生活情趣与体验;在于他专注快乐游戏的“工作”(蒙特梭利语);在于他有人际交往与相互关爱;在于他与小朋友的自主、自由玩耍;更在于做他喜欢做的事而克服困难取得成功的喜悦。而溺爱的“幸福童年”很快将转换成不幸的少年和悲哀的青年,数十年来这种花季青少年的悲剧难道还少吗?

误区七:早教即入园。认为早教即上幼儿园,其实家庭是早期教育的“主教育场”。这个“主教育场”像日光、空气、磁场和地球引力一样时刻作用于孩子身心健康成长,这是古今中外人才史所充分证明的事实。而百年一贯的学校化“需求侧”服务,远非科学早教的“主教育场”!

误区八:禁止“视觉语言”的自然发展。语言是思维、想象、交流、学习的工具,只有人类才有“听觉语言”(听话说话)、“视觉语言”(识字阅读)、“触觉语言”(盲文)和“手势语言”(哑语)。经 30 多年科学育儿的早教实验,每个身心健康的孩子都能在生活游戏中,三岁时快快乐乐不知不觉地习得“听觉语言”(听话说话),同样也能在生活游戏中,三岁时快快乐乐不知不觉地习得“视觉语言”(识字阅读),且两者的发展相辅相成,个个孩子都可 4 岁能说会道,又可广泛阅读,甚至 6 岁博览群书。

但传统观念顽固地认为“说话容易识字难”,婴幼儿识字、阅读肯定是拔苗助长。其实世上学说话最不容易,只要给孩子学说话的十分之一的条件,每个婴幼儿都能不知不觉快快乐乐地走上“书香人生”之路,还包括中国小朋友学外文和外国小朋友轻松学中文。(此处不展开了,我早已出版有数十万字的《阅读点燃智慧》等专著,并附有大量案例。)

误区九：重幼教，否婴教。中华民族的育儿古文化流传数千年，易经等古典讲“童蒙养正，幼学如漆”，民间则流传“三岁看大，七岁看老”；而蒙特梭利说得更具体，她说：“人生头3年的发展，胜过人整个一生中的任何阶段，胜过3岁以后直到死亡的各个发展阶段的总和……”38年来，中国式早教研究成果证明：人的亲感、爱感、美感、语感、序感、快乐感、安全感、是非感、责任感、求知感、自信感、意志感及认识、习惯、性格等等大都在3岁前由右脑促进全脑构建，并铸就人的“潜意识板块”。所以我们应当向全社会呐喊：科学早教不仅是人才成长的根系教育，它实实在在是人生的根，科学育儿是人类文明新觉醒！

原生态的陈旧理论的早教误区还有很多很多，如重智育轻体育；轻良好性格培养，忽视社区文化建设和良好家教、家风宣传；把孩子当私有财产、当玩具、作投资的育儿观十分普遍；入园只求大、求洋、求豪华、求时尚，以获得父母虚荣心的也有之；还有孩子女性化倾向严重，由于过度保护，弱化父教，孩子大多失去阳刚之气，城乡的孩子几乎都不会爬树打赤脚和自主玩集体游戏了。至于养儿育女的急功近利心理则更普遍，只追求结果、追求分数、追求名校，父母严重忽视养育过程中最快乐的生活体验，而辛苦和压抑的养育过程只可结出苦果，自铸了两头落空的人生最大的悲哀！

我们分析了以上早期教育的大量盲区后，为振兴中华，我们务必走大众创业、万众创新之路，那就定要推行早教服务产业的供给侧结构性改革。什么是供给侧结构性改革的现代早教服务业呢？明白地说就是大力驱动创新机制，研发新的理论，创造新的制度，创新产业模式，显著地提高育儿质量。从而引导消费，提高早教质量，拉动内需，增加就业，促进经济增长，让亿万家庭、孩子和早教从业者都有幸福的获得感。具体地说，现代早教服务业要与家庭拉近心理距离，贴心地站到他们侧旁，供给家庭优质早教指导师，供给优质实用的图书、玩教具产品，供给个性化优质的指导服务，把孩子培养得更加优秀。

为达到这一供给侧结构性改革的服务目标，对科学育儿的创新要求非常高，有一系列颠覆性创新等着我们。

一要颠覆万年的婴幼观，认识胎婴幼儿右脑优势带动全脑发展是人类进步的捷径，可以创造社会发展空前的奇迹，父母和早教师在培养人类后代中应享有最高的地位。

二要颠覆千年的教育观，今日的教育(尤其是早期教育)不是一千年前唐朝韩愈定义的“传道、授业、解惑”，也不是三百年前夸美纽斯提出的“大班制编班上课”，而是引导孩子热爱生活、学会生活、喜爱玩学、学会学习、富有爱心、学会关爱、人际交流和团队精神。

三要颠覆百年来的早教唯有办园观。一百多年前，洋务运动领袖之一的张之洞从西方引入幼儿园确是一大进步，但一百年来因为中国人口众多，幼儿园越来越靠近大班制、学校化管理(有人形容为“小件物品寄存处”)，严重违背婴幼儿身心发展之需，本来最开心的早教师职业也弄得苦不堪言。所以广大幼儿园要带头进行供给侧结构性改革，他们有最好的条件，是供给侧改革创新的生力军。

四要颠覆人类有文字以来，对文字的敬畏心理和无知认识，以为识字阅读本身是多大的学问，很难很难，婴幼儿是绝对不可碰的，不然肯定是揠苗助长。其实文字只是视觉语言的符号，就像一个个繁难的语音是听觉语言的符号一样。世上那么多方言母语的语音，只要宝宝生活于其中常听、常悟、常模仿，任何国家和民族的方言土语，宝宝两岁多便领悟模仿得惟妙惟肖，如果父母和早教师也常快乐示范给孩子读字听词，那么宝宝快快乐乐三岁脱盲，四岁广泛阅读，五六岁博览群书是毫无问题的，何况发展口语和学会阅读是相辅相成，不可分割的玩学过程。如果孩子从小不仅有“听语”工具，同时还有“视语”工具，那么他的认知、思维、想象、玩学兴趣和自学能力就会像插上翅膀一样飞翔了！

那么科学育儿的供给侧结构性改革服务领域怎样起步呢？要知道中国数千年的历史长河，13亿人口的泱泱大国，全脑教育远未被大多数人所认知，当今应试教育、择名校仍风生水起，加之东方文化中保守面的惯性，普及科学的早期教育是非常困难的。正如马克思所论述的：“在科学上没有平坦的大道，只有不畏劳苦、沿着陡峭的山路攀登的人，才有希望达到光辉的顶点。”我愿与为中华民族的强盛并推动人类进步而奋斗的人们团结起来，在习近平同志为核心的党中央领导下，担当起从“根系教育”起步，促进教育改革，提高民族人口素质的重任。

人们都说“十年树木，百年树人”，那是没有育儿科学指导时代的老观念，请同志们不要悲观！我的研究正好相反，应当是“百年树木，十年树人”。优质树木的成材周期大都在百年或数百年以上，因为它们自身没有主观的能动性成长；而只有人，是可以养育出巨大能动性成长的动物，只要我们按最新脑科学、生理学、心理学、早期教育学养儿育女，十年左右便可培养出朝气蓬勃、积极向上的少年来！人们不是都在说“少年强则中国强”吗？

用供给侧结构性改革打造早期教育现代服务业(三)

为实现中华民族伟大复兴，自改革开放以来，中国民众已艰苦奋斗近40年，靠传统的经济增长模式取得了举世瞩目的伟大成就。但我想到另一面，我们伟大理想的中国梦，最终还要在下一代手中实现，因而培养下一代身心健康成长，开发他们体魄、智慧和性格的巨大正能量是时代落到教育工作者(尤其是早教工作者)肩上的重任。

所以早期教育在理论创新的同时还必须推动制度创新和产业创新，必须让供给侧现代科学育儿(早教服务业)落到实处，本篇研讨的就是供给侧现代早教服务业的制度创新。

当今生命科学认为婴幼儿的成长简直是一个谜。恩格斯在《自然辩证法》中说，胎儿是宇宙间迄今为止所发现的最具生命力的小精灵，他从精卵细胞结合的单细胞合子开始，一个肉眼看不见的小生命，仅仅9个月就成长为宇宙间拥有最高级的脑和完备躯体的人，9个多月就走完了自然界从单细胞进化为人脑的38亿年的路程，这是何等伟大的壮举！婴幼儿呢？初生时的智能还不如小动物，但短短的六七年，完成了从动物祖先到现代人的数百万年的进化，一跃而具备现代人的所有高级心理，人之初能量的提升真正是苍茫宇宙中的奇迹！

经我38年的研究，大量事实证明婴幼儿是人类潜能开发的“浅表富矿”。科学育儿（即早期教育）——提高人口素质如前两篇所述，它的意义不比任何其他伟大工程的意义小。所以育儿工程在理论创新的同时要积极进行制度创新。

一、早期教育制度创新需去“去学校化”，走“八化”之路

早期教育的制度创新首先要“去学校化”，逐步清除学校化旧模式、大班制授课和管理的影响，走一条全新的“八化”之路。那就是：

1.低龄化：要从孕前准备开始，实施孕期保健和筛选，同时实施孕教，而后特别要重视0~6岁的早期教育。

2.家庭化：家庭教育要立法，确定家庭是早期教育的主教育场，在全国普及各社区定期举办的科学育儿父母学堂，父母和带孩子的祖辈必须进父母学堂或社区早教沙龙学习交流。

3.社区化：在父母学堂中编组讨论，提倡邻居间经常来往，交流育儿经验，恢复数千年来中华优秀的邻里文化，带动小朋友有自由来往的小伙伴。

4.玩学化：早教是玩和学的高度统一，父母和早教师要在生活和游戏中培养孩子玩学的乐趣、兴趣、萌发志趣，让孩子不知不觉中达到早期教育的四大目标:学会生活、学会学习、学会关爱和学会人际交流。

5.个性化：制订每个孩子因人施教的年计划，建立每个孩子的成长档案。不必有完全统一的教材，孩子的领悟接受程度也不必一致。玩学应有集体活动，也有一对一的个别玩学，特别优秀的可实施某方面超常的精英教育；坚持扬长避短，反对补短抑长。

6.优质化：早期教育最需要讲究高质量，因为它影响着后续教育，影响人的一生。要制订不同年龄段的质量标准和服务标准，父母和早教师共同在孩子的成长档案中定期做评定记录。

7.普惠化：不论城乡、贫富（乡村要建“一村一塾”），也不论家庭和孩子有

何特殊情况，要让每一个孩子都受到良好早教，使师生、家庭、社会和国家都受惠，要求在第一个一百年末全面实现小康社会的同时，全面显著地提高少年儿童素质和父母的育儿修养。只有这样，在第二个一百年，国家的文化、文明软实力也能符合并推动实现强国梦。

8.班组小型化：班级实现小型化(一位早教师带3~4个孩子为一组，若干组可联办一些大型活动)，混龄化(班组内允许有大小不同年龄的孩子)，使早期教育更有亲情，大孩子当兄姐，小的当弟妹，可弥补独生子女亲情成长之不足;往往哥哥姐姐表现好了，弟弟妹妹也跟着进步。

总之，婴幼教育“去学校化”的制度创新，可让广大城乡孩子获得最自然、最丰富、最快乐、最贴近生活、最有积极性、最能有效成长的生活游戏大课堂，促进孩子在后续教育的小学、中学和大学中都能自主学习、兴趣学习和集体研讨学习，有理想地学习，发展个性特长而迈入优秀少年、青年的行列。

二、精心打造传统幼儿园的升级版

一百多年来，清末洋务运动从西方引入了幼儿园，在发展中国早教事业中起了先驱的作用，其历史的先锋作用功不可没。它以被誉为幼儿园之父的德国福禄贝尔的理论为指导，提倡了幼儿集体的游戏教育和“恩物”玩具，为发展现代早教服务业做了重要的奠基。但是由于中国人口众多，幼儿园远远跟不上人口发展的需求，于是不断扩大办园规模和大班制编班教学，逐步形成了托管式幼儿园和编班上课的学校化模式，忽视了孩子的身心健康发展;而上课制更使幼儿脱离了丰富的生活体验，也远远达不到“生活中教，游戏中学，教在有心，学在无意”的早教境界。况且传统的幼教还丢弃了0~3岁最重要的早期教育，因而孩子三岁前生活中形成的“潜意识板块”往往有严重缺陷而难以矫正。再由于学校化大班制教学，孩子学得苦，老师教得累，哪来快乐的玩学和小伙伴的自主游戏呢?但即使是如此的“早教”，一百年来的普及率也仅为40%左右，难道我们民族的伟大理想，还能再等得起一百年吗？而且现在大中城市连办如此幼儿园的园址都极难找到了。

所以全社会应认识到创办幼儿园不是早教的唯一形式，且幼儿园也不是义务教育。广大传统幼儿园必须打造供给侧早教服务业升级版，去学校化，完全不必仿学校化大型模式去发展自身。

广大幼儿园创新现代早教服务业的前途是最光明的，园长和教师是创新现代早教服务业的生力军，幼儿园里集中了早教师的优质群体，只要用国内外最先进的早教理论更新观念，绝大部分同志在短时间内即可成为新型的小班制早教师。而亲子园从境外舶来虽只20年左右，但其转型小班制混龄化玩学更容易。至于真正的兴趣培训班早教，只要教师的专业好，基本不用转型就可培养孩子有个性特长地发展。

三、建设公平竞争的现代早教服务业

现代早教服务业关系着全社会亿万家庭的幸福安宁，更关系整个国家未来人才质量和中华民族的人文面貌。因此,这个特别重要而又庞大的服务系统的建设，一要发动民众；二要简政放权；三要公平竞争；四要标准监管。

现代早教服务业应当只有公办、民办之分，不应当有所谓“体制内外”之别。实行公办、民办、企业办、社团办、境内外联合办等，一是为了加快普及科学育儿，二是为激励更多大学生参加这项阳光事业，如果把这一行业分成体制内外是不公平的。体制内的早教，从园舍、设备、工资、品牌都是高端的，还能从幼儿师范学校优秀毕业生中任意挑选优秀教师；而所谓体制外的早教机构，一切都得自筹资金，自租园舍，自招师资，自付工资福利，自我广告招生，还常受到社会的歧视。这既违背社会主义核心价值观，也有碍民众发展普惠早教的积极性，更不利于大学生投入早教的创新大业。而对体制内早教机构、早教师的创新积极性也是无形的抑制和拖后腿，浪费了大量优质早教师的创造力资源实在可惜。所以为了现代早教服务业的蓬勃兴起，应考虑取消体制内外的不同待遇，逐年减少体制内早教机构的拨款，充分发挥他们的强大优势参与万众创新的竞争。同时，政府应重点扶助民办早教创新服务业的兴起，特别要扶助农村发展早教服务业和大学生在这个领域的创业和创新，这是一举多得的制度改革。

四、建立专门机构服务并监管现代早教服务业

因为0~6岁胎婴幼儿的科学养育毕竟是在近30年刚刚兴起，其事业本身的高度与社会认识度落差太大；这个事业又与好多部门有关系，都可管也都可不管。为了现代早教服务大业的迅速兴起，请有关部门按五中全会“协调”的理念由教育部、卫计委、妇联、关工委、民政部和工商部门等联合组建从中央到省、市、县、乡各级专门机构，进行规范化、标准化、个性化的服务和监管，或由国务院直属领导。这个机构要进行国内外深入调研和考察，接收最新人类早期教育理念，制订现代早教服务业产业发展纲领(属于第三产业)，制订早教服务业服务标准，切实按照习主席要求的“亲、清”原则，为基层创业者服好务并进行监管，确保中华民族从源头上开始提高人口素质并拉动经济发展。若干年后，中国早教师作为最宝贵的资源将走向海外，为打造人类共同体出力，将产生无可估量的更大更全面的巨大效益。(最近李克强总理在谈到经济稳定增长时，曾讲服务业经济增长要达到55%以上。)

以上草案不只是写在纸上，同时也践行在冯德全教授的行动上。就在他写完他晚年的早教宏伟计划后，就把自己的年龄忘得一干二净，把自己的病痛抛到了九霄云外。从这一天开始，一位八十高龄的老人又为着自己的理想，准确地说是为了实现中国梦，实现中华民族的复兴，又迎着风浪起航了。

冯德全教授在身患多种疾病，每天要靠安眠药才能睡眠的情况下，还要天天坚持工作近十个小时，撰写和整理幼儿早教专著；回复全国各地幼教工作者和广大家长的来信；为大家答疑解惑。除此之外，还有大量的社会活动和工作需要他参加和处理。

下面我们仅从冯德全教授2014年4月中旬至12月底的活动日程安排和实际行程，就不难看出他为自己所钟爱的中国式早教事业付出了多少心血。

2014年4月中旬，应国家关工委事业发展中心主任邀请，前往北京商谈有关与国内大专院校、继续教育学院合作，开展“中国婴幼儿早期教育师”培训的布局工作。

4月22日，应邀前往北京文化硅谷商谈有关成立中国早教事业发展联盟的事宜，然后接受了有关媒体关于中国早教发展模式的专访。

4月25日，受邀到石家庄出席“中国式早教”启航仪式。

5月18日，应邀前往大连出席“中国婴儿节”开幕式并作主题演讲。

6月4日，在上海出席第四届WOHO国际教育论坛讲座。

6月9—23日，筹备并在武汉出席首届“中国式早教创新、创业高端研修会”。

7月14日，在湖北大学接待澳大利亚昆士兰大学早教专家代表团，并开展了学术交流。

7月22—26日，应北京文化硅谷和华东师范大学母亲研究所邀请，前往作三天的专题授课。

9月6—9日，在武汉儿童潜能开发研究所给中国式早教父母课堂学员讲课。

9月14—17日，应香港中文大学邀请，前往香港进行学术交流，作“未来家庭核心价值”的专题演讲。

10月10—13日，到北京参加幼儿教育工作会议，并与国家关工委事业发展中心和中国总工会继续教育学院洽谈关于“启蒙早教师培训学院”之事。

10月14日，应邀去沈阳考察布局中国式早教“星空计划”东北培训基地。

10月17—20日，应中国学前教育研究发展中心邀请，前往上海作《如何在幼儿园开设特色父母课堂》的主题演讲。

11月6—9日，在武汉儿童潜能开发研究所给中国式早教父母课堂第二期学员讲课。

11月12—14日，应邀前往深圳为中国式早教父母课堂深圳学员授课。

12月12—14日，应国家教育部学前教育发展研究中心邀请前往上海讲学。

在不到九个月的时间里，冯德全教授平均每半个月就有一次大的与早教有关的社会活动，行程万余里。而在这些活动中，冯德全教授每到一处都能倾倒广大家长和教育工作者，都能掀起一股早教的热潮，甚至连香港和海外的早教专家也十分推崇冯德全教授的早教理论和实验成果。现在我们再选录部分以上活动的侧记和新闻报道来看看冯德全教授受欢迎的程度。

下面是一位随同冯德全教授参加中澳幼教学术交流活动的学者在学术交流后写下的体会。

七月十四日，澳大利亚昆士兰大学马休·桑德斯教授率领的幼教专家团来专访冯德全教授，并作学术交流。余伴随左右分享之，见冯老侃侃而谈，来者踧踖如也。吾倍感钦佩，遂钝笔书之以为记也：澳洲学者，专程造访。夫子侃侃，客坐满堂。研习育人，盛赞有方。星空计划，倍受赞赏。争相借鉴，热情高昂。冯式早教，声名远扬。吾辈随行，尤感荣光。记以书怀，与友分享。事从导师，共创辉煌。

下面是冯德全教授在中国式早教父母学堂高级讲师研修班讲课后，由中国幼儿教育家协会官方网站发布的新闻稿件。

2014年9月6日至8日，中国式早教父母学堂高级讲师研修班在美丽的江城武汉开班。为了一个共同的梦想——让中国的孩子都成为强国的精英，全国各地的早教精英舍弃了中秋佳节与家人团聚的天伦之乐，来到中国早教事业的发源地，聆听“中国早教之父”冯德全教授的精彩演讲。

在研修班的三天里，冯教授从中国早教的现状到中国式早教的未来发展；从早教原则到早教方法；从早教的理论到实践都作了精辟的阐述。

研修中，学员们吸吮着冯式早教理论的养分，为中国早教事业的发展奠定了理论基础；研修中，学员们联系实际分享早教实践中的体会，为中国早教事业的发展积累了经验;研修中,学员们针对时弊开展辩论,为中国早教事业的发展探索了方向。

通过这次高端研修班的培训学习，大家无论是从知识方面还是能力方面,都有了颇丰的收获。

培训期间,正逢中秋佳节,学员们与冯老及其他老师们一起欢歌笑语把酒赏月,课间大家还展示各自的才艺,这就从情感上给大家架起了一座无形的桥梁。

通过这次高端研修培训,大家筑起了一个跨时空的早教精英团队,他们将是一颗颗思想之星,在早教事业的苍穹里闪耀。

下面是冯德全教授参加香港中文大学组织的“未来家庭核心价值”学术研讨会的侧记。

冯式早教　魅力无穷

9月12日,“中国早教之父”冯德全教授再次应邀前往香港中文大学参加学术交流,并受到了空前的追捧。

9月12日,冯德全教授作为“未来家庭核心价值”学术交流活动的主题演讲嘉宾莅临中大学术报告厅,受到中大主办方的热烈欢迎。这次到会的有香港中文大学副校长许敬文、国家教育部的教育专家及北京、上海、香港的一百五十多位早教专家和幼教精英。会上,冯教授作了《科学育儿,快乐成才》的主题演讲,演讲中冯老从中国式早教的重要性和必要性到中国式早教的科学性和可行性作了深入浅出的阐述，从而阐明了未来家庭的核心价值之所在,博得了与会者一阵阵热烈的掌声,冯教授的演讲曾数次被热烈的掌声打断。会后大家还意犹未尽,又纷纷找到冯教授请教研讨,与会者都盛赞冯老的演讲精彩动人，主办方在答谢宴会上还一再表达对冯德全教授的感谢,并说,冯教授的亲临给学术研讨会增辉添彩,冯教授的演讲给了与会者无穷的早期教育的艺术享受。

由于有了学术交流中的轰动效应，活动主办方还主动邀请冯教授到香港开办中国式早教师培训班，并有意将冯式早教理论推向世界。

香港之行的轰动效应传到内地，中国式早教的精英们更加坚定了将冯式早教向全国推广的信心和决心，并倡议早教工作者们积极行动起来，办好父母学堂，为推广冯式早教平整好肥沃的土壤，为提高全民族的整体素质贡献自己的微薄之力。

有人问道："一个八旬的老者为了中国式早教不停地奔波着，难道他完全不顾自己的家吗？他身体能行吗？"是的，一个八旬的老人应该在家享受天伦之乐，颐享天年，可他没有。这并不能说冯德全不懂得情感，也不能说他是铁打的身子。恰恰相反，冯德全教授是一个感情丰富，而且身体多病的老人。冯德全教授八十高龄时，身患胃病、双腿膝盖肿痛、前列腺炎和左眼黄斑变性等疾病，并且老伴也患有糖尿病中风在家，即使这样，冯德全教授还是心系早教事业，耕耘不辍。冯德全每天在家除了整理自己的文稿、做讲课的课件、回复学生的电子邮件、QQ 和微信外，剩下的时间就是照顾老伴，陪老伴说话。即使应邀外出讲课或参加活动，他也会每天晚上给老伴打个电话问长问短。由此不难看出冯德全是一个感情多么细腻的人。

冯德全教授已年逾八十了，他身边的人多次劝他要保重身体，不要再操劳了，可他依然舍弃不了他耕耘了近四十年的早教事业。终于在 2014 年 11 月的一次工作总结会上，冯德全教授说："我尊重大家的意见，过了年我就退下来休息了。"大家听到冯教授的话都感到很欣慰，但又有些心酸，因为，这毕竟是教授终生奋斗的事业啊！这是多么的残酷啊！可没想到冯教授接着又说了他"退"下来后的打算，大家听后不知是该哭还是该笑了。冯德全教授说："我退了后，研究所的事就交给你们了，我啥都不管了，我一个学生在广东有一个基地，我要到那里去修养，我就到那里去做一个老志愿者，配合广东团省委去免费培训大批的大学生志愿者，让他们到农村山区去教孩子，让农村山区的孩子也能受到良好的教育。"大家听了冯教授的话之所以想哭，是因为冯教授的精神彻底征服了大家，大家不得不为此动容；大家之所以又想笑，是因为大家感到可爱的老人童心未泯，他的精神鼓励了大家，使大家对中国幼教的未来充满了希望。

为了实现做老志愿者这一理想，八十多岁的老人真的踏上了南下的列车去了深圳和广州，在那里老人继续宣传着中国早教的理念，考察了志愿者培训基地，在那里老人找到了自己精神的归宿。冯德全教授一生纵有九九八十一难，也没退却，可如来佛祖似乎还要最后考验一下他的大德弟子。就在回程的路上，冯德全教授半夜从卧铺上摔了下来，后脑勺磕到了金属栏杆上，老人顿时昏厥过去，当列车长问他从何而来，要到哪里去时，老人已人事不省。后来列车长紧急将冯德全教授交给前方的衡阳车站，再由车站将老人送往医院。在医院经医生检查，冯德全教授是轻微脑震荡，胸部软组织损伤，后脑外伤。于是医生给冯教授缝了四针，并做了其他的应急处理。当医生让他住院做进一步的检查和治疗时，老人家拒绝了，并坚决要求返程回武汉。他的倔强让医护人员也感到无奈，只好安排老人返程。

回到武汉后，他强忍着伤口的疼痛，又坐在了电脑旁整理起自己的文稿；修改讲课的课件；回复学生和追随者的电子邮件、QQ 和微信。其中有一封发给研究所部分人员的邮件让人看了无不动容。

研究所各位同人：

近一年来，我研究所在困难中展现出很大的希望和无限的光明，这与我们集体共同的努力奋斗是分不开的，你们都在事业的前进中同步成长，谢谢各位的努力付出和进取精神！

我们要认识到，研究所是 36 年来中国改革开放的产物，她不是一个普通的公司和幼教机构，所以在任何情况下我们都要珍爱她，我们必须做到：

一、珍爱我们漫长的成长、成熟期，珍爱诸多著名科学家、社会学家和国家五个部委领导人对我们的支持、厚爱与期望；

二、珍爱我们百万家庭和数十位专家辛勤实验而创新的中国式早教(冯式早教)理论、方法论体系和近 40 本著作(有的理论走在世界前列)；

三、珍爱我们 30 多年来获得的 12 个大奖和荣誉，记住我们是进入《世界名人录》和《中国当代思想成就经典》等 6 大辞书的；

四、珍爱我们的创新理论和实践已指导家长和早教机构培养出的大批成功的案例，这些案例已在全国形成重大影响，在国际上也有一定影响力。

总之，我们要珍爱数十年的艰难困苦、受尽的磨砺，为之奋斗拼搏而形成的中国式早教、科学育儿的著名品牌，这个品牌影响深远，来之不易！

为了这个提高人口素质、促进人类进步的大业飞速发展、长治久安，永远为中华民族甚至为世界和平造福，在我从教61年，现已80高龄的时刻，我决定把研究所及其承载的大业献给国家，希望她永世长存。而你们将有幸融入这个事业，帮我完成与北京文化硅谷对接，自己也成为这个交接班的一员，这可以说是你们的机遇，也是你们后半生追求生活意义之福！

我主张把研究所及所有研究成果无形资产及人员都交给文化硅谷，交给关工委、共青团，交给国家。

你们先后会去北京，要坚持的主要项目是：1.筹备由团中央发文和高层领导任顾问的中国早教事业发展联盟；2.筹备巨大的20万平米的中国儿童少年体验博物馆；3.筹办每年一期的中国早期教育文化节；4.整合全国冯式早教机构，团结一切可以团结的力量，梳理品牌，去伪存真；5.抓好培训，做好产品研发，团结一大批人品好的专家。去的同志一定要高瞻远瞩，踏实工作，谦虚谨慎，积极主动，服从领导，内外都要团结好，不为个人名利所累，不背后议论同志，不攀比，更不犯经济上的错误。大事业有前途是我们最大的目标和归宿。

留下的同志就做好目前的工作，今后我们研究所的品牌不可滥用。以上的意见请各位细想，有不同的想法和补充意见请及时向我提出来。

祝大家快乐、健康、顺利！

冯德全

2014年12月2日

后来与北京对接的事虽然因为某些原因而夭折了，但这信意味着什么呢？研究所的同志们看后心里是多么酸楚啊！一位八十高龄的老人经历了千辛万苦，最后要把自己一生执着追求的事业全部奉献给国家，奉献给人民，这样的胸怀难道不足以让那些曾经对冯式早教理论怀有偏见、心中只有小我的人汗颜吗？

同志们着实为此而高兴，同时也为老人从此可以安享晚年而欣慰。可是没过几天，当国家教育部学前教育发展研究中心邀请他前往上海讲学时，老人又答应了人家的邀请。这时家人和研究所的同志出于对老人的身体考虑，都不同意他前往，可他说："你们不要被我摔一跤吓到了，这次摔跤还有三大收获呢！"他的话让人听了哭笑不得，摔得这么严重哪来的什么收获啊！老人接着说："第一个收获是证明了我身体好，还经得起摔；第二个收获是对我是个警示，今后要注意保护自己；第三个收获是让我知道了死并不可怕，当人晕过去时是多么的安逸啊！"说完后，老人笑得无比开心，这让谁也不忍心再去阻拦他了。

冯德全的一生就是这样，在三十八年前的早教荒漠之地上，开垦出了一片科学育儿的绿洲。他以他对事业执着追求的精神感染了一代代人，他用他的早教理论培育了一代又一代的优秀儿童。这正是：

寸寸凌霜长劲条，泰山顶上一劲松。

壮志未酬身已老，报国无尽情不终。

附：2014 年冯德全参加早教活动的剪影

4 月在研究所接待国家关工委事业发展中心李雷刚副主任

4 月 22 日北京文化硅谷专访

6 月 4 日第四届上海 WOHO 国际教育论坛讲座

7 月 14 日澳大利亚昆士兰大学马休·桑德斯博士率早教专家代表团来访并作学术交流

参加由中国妇女活动中心承办的第二届爱家论坛暨“爱家·童愿”慈善公益盛典活动

后 记

余跟随冯德全教授学习研究早期教育已有三十三年了，先生的善良、博爱及坚韧不拔、严谨治学的精神时刻影响和激励着我。先生的教育思想犹如一尊丰碑立在了我的心中，也立在了广大早教人和数以百万计的孩子家长的心中。先生的一生正如宋代大儒张载所言："为天地立心，为生民立命，为往圣继绝学，为万世开太平。"因此，余早有为先生立传之意。正好2014年经作家协会的好友伍剑先生引见，山西出版传媒集团的孙彦君和卞良胜二位编辑来武汉约稿，说中国教育学会有一个"教育薪火"书系计划，需要将古今中外著名教育家的传记写出来，要我写一位教育家。于是，我选题《中国早教的拓荒者——冯德全教育理论与实践》，并得到了二位编辑和编委会的认可和支持，在此特表示感谢。

在传记的撰写过程中，我常与先生朝夕相处，聆听先生讲述往事，先生每次外出讲课和活动我都相随左右，感受到先生对早教事业的执着。因此，获得了翔实的一手资料，这也是传记能够顺利完稿的主要原因。

在传记的撰写过程中，先生一再嘱咐写作中要实事求是，同时对那些不愉快的事所涉及的人要隐其名，不要给当事人带来精神压力。故而我在写作中也尽力隐其名，但有个别关键人物也确实无法回避，若回避就不能还原事件的真相，其实那些当事人也是受害者，所以在此我向个别的当事人表示歉意，并希望理解。

在传记的撰写过程中，也得到了先生的众多学生和追随者及《0岁方案》受益者的支持，在此特表示感谢！传记初稿完成后，还得到了武汉大学原校长刘道玉教授的亲切关怀，并为书作了序，在此特向刘道玉教授表示衷心的感谢！

《中国早教的拓荒者——冯德全教育理论与实践》终于出版了，这不仅了却了我个人的心愿，同时也了却了广大关心先生的各界人士的心愿。传记的出版是对先生几十年早教研究的肯定，也是中国早教界的盛事。它将激励更多的早教人为这一伟大的事业去奋斗，为提高中华民族的整体素质、为实现“两个一百年”的目标去奋斗。

李骥丁酉年春于弘儒斋